어디서나
가장 강한 여성은
바로 당신이다

어디서나
가장 강한 여성은
바로 당신이다

리디아 페네트 지음

오공훈 옮김

문학사상

차례

내가 아는 모든 것의 원천인 엄마, 아빠
엄마, 아빠의 사랑은 추락에 대한 두려움 없이
더욱더 높은 곳에 오를 수 있도록
든든한 버팀목이 되어 주셨습니다.
엄마, 아빠는 세상 그 누구도 해주지 못할 만큼의 사랑과
무조건적인 지원을 베풀어 주셨어요.
모든 은혜에 감사드려요. 사랑합니다.

최고의 남편이자 아빠, 친구인 크리스
당신에겐 평생 부탁만 해온 것 같아.
바위처럼 든든한 당신이 없었다면
이 책을 쓰지 못했을 거야.
사랑해.

비어트리스, 헨리, 엘로이즈
너희를 사랑하는 내 마음은 어떠한 말로도 온전히 표현할 수 없어.
영원히 너희를 사랑할 거야.

찰스, 앤드루, 힐러리
더 빨리 달리고 더 높이 날아오르게 독려해 준
여러분은 나의 영감이자 동기예요.

당신의 시간은 바로 '지금'이다

당신은 호기심을 느꼈을 것이다. 그렇지 않은가?
바로 그 호기심에 당신은 이 책을 집어 들었을 것이다.

마음 깊숙한 곳에 귀 기울여 보라. 어떤 목소리가 들리지 않는가?
당신에게는 사업에서의 성공뿐 아니라, 삶을 살아가는 데에도 탁
월한 잠재력이 있다고 외치는 목소리 말이다. 당신은 부모님이나
선생님의 말씀 덕분에 그렇게 느꼈을 수도 있고, 반대로 당신을
부정하는 사람들의 비판에도 꺾이지 않고 그렇게 믿는 것일 수도
있다. 당신이 알아야 할 것은 단 하나, 당신은 준비된 사람이다. 당
신의 목소리를 많은 사람들에게 들려줄 준비, 눈앞의 목표에 도달
할 준비를 마쳤다.

　인생 코스를 바꿀 수 있는 유일한 사람은 당신 자신이라는 걸
알았으면 한다. 당신은 원하는 사람이 될 수 있고, 하고 싶은 일은
무엇이든 할 수 있다. 그러나 때로는 당신이 원하는 삶을 남들에
게 납득시켜야 하며, 그러기 위해 당신 내면의 목소리를 활용할
수 있어야 한다.

훌륭한 인생을 위해서는 헌신, 노고, 열정이 필요하다. 또한, 성취하려는 목표에 꾸준히 집중할 수 있도록 로드맵을 계획할 필요가 있다. 당신은 목표를 향해 가는 동안 반대에 부딪칠 수도 있고, 실패를 겪을 수도 있다. 그런 실패에 당신이 사로잡혀 버리진 않을까 염려할 수도 있다. 하지만 실패를 겪을 때마다 점점 더 강해지리라는 것을 믿어라. 시간이 지나면, 그런 순간들은 더 도전적인 인생을 위한 경험이었음을 깨달을 것이다. 무엇보다 중요한 것은 당신은 이제 막 목표를 위한 여정을 시작했거나, 약간의 동기 부여가 필요한 다른 사람들에게 당신의 경험을 전할 수 있다는 점이다. 당신은 당신에게서 영감을 받는 이들과 당신을 멘토로 지목하는 이들을 얻게 될 것이고, 그렇게 새로운 인간관계를 형성할 것이다. 그들은 당신이 목표를 이루려는 또 다른 이유가 되어 주리라.

이렇게 장담할 수 있는 이유는 나도 당신과 똑같기 때문이다. 20년 전이었다면, 나도 당장 서점에 달려가 이 책을 집어 들었을 것이다. 나는 늘 내심 비범한 삶을 원한다는 걸 알고 있었기 때문이다. 내겐 성공할 잠재력이 있다고 항상 믿었지만, 사실 그게 무엇인지 또는 어떻게 해야 성공할 수 있을지는 몰랐다. 이 책을 읽으면 알게 되겠지만, 나는 성공을 위해 오랜 세월 지칠 줄 모르고 일했고, 힘들게 교훈을 얻었고, 늘 관계를 형성해 이를 활용했고, 위험을 감수했고, 계속 시도했다. 기회가 생기면 모조리 잡아채 그것을 극대화할 방법을 찾았다. 인생에 지름길은 없다지만,

당신이 가능한 짧은 시간 안에 목표를 성취하기를 바란다. 그리고 새롭고 더 높은 목표를 세워 계속해서 이루어 내길 희망한다.

이 책을 쓰는 이유는 간단하다. '장애물을 극복할 수 없는 장벽이 아니라 얼마든지 뛰어넘을 수 있는 허들로 여긴다면, 인생에서 불가능한 것은 없다'라는 사실을 말해 주기 위해서다. 당신이 마음을 굳게 먹고 일을 해내는 데 전념한다면, 하지 못할 것은 없다. 나는 세 아이들을 돌보는 스케줄과 씨름하면서, 남편과 둘만의 시간을 보냈으며, 본업과 부업인 자선경매가 열리는 밤을 병행하면서도, 마감 기한에 맞춰 책 한 권을 집필할 시간을 마련했다. 그러니 당신도 분명 목표를 이룰 수 있다.

가장 강한 여성이 되고 싶지도 않은데 '어디서나 가장 강한 여성은 바로 당신이다'라는 제목의 책을 집어 든 사람은 없을 것이다. 나는 이 책이 당신의 삶을 변화시키길 바란다. 이 책이 영감을 주고, 동기를 부여하고, 당신이 최고의 위치에 올라서도록 도와주기를 바란다. 그렇게 노력하면서 동시에 다른 사람도 북돋아 주기를 바란다.

가장 강한 여성은 바로 나다.

그러나 가장 중요한 것은, 당신 역시 가장 강한 여성이다.

1

당신의 트레이드마크는 무엇인가?

어디서나 가장 강한 여성은 바로 당신이다

> **66**
> 스트라이크는
> 나의 트레이드마크다.
> 나는 스트라이크 없이는
> 절대, 경매를 시작하지 않는다.
> **99**

"리디아, 2분 남았습니다."

머리부터 발끝까지 온통 검은색 차림에 헤드셋을 쓴 무대 담당자가 바로 내 옆으로 다가와 말했다.

깊게 심호흡을 한 뒤 노트 더미를 내려다보며 오른손에 쥔 작은 경매봉을 만지작거렸다. 무대 뒤 어둠 속에서 1천 명의 청중들이 완벽하게 편집된 자선사업 홍보영상물을 올려다보는 걸 지켜보자니, 아드레날린이 혈관을 타고 내달리는 듯했다.

"리디아, 30초 남았습니다."

무대 담당자가 마이크를 건넸다. 눈을 감고, 철저하게 준비한 오프닝 멘트에 정신을 집중했다. 경매의 성패는 처음 5초 안에 결정된다. 역동적인 내용의 스피치로 청중의 관심을 끌지 못하면, 얼마 지나지 않아 실내는 1천 명의 청중이 내는 소음으로 완전히 압도당한다. 아무도 내 말에 귀 기울이지 않을 것이고, 그러면 나는 차라리 다른 사람이 앉은 테이블에 합석해 술이라도 한잔하는 게 나을 것이다.

"리디아, 보이스 오브 갓의 발표에 맞춰 대기하세요."

무대 담당자가 말했다. 그가 말한 '보이스 오브 갓신의 목소리'이란 무대 커튼 뒤에서 다음 연설자를 소개하는 남성을 의미한다.

"무대로 나가세요. 5, 4……."

두 눈을 밝은 조명에 적응시켜 청중을 파악하면서, 무대를 향해 재빠르게 나아갔다. 이날을 위해 신중하게 옷을 골랐다. 강렬한 빨간색은 눈에 확 띄므로 청중의 주목을 끌기 충분한 데다 내가 업무에 진지하게 임한다는 것을 보여 줄 것이다. 컬을 넣은 갈색의 긴 머리카락은 차림새에 신경 썼다는 것을 보여 줄 것이다. 그러나 집에 보살펴야 할 어린이가 셋이나 있다는 건, 무대에 오르기 전 미용실에 갈 시간을 좀처럼 낼 수 없다는 것을 의미한다.

"3, 2, 1……."

"크리스티 옥션 하우스의 상무이사 겸 수석 자선경매사인 리디아 페네트 씨를 반갑게 맞이해 주십시오!"

결의에 찬 나는 연단 앞으로 성큼성큼 걸어갔다. 연단 위에 노트를 펼치느라 이미 몇 초가 지났다. 동작을 멈췄다. 청중이 고개를 들어 내가 아무 말도 하지 않는 이유를 궁금해할 때까지 가만히 기다렸다.

쿵. 쿵. 쿵.

경매봉을 아주 힘차게 내려쳤다. 청중의 절반이 깜짝 놀라 자리에서 벌떡 일어났다.

나는 이걸 스트라이크the Strike라고 부른다.

스트라이크는 나의 트레이드마크다. 나는 스트라이크 없이는 절대, 경매를 시작하지 않는다. 경매봉을 깜빡 잊을 때도 있는데, 그럴 때는 빈 소금통이나 의자에 놓인 홍보용 사은품 파우치에서 꺼낸 키엘 페이스 크림병, 로라 메르시에 립스틱 용기로 두들겼다. 어떤 때는 주최 측에서 연단을 마련해 놓지 않아 다른 것을 활용해야 했다. 계단 난간, 피아노 윗면, 무대 뒤에서 발견한 나무 벽돌에 두들겼다. 한번은 경매 단골손님인 어느 응찰자가 나의 스트라이크로 무조건 특허를 받으라고 말했다. 응찰자들은 나의 경매봉이 연단을 내리치는 소리를 들으면, 경매사가 누구인지 의심하지 않기 때문이다. 무슨 일이 있어도 그건 변함없다. 나는 언제나 스트라이크로 경매를 시작한다. 일단 경매봉이 연단을 내리치면, 절대 물러서지 않는다.

경매사가 되기 몇 년 전 크리스티의 인턴직을 얻으려고 노력하는 과정에서, 나도 모르는 사이 초기 버전의 스트라이크를 사용했다.

대학교 2학년 때 유럽학 프로그램에 지원했다. 이 프로그램 덕분에 2학년 1학기를 옥스퍼드대학교에서 보냈고, 이어서 한 달 동안 프랑스, 스페인, 이탈리아를 두루 여행하며 미술 공부를 할 수 있었다. 유럽에서 공부하기 전 내가 접한 미술이라곤 기껏해야 교과서에서 빈센트 반 고흐의 「별이 빛나는 밤」의 사진을 보거나, 대학 서점에서 클로드 모네의 「수련」의 포스터를 구매하는 정도 였다. 사실 방학 때는 부모님 손에 이끌려 미술관에서 많은 시간을 보내야 했지만, 나와 형제자매는 미술작품보다 입구에 있는 아이스크림 판매대에 가기 위해 부모님 앞에서 재롱을 부리는 데 더 열중했다.

나는 부모님과 미술관을 느릿느릿 걸어 다니면서도 미술작품 각각에 이야기가 ─대부분 많은 이야기가─ 있다는 점은 깨닫지 못했다. 그런 이야기가 작품을 벽에 걸린 평범한 미술작품에서 역동적이고 흥미진진한 걸작으로 승화시킨다는 점도 몰랐다. 이후 옥스퍼드대학교를 다닐 때 한 여성 교수님과 미술관을 거닌 적이 있었다. 그때 교수님은 작품을 창조해 낸 화가의 이야기와 작품이 당시 어떤 주제나 소재로 인해 외설적으로 평가됐는지, 또 그림이 어떻게 이런저런 후원자의 손에 들어갔고, 마침내 이 미술관에 어떻게 전시됐는지 설명해 주셨다. 교수님은 이런 설명들로 미술작품 각각에 생명과 활기를 불어넣었다. 나는 미술 세계에 완전히 매료되어 여러 미술관을 연달아 방문했고, 교수님의 설명을 놓치지 않고 끝까지 받아 적으려 애쓰면서 학기 내내 걸작을 공부했다. 학기를 마친 뒤, 이탈리아의 모든 파스타 가게를 섭렵할 기세로 돌아다니면서 부전공으로 미술사를 배우겠다고 선언했다. 그리고 이듬해는 물론 그다음 해의 반년 동안 미술사 수업으로 바쁜 일정을 보내야 했다.

해외에서 지내는 시간이 끝나 갈 무렵, 우연히 잡지에서 경매장에서 일하는 여성들을 다룬 기사를 읽었다. 이때까지만 해도 예술계에 활기차고 생기 넘치는 사업 요소가 존재한다는 생각을 전혀 하지 못했다. 미술품은 그냥 화랑에 들어가 원하는 작품이라면 무엇이든 벽에서 떼어 내 구입하면 된다고 짐작했다. 사실 미술품을 구매한다는 것 자체를 생각해 본 적이 없었다. 내게 미술은 가정집 벽이 아닌, 미술관 벽에 걸린 것이었기 때문이다. 잡지 기사는 경매업계에서 일하는 게 얼마나 화려한지에 초점을 맞췄다. 기사 내용은 과거 잃어버렸거나 도난당했다고 여겨진 미술품을 추적할 때 전문가들이 직면했던 큰 위기, 세계 최상위 고객들이 큰 경매에 앞서 참석하고자 뉴욕이나 런던으로 비행기를 타고 날아왔던 놀라운 사건들, 해외여행, 세계에서 가장 영향력 있는 사람들과의 만남이나 대화, 업무의 일환으로 미술관 전시물 수준의 고급 미술품을 날마다 볼 기회 등이었다. 완전히 매료되었다. 재발견된 레오나르도 다빈치의 작품이 1주일 동안 전시된 벽에 다음 주에는 드가의 작품이 걸릴 수도 있는, 그런 장소에서 일한다고 생각하니 꿈만 같았다. 몇 가지 기초 조사를 해보니 크리스티와 소더비가 경매업계의 양대 산맥이라는 사실을 알았다. 나는 자리에 앉아 두 회사 중 한 곳에서 무조건 인턴직을 얻어 내겠다는 목표를 세우고 로드맵을 세밀히 계획했다.

　이후 몇 달 동안 경매업계를 조사하는 동시에, 내가 그 분야에서 인턴직을 구한다는 사실에 관심을 가질 사람이라면 누구든 붙잡고 말을 걸었다. 누구든 만나 내 인생의 목표를 말하는 것은 프리마케팅과 다를 바 없었다. 누가 당신을 도와줄지는 아무도 모른다. 그러니 목표를 드러내는 것을 두려워해선 안 된다. 이런 행동은 당신이 끝까지 노력하는 데 책임감을 부여한다. 당신이 목표를 추구하며 진전을 보인다면 누군가 연락해 올 것이다. 이는 당신이 끝없이 무언가를 떠들어야 하며 목표의 성패를 운에 맡기라는 의미가 아니다. 언제든 새로운 관계를 쌓는 일이 절대 해롭지 않다는 뜻이다. 나는 그 무렵 만난 모든 사람에게 내가 경매업계에 관심 있다는 걸 말했고, 그러던 중 뜻밖의 행운을 얻었다. 그해 크리스마스 시즌, 아버지는 칵테일파티에서 멋지게 차려입은 젊은 여성을 만났다. 나는 이를 '신의 개입'이라 여기고 있다. 그 여성이 바로 크리스티 직원이었기 때문이다. 그녀는 내가 읽은 잡지 기사에서 묘사된, 크리스티에서 근무하는 여성의 모든 조건을 갖추고 있었다. 세련되고, 말솜씨가 뛰어나며, 아름답게 차려입은 여성 말이다. 내 상상을 더욱 그럴싸하게 만들고자 나는 그녀가 에르메스 스카프를 둘렀을 것이라고 믿었다. 그녀는 와인 한 잔을 마시면서 친절하게도, 황금 티켓을 건네줬다. 크리스티의 수장이자 인턴십프로그램을 30년 넘게 운영한 메리 리비의 연락처를 알려 준 것이다.

당신이 Y세대든 Z세대든 밀레니얼 세대든, 여하튼 차세대를 가리키는 어느 명칭에 속한다면, 그것이 왜 황금 티켓인지 이해하기 어려울지도 모른다. 발신자 표시 서비스가 없던 시절이 있었다면 설명이 될까? (이 말을 듣고 놀라 입이 딱 벌어지겠지만) 그랬다. 당시 사람들은 발신자를 알 수 없었고, 그래서 전화가 올 때마다 꼭 받아야 했다. 불쌍한 메리 리비는 그렇게 그 날 내 전화를 받아 버렸고 친절하게(그러나 단호하게) 인턴십프로그램의 인원이 꽉 찼다고 대답했다. 그러나 나는 안 된다는 답을 들으려고 전화한 게 아니지 않은가?

스트라이크 작전에 돌입했다.

나는 강력한 5급 태풍으로 분류될 만큼 전화를 걸기 시작했다. 매일 아침 방에 앉아 대본을 짰다. 리비에게 원하는 것을 말하기 위해서였다. 종이 한 장에 내가 매일 전화를 거는 논거와 반론을 자세히 썼다. 글씨를 큼지막하게 적은 종이를 앞에 두고, 목소리가 떨리지 않도록 심호흡을 몇 번이나 한 뒤 리비의 사무실 전화번호 다이얼을 돌렸다. 리비가 전화를 받으면, 늘 정확히 똑같은 방식으로 첫마디를 시작했다.

"리비 씨, 저는 리디아 페네트입니다. 또 연락을 드렸습니다만, 바로 오늘이 크리스티 여름 인턴십에서 저를 필요로 할 날이라 확신합니다."

전화를 건 처음 며칠 동안 리비는 웃음을 터뜨리며 친절하게 응대했다.

"아, 저런, 안타깝게도 다른 답변을 드릴 수가 없네요. 죄송하지만 오늘은 그날이 아닙니다."

며칠이 지나도 아무 성과가 없자 나는 전략을 수정했다. 매번 "유감스럽지만 대답은 전과 같습니다"라는 대화를 반복하는 대신 새로운 접근법을 시도했다. 나는 어째서 인턴십프로그램이 30명으로 한정돼 있는지를 묻는 질문 목록을 작성했다. 내가 만약 30명으로 제한된 인턴십프로그램에서 빈틈을 찾아낸다면, 그 규정에서 예외를 둘 수도 있지 않은가.

다음 날 아침 나는 리비에게 전화를 걸어 평소처럼 인사했다. 그리고 리비가 으레 입버릇처럼 "아직 아무것도 변경된 게 없습니다"라고 말하기 전에, 재빨리 인턴십프로그램 인원이 '왜' 30명으로 제한되어야 하는지 물었다. 그러면서 특히 인턴십이 무급이라는 사실을 강조했다. 공짜로 일하는 것을 '선택'한 열정적인 인턴이 있으니 크리스티 회사의 모든 부서가 행복할 것이라 말했다. 리비는 그 답변으로 인턴들은 매주 여러 미술관을 방문하는 현장학습을 가는데, 그중 몇몇 미술관은 30명 이상의 인원을 수용하지 못한다고 했다. 그래서 회사가 인턴십프로그램의 인원을 30명으로 제한한 것이란다. 이것이 바로 내가 듣고자 한 대답이었다.

"그렇다면."

내가 말했다.

"30명만 수용되는 미술관 현장학습은 제가 참석하지 않는 걸로 인턴십 규정을 수정하면 어떨까요? 그게 부서 입장에서도 더 나을 겁니다. 1주일 내내 일하면서 오후에 외근을 나가지도 않는 인턴이 들어오는 것이니까요. 그리고 예를 들어, 인턴 한 명이 전날 밤 너무 늦게까지 밖에서 놀다가(아주 무책임하게도!) 전화로 병가를 내겠다고 하면요. 그때 제가 대신 미술관 현장학습에 참여할 수 있지 않겠습니까?"

리비는 '좋아요'라고 말하지는 않았지만, 처음으로 '안 됩니다'라는 대답을 하지 않았다.

한 시간이 지나자 리비에게서 다시 전화가 왔다. 공간 제약으로 강의나 행사에 전부 참석할 수는 없지만, 수정된 인턴십 규정을 적용해 내가 사업개발부에서 일할 수 있다고 했다. 그 부서에서 경매와 관련된 용어를 기초부터 배울 수 있다고 덧붙였다.

대걸레로 바닥 청소를 하게 되더라도 전혀 상관없었다. 경매업계에서 일한다는 꿈을 실현할 이 한 번의 기회를 내던져 버릴 수는 없었다. 그해 여름 나는 뉴욕으로 거처를 옮겼고 앞에서 언급한 잡지 기사에 묘사된 대로 옷을 차려입었다. 검은색 정장을 입고 엄마에게 빌린 스카프를 두른 뒤, 파크 애비뉴에 위치한 크리스티 정문으로 의기양양하게 걸어 들어갔다. 당장이라도 회사를 접수하겠다는 듯 말이다. 사업개발부에서 일한다는 건 엄청 화려하게 들렸다. 엘리베이터를 타고 꼭대기 층까지 올라갔고, 파크 애비뉴가 내려다보이는 전망 좋은 고급 사무실을 마주할 준비를 끝냈다.

하지만 실제로 내게 주어진 것은 벽을 향해 놓인 아주 좁은 책상이었다. 벽을 마주 보고 일해야 하는 내 책상 옆에는 서류 더미가 쌓여 있었는데 그 높이가 족히 1미터는 넘었다. 서류 더미에는 '문서를 파쇄해 주세요'라는 메모가 붙어 있었다. 그리하여 내가 보낸 여름은 에르메스 스카프와는 다소 거리가 먼, 서류 더미를 파쇄하고, 팩스를 보내고, 문서를 정리하고, 잠재고객에 대한 보고서를 작성해 상사에게 제출하는 일이 대부분이었다. 그래도 여전히 크리스티에서 일하는 것이 무척 좋았다. 판매가 시작되면 넘쳐 나는 에너지, 경매를 진행하는 공간마다 눈앞에서 볼 수 있는 세계 최고 수준의 걸작들, 판매가 끝났음을 알리는 경매봉의 날카로운 소리. 모든 게 좋았다. 내게 주어진 일은 무엇이든 다 하기로 결심했다. 아니, 주어진 일이 아니더라도 더 많은 일을 하고 싶었다. 내 열 손가락은 종이에 베인 상처로 가득했지만, 날마다 입가에 미소를 띠고 목에 스카프를 두른 채 사무실로 들어갔다. 그리고 여름이 끝날 무렵, 회사는 내게 정식 입사를 제안했다.

그러나 당시 나는 대학교 3학년이었고 졸업을 위해 학교로 돌아가야 했다. 그래서 회사의 제안을 받아들일 수 없다는 사실에 가슴이 찢어질 듯했다. 크리스티로 돌아가고 싶다는 마음이 너무나도 간절했던 나는 1년 내내 리비는 물론 인턴 담당 관리자와 연락을 계속 주고받았다. 대학교를 졸업한 후에는 특별행사부의 인턴직을 맡았다. 특별행사부는 첫 인턴십 때 팩스를 보내고 문서를 파쇄하면서 항상 감탄하고 우러러보던 부서였다. 1999년 9월 3개월 과정의 인턴십을 시작했고, 12월에는 면접을 본 뒤 마침내 크리스티의 정규직 자리를 얻어 냈다.

직장 생활에 막 발을 내디딘 초창기에 나는 이미 어떤 삶을 살더라도 준비, 집중, 근면 이 세 가지 요소가 성공하는 데 중요하다는 점을 분명히 알고는 있었다. 하지만 크리스티에서 거의 20년을 일한 뒤에야 이 세 가지가 성공을 이루기 위해 결정적으로 필요한 요소임을 깨달았다. 당신이 규칙적으로 학생들에게 말을 걸고 그들을 가르쳐야 하는 고등학교 선생님이든, 시드 펀딩을 모집하려 애쓰는 스타트업 최고경영자든, 작품 의뢰를 성사시키려는 예술가든 상관없다. 당신은 목표를 밀어붙이는 데 도움이 될 스트라이크를 찾아내야 한다.

만약 누군가가 미팅 장소에 걸어 들어가 경매봉을 내려친다면, 사람들의 혼란스러운 표정과 건물에서 당장 나가라는 제지 말고는 얻을 게 하나도 없을 것이다. 그러나 경매사인 내가 경매봉으로 스트라이크한다면? 칵테일을 여러 잔 걸친 손님들로 가득한 공간을 장악했다는 느낌을 받게 된다. 경매봉으로 연단을 스트라이크하는 행위는 내가 그곳의 책임자라는 사실을 분명히 보여 준다. 이후 30분 동안 목소리를 낼 사람은 단 한 명뿐이며, 그게 바로 나라는 사실까지도 말이다.

스트라이크는 진정성이 느껴져야 한다. 당신이 사무실에 들어갈 때마다, 또는 사람들과 마주하는 순간마다 그들이 당신에게서 확신과 편안한 마음을 가질 수 있어야 한다. 나는 프로 운동선수, 세계적인 유명 배우, 영향력 있는 강사와 대화를 나눴는데, 그들 모두 마음을 안정시키기고 한 가지 생각에만 집중할 수 있는 방식이 있다고 했다. 경매봉을 내려치는 순간, 일단 나는 아무 생각도 할 필요가 없다. 너무 일상적인 행동이라 마음을 즉시 가라 앉혀 주기 때문이다. 그렇게 이 책을 쓰는 시점에서 나는 그 행위를 천 번 이상은 했다. 스트라이크는 당신이 여러 생각을 하나로 집중하는 순간, 그 생각을 뒷받침하는 근거를 몇 초 안에 제공할 수 있어야 한다. 나에겐 그것이 경매봉 스트라이크인 것처럼, 어떤 사람은 양손을 꼭 움켜쥐기도 하고, 테이블 양 끝을 세게 누르기도 한다. 또 어떤 사람에겐 사교적인 농담을 비즈니스적 대화로 이끄는 특별한 문장 같은 것들이 스트라이크에 해당한다. 그게 무엇이든 스트라이크를 통해 당신은 현재 있는 공간을 곧 장악할 것이며, 함께 있는 모두가 그 사실을 깨닫기 전까진 절대 그곳을 물러나지 않으리라는 확신에 차야 한다.

스트라이크의 중요한 역할은 시행하는 그 순간 가장 빛을 발한다. 그러나 스트라이크 직후 일어날 일을 대비하는 것도 중요하다. 미팅을 진행하는 사람이 너무나 긴장한 나머지 입을 열자마자 목소리를 떠는 것을 본 적 있지 않은가? 이는 공개된 장소에서 말하는 것 때문에 불안해진 탓도 있지만, 십중팔구로 일단 말을 시작하는 것만 생각하고 그 이후는 생각하지 않았기 때문이다. 이러한 상황은 연설자를 안절부절못하게 할 뿐만 아니라 연설자의 말을 듣는 사람들의 집중력까지 분산시킨다. 연설자가 무엇을 말하는지에 집중하지 못하고, 연설자가 편안해 보이지 않기 때문에 청중은 모두 불편해지고 만다.

다음번에 당신이 판매나 설명회나 연설을 맡게 된다면, 당신은 당신만의 스트라이크와 처음 시작할 멘트를 충분히 생각하길 바란다. 생각을 집중하고 아이디어를 한데 모으는 데 도움 될 행동이나 멘트가 있다면 그게 무엇이든 찾아내야 한다. 일단 그걸 생각해 내면 본격적으로 당신의 진정성을 드러낼 수 있을 것이다. 또한 이는 당신이 누군가를 대면하거나, 사람들이 당신에게 집중하지 않거나, 불안한 모습을 보일 때도 도움이 된다. 당신은 그들의 행위에 동요되거나 허를 찔리지 않을 것이다. 아이디어가 모여 생성된 힘으로 당신은 스트라이크를 선보일 수 있다. 그리고 그 순간 만들어진 가속도가 당신을 면밀하게 계획된 프레젠테이션, 연설, 토론으로 이끌 것이다.

이러한 순간—즉 경매장에서 경매봉으로 스트라이크하거나 중역 회의실에서 차분한 문장으로 첫마디를 시작하는 순간—으로 경매나 미팅을 시작한다면, 내가 소개할 나머지 판매 기법(인맥 형성, 적극적인 태도, 유머, 구식이지만 여전히 훌륭한 설득 방법, 매력을 발산하는 솜씨)을 통해 판매에서 추구하는 최고의 결과를 얻을 수 있을 것이다.

19세의 내가 침실에 앉아 세계에서 가장 권위 높은 경매 회사의 전화번호 다이얼을 돌리던 때엔, 태어나 처음으로 활용한 스트라이크가 제대로 굴러가 크리스티에서 20년이나 일하는 상황으로 이어질 줄은 꿈에도 몰랐다. 그러나 리비와의 전화 이후, 내가 비즈니스와 삶에 여전히 몰두하고 있으며, 나의 상황을 통제하고 있다는 확신을 얻고자 거듭 스트라이크에 의지했다. 그러니 기억하길 바란다. 당신도 원하는 목표를 추구하기 위해서는 어느 때든 스트라이크를 활용해야 한다. 연습을 많이 하면 할수록 더욱 쉽게 스트라이크를 활용할 수 있다. 그리고 스트라이크가 당신의 트레이드마크로 자리 잡으면 당신은 미팅이나 설명 등 공개적인 행사를 자유자재로 지휘할 것이며, 심지어 매디슨스퀘어가든에서도 당장 판매를 시작할 수 있을 것이다. 그리고 이를 통해 당신은 어느 곳에서든 가장 강한 여성이 될 것이다.

홀리 던랩
Holly Dunlap

스타일인덱스와 마코노Stylindex and Makono의 최고경영자

지난주 기금 모금을 위해 영국 왕립 과학 연구소에서 잠재 투자자로 온 425명의 청중을 대상으로 설명회를 열었다. 행사 전반에 돌입하기 전—잠재 투자자들과 1대1 미팅을 하기 전에도— 나는 말라위Malawi를 생각한다.

내가 운영하는 말라위 소재의 자선단체 마코노와 나의 목표를 달성하기 위해서는 많은 돈을 벌어야 한다. 이 생각은 나를 세일즈 모드로 변하게 하고, 내 에너지를 끌어 올린다. 또한 "아이들을 위해 해내자!"라는 당위성을 확보하게 한다.

반면 미팅 전 말라위를 생각하면 차분해지기도 한다. 미팅에 실패할까 봐 걱정하는 건 부유한 나라에서나 부릴 여유라는 것을, 내가 태어나면서부터 얻은 특권을 전혀 누리지 못하는 사람들을 위해 모금하는 건 정말 큰 행운임을 잘 알기 때문이다. 좋은 뜻을 위해 모은 기금이 큰 차이를 만들 수 있다는 사실을 명심하면서도 사실 그게 전부가 아니라는 점을 깨달음으로써, 긴장을 풀고 최선을 다해 스트라이크한다.

메건 오리어리
Meghan O'Leary

미국 올림픽 조정선수, 세계선수권대회 은메달리스트

여섯 대의 보트가 가지런히 물 위에 떠 있다. 보트와 보트 사이의 간격은 고작 몇 미터에 불과하다. 조정에서 경주가 시작되는 순간만큼 짜릿한 건 없다. 공기 중 감도는 긴장감은 손에 잡힐 듯하고, 오로지 물이 보트 측면을 찰싹 치는 소리만이 들려온다. 여자 더블 스컬 경주는 대개 6분 30초간 진행된다. 실수를 저지르거나 망설일 틈은 없다. 처음 노를 젓는 순간부터 정확해야 한다. 1등과 2등이 1초 미만의 차이로 판가름 나는 경우도 종종 있다.

경주 개시까지 2분 남았다는 심판의 통보가 들리면 몇 번의 심호흡을 한 뒤, 눈을 감고 잠깐 동안 경주의 키포인트를 마음속에 그린다. 마침내 출발 신호가 들리기 직전, 두 손으로 다리를 철썩 친다. 그리고 보트 파트너의 등에 손을 얹어 '준비됐어. 우리는 서로를 믿으니까, 한번 해보자고'라는 신호를 보낸다. 이것이 바로 나의 스트라이크다. 경주를 성공적으로 끝내는 핵심 비결은 처음 노를 젓고 다음 노를 젓고 또 노를 젓는 바로 그 순간에만 집중하는 것이다. 준비운동을 제대로 했는지 또는 최상의 기량으로 노를 저었는지가 더는 문제되지 않는다.

출발을 알리는 신호가 울리면 중요한 것은 단 하나, 2천 미터까지 전진할 나의 기량뿐이다.

2

가짜
페르소나는
벗어던져라

어디서나 가장 강한 여성은 바로 당신이다

> 66
> 예의 바른 경매사 페르소나는
> 이제 안녕!
> 가짜 영국식 억양도!
> 정중한 태도도 이제 안녕!
> 99

판매가 제2의 천성인 사람이 있다. 이 멋진 귀걸이를 샀다간 이번 달 집세를 못 낼 수도 있다며 망설이는 당신을 단번에 설득하는 여성 말이다. 어떤 여성은 당신이 캐시미어 스웨터를 '반드시' 가져야 한다고 설득하기도 한다. 지금 당신은 남부 플로리다에 살고 이전에는 캐시미어라는 게 무엇인지 한 번도 들어 본 적이 없는데도 말이다. 또 어떤 판매원은 [   ]이 없다면 당신의 인생이 완전하지 못할 것이라 말한다. 빈칸을 한번 채워 보라.

　우리는 모두 언젠가 천부적인 판매원을 맞닥뜨린 적 있다. 그들의 말은 입술 사이로 너무나 편안하고 우아하게 흘러나와, 그들이 말하는 것은 무엇이든 믿게 된다. 그들처럼 천부적인 판매원이 될 수는 없다고 낙심하는 당신에게 좋은 소식을 하나 알려 주겠다. 비록 당신이 그들처럼 타고난 판매원은 아닐지라도, 효과적으로 판매하는 방법은 얼마든지 배울 수 있다. 당신도 천부적인 판매원들과 다를 바 없는 탁월한 능력을 발휘할 수 있다.

당신은 텔레비전 방송이나 영화에서 묘사하는 경매 장면을 본 적 있을 것이다. 등장인물의 성격은 방송이나 영화의 내용에 따라 바뀔 수 있고, 경매를 둘러싼 극적인 사건도 얼마든지 변할 수 있다. 하지만 결코 변하지 않는 한 가지, 경매사는 늘 은발의 영국 남성이라는 점이다. 그는 몸에 딱 들어맞는 턱시도를 입고 고급스럽고 우아한 영국식 억양으로 말한다. 이 우아한 남성은 경매를 진행하는 내내 굉장한 기술을 발휘하여 호가를 끌어 올리고 좌중을 압도한다. 사람들을 휘어잡는 그의 장악력은 최후 경매품이 낙찰될 때까지 계속된다. 필연적으로 경매는 응찰자 2명이 끝까지 겨루는 극적인 장면으로 끝난다. 그는 호가를 천문학적인 액수까지 올리다가, 최고점에 도달하면 행동을 멈추고 오랫동안 기다린다. 그리고 경매봉으로 연단을 힘껏 내리치며 외친다. "낙찰되었습니다!"

크리스티에 막 입사했을 무렵, 실제로 경매의 90퍼센트는 이러했다.

1999년 나는 대학교를 졸업하자마자 21살의 나이로 크리스티에 입사했다. 판매에는 문외한이었고 경매업계에 대해서도 아는 것이 전무했다. 그러나 첫해가 지나기도 전에, 경매업계란 나이 든 남성들만의 클럽과 다를 바 없다는 걸 깨달았다. 이 클럽에서 미술품은 오랫동안 이어진 관계를 통해 판매되었다. 계약은 악수로 성립됐고 비즈니스는 점심 식사 테이블에서 진행됐다. 비즈니스의 성패는 종종 고위 간부의 가족 같은 오랜 친구가 좌우했다.

당시 크리스티의 수석 경매사는 우아한 은발의 영국 남성이었다. 그는 눈썹을 아치 모양으로 치켜올리기만 해도 호가를 높이는 능력 덕에 미술계와 경매업계에서 이미 유명했다. 크리스티의 주요 행사인 저녁 경매에서, 그는 연단에 서서 미술관에 걸릴 만한 수준의 미술품—피카소, 모네, 르누아르의 작품—을 개인 고객에게 팔았다. 단일 미술품의 호가는 정기적으로 수백만 달러를 기록하는데, 주요 저녁 경매에서는 100만 달러에서 시작해 5천만 달러까지 뛰어올랐다.

어느 경매 행사에서 그 은발의 신사가 힘들이지 않고도 응찰을 진행하는 모습을 경외하는 마음으로 바라보던 기억이 난다. 그날 최초 응찰은 앞줄에 앉은 남자가, 두 번째 응찰은 경매장 뒤쪽에 있던 한 부인이 했다. 그리고 세 번째 응찰은 젊은 여성이 했는데, 그녀는 모나코 자택에서 전화를 건 최상위 고객과 초조하게 가격을 논의하며 응찰했다(그 여성이 바로 나다). 은발의 신사는 마치 교향곡 지휘자나 사이드라인에서 팀을 감독하는 미식축구 코치 같았다. 그렇게 일하기 위해 필요한 자질이 무엇인지는 전혀 알 수 없었지만, 적어도 경매를 편안하게 지휘하는 모습에서 힘겨운 기색은 느껴지지 않았다. 경매장의 전화 부스에서 고객을 대신해 응찰하던 나에게, 그 활약을 지켜보는 순간은 결코 지루하지 않았다. 그러나 내게도 무대 위에서 경매봉으로 연단을 내려칠 기회가 오리라는 생각은 절대로 하지 않았다. 음…… 정정하겠다. 100퍼센트 진실은 아니다. 나는 항상 큰 꿈을 꾸었으니까.

　나를 크리스티 소속 경매사라고 소개하면, 사람들이 첫 번째로 묻는 질문은 이와 같다. "당신은 말을 빠르게 하나요?" 그러면 뭐라고 답할까? "저는 말을 많이, 신속하게 해요. 하지만 저는 가축을 팔지는 않아서, 텔레비전에서 보신 것처럼 빠르게 말하는 소 경매 스타일을 따를 필요는 없습니다." 사람들은 내 대답에 보통 실망하지만, 내가 경매사라는 사실이 여전히 인상적인 듯 다음 같은 두 번째 질문을 던진다. "경매에서 가장 비싸게 팔린 작품은 무엇인가요?" 이 질문은 늘 나를 잠깐 망설이게 한다. 바로 앞에서 설명한 은발의 영국 신사를 생각해 달라. 경매장에서 우아한 자태로 호가를 부풀려 피카소와 모네의 작품을 최상위 고객들에게 낙찰시키는 경매사 말이다.

　결론부터 말하자면 나는 그가 아니다.

　나는 자선경매사다. 때로 미술품을 팔 때도 있지만, 주로 값을 매길 수 없는 경험, 유명 인사와 함께하는 유일무이한 순간, 사람들이 평생 꿈꾸는 휴가를 판다. 값으로 따질 수 없을 만큼 귀하지만 따지자면 피카소 작품은 아닌 셈이다. 내가 파는 것은 조지 클루니와의 저녁 식사나 레이디 가가에게 받는 노래 레슨 같은, 귀중한 경험이다.

크리스티에 입사한 첫해, 나는 자선경매의 모든 업무를 담당하는 특별행사부에서 근무했다. 전 세계의 비영리단체들은 자선행사에서 중요한 모금 행사를 열 때면 크리스티에 연락해 전문 지식을 가진 자선경매사의 도움을 요청했다. 그러면 특별행사부는 숙달된 경매사에게 연락했고, 기량과 경험을 기준으로 비영리단체와 팀을 이루어 제대로 된 자선경매를 개최했다. 크리스티의 숙련된 자선경매사들은 전 세계에서 자선경매를 진행했다. 이는 최상위 고객에 대한 예우이자 회사의 마케팅 수단이었다. 그들은 가장 명망 있는 행사에 파견되었고, 검은색 나비넥타이나 칵테일드레스 차림으로 무대에 올라 고객들이 모금 행사에 더 많은 돈을 기부하도록 독려했다.

크리스티에서 처음 근무를 시작했을 때 미술품경매사와 자선경매사 간의 큰 차이는 없었다. 대부분의 미술품경매사는 평소 미술품경매장에서 하던 방식으로 자선경매를 진행했다. 자선경매사는 자신이 진행할 여력이 있는 경매를 택하거나, 또는 최상위 고객이 그들과 관련된 비영리단체의 행사 진행을 요청하면 그에 응해 경매를 진행하곤 했다. 내가 사회 초년생 시절에 겪은 경험을 바탕으로 말하자면, 미술품경매와 자선경매의 가장 큰 차이는 경매장에서 마주하는 청중이었다.

미술품경매가 시작되면, 고객들은 뉴욕, 런던, 홍콩에 위치한 크리스티의 고급스러운 경매장으로 초청받는다. 그들은 훌륭한 조명 시설을 갖춘 경매장에 걸어 들어가 정성들여 마련된 의자에 앉는다. 의자는 경매사가 서는 연단을 마주 보도록 놓인다. 일단 경매가 시작되면, 고객들은 현장에서 다른 고객과 경쟁하며 응찰하거나, 온라인으로 응찰하거나, 경매장 가장자리에 줄지어 있는 전화 부스로 대리 응찰을 한다. 각 전화 부스에는 능숙한 직원들이 흠잡을 데 없는 태도로 전화 건 고객들에게 실시간 경매 정보를 전달한다. 직원들은 경매사를 향해 손을 들고 "선생님", "부인" 또는 "응찰합니다"라고 말하며 자신과 전화하는 고객이 응찰한다는 신호를 보낸다. 경매장의 고객들은 자신이 참여하지 않는 시간에는 조용히 카탈로그를 넘겨 보며 어떠한 오해도 일으키지 않게 주의한다. 경매장을 가로질러 오는 지인에게 손을 흔들었다가 응찰로 오인될 수 있는 그런 갑작스러운 움직임을 경계하면서 말이다. 염두에 둔 품목이 경매대에 등장하면 응찰자들은 번호판을 든다. 이는 품목이 낙찰되거나 다른 고객이 더 높은 가격으로 응찰할 때까지 계속된다. 이길 수 없는 높은 가격이 제시되면 머리를 살짝 흔들거나 다시 카탈로그로 시선을 옮긴다. 크리스티의 경우 성수기에는 1주일 동안 무려 여덟 번의 경매가 진행되기도 한다. 아침에 한 번, 오후에 또 한 번, 날마다, 여러 주 동안 계속 개최된다. 이것은 하루를 보내는 우아하면서도 사랑스러운 방법이다.

지금까지 말한 미술품경매와 정반대가 바로 자선경매다.

『보그Vogue』, 『베니티 페어Vanity Fair』, 『타운 앤드 컨트리Town & Country』 잡지를 뒤적이다 보면 뉴욕시 자선경매에 참석한 유명 인사나 사교계 명사의 사진을 발견할 수 있다. 재계 거물, 억만장자, 유명 인사는 검은색 나비넥타이나 레드카펫 행사에 어울리는 드레스 차림으로 운전기사가 몰고 온 차에서 내린다. 그러고는 완벽한 사진을 찍으려는 사진기자들의 엄호를 받으며 행사장으로 걸어 들어간다. 이때 찍힌 사진은 불과 몇 분 뒤 인터넷을 도배한다. 행사장 문을 지나면 그들은 샴페인이나 특제 칵테일을 제공받는다—행사 내내 수없이 마시게 되는 음료의 첫 잔이다. 대략 한 시간 동안 이어지는 엄청난 음주 시간이 끝나면, 웨이터는 바를 닫고 아쉬워하는 고객들에게 근처 만찬장으로 옮길 것을 권한다. 고객들은 늦은 저녁이 되면 테이블을 옮겨 앉아 두어 시간 동안 수상자의 장황한 연설을 들어야 한다는 것을 알고 있다. 수상자가 아무리 수상 소감을 2분만 말하겠다고 약속했대도 말이다. 그리고 고객들은 만찬장에서 와인 몇 잔을 곁들이며 배 속을 충분히 채운다. 자선경매사는 저녁 시간이 끝나 갈 무렵 무대에 등장한다. 이때 경매에 주목하려는 의향을 조금이라도 비치는 사람이 5명만 되어도 기적이다. 고객 대다수는 경매가 시작되는 순간 더는 무대를 보지 않고 자리를 슬쩍 빠져나가 귀가해 베이비시터를 해방시켜 주거나 잠에 곯아떨어진다. 만약 경매 품목을 충분히 설명할 수 있을 만큼 손님들의 관심을 오래 끄는 경매사가 있다면, 그는 엄청난 운을 거머쥔 것이다.

모금이 목표인 자선경매와 화끈한 에너지가 넘치는 크리스티의 미술품경매장이 다른 종류라는 걸 깨닫기까지는 그리 오래 걸리지 않았다. 사람들은 같은 테이블에 앉은 사람들과 대화하다가 무대를 올려다볼 여유가 생길 때만 응찰하는 듯했다. 당시 21살밖에 안 됐던 나는 이미 미술품경매와 자선경매가 완전히 다른 유형이라는 사실을 분명히 알아차렸다. 또한 미술품경매장에서는 눈썹을 고풍스러운 아치 모양으로 우아하게 치켜올리기만 해도 효과적으로 호가를 올릴 수 있지만, 연거푸 와인을 들이켜는 손님들로 북적이는 자선경매장에서 같은 결과를 기대할 수 없다는 사실도 절감했다.

특별행사부에서 맡은 역할이 늘어나면서 자선 행사에 경매사를 배치하는 행사 관리자와 협업하기 시작했다. 행사가 세간의 이목을 끄는 규모라면, 크리스티의 소규모 팀은 경매사들과 동행해 '발견(응찰하기 위해 손을 흔드는 사람을 발견하는 것)', '등록(자선단체가 낙찰된 금액을 받을 수 있도록 낙찰자의 연락처를 기록하는 것)', 또는 '검토(무대 위 경매사 옆에 서서 구매자를 확인하도록 돕는 것)' 업무에 관여한다.

구매자 검토 담당으로 투입됐을 때 나는 처음으로 경매사의 눈으로 청중을 바라봤다. 나는 북적이고 부산한 대연회장의 무대에서 경매사가 응찰자를 발견하도록 돕는 역할이었는데, 당시 연회장은 무대 앞에서 소란을 피워 대는 사람들로 혼란의 도가니였다. 나는 그때 경매사가 되리라고 몇 번이고 다짐했다—경매사 옆에 서서 그에게 농담이나 던지다가 낙찰된 사람의 경매 번호를 기록하는 사람으로 끝나고 싶지는 않았다. 당시 내가 동행했던 자선경매사는 모두 남자였다. 크리스티 경매장 연단에 서서 예약제로 초대된 고객들에게 피카소와 모네의 작품을 파는 대가급 경매사들도 마찬가지였다. 그들 중 상당수는 제멋대로 행동하고 수다나 떨면서 취기가 올라 알딸딸한 손님들에게 물품을 파는 것을 굉장히 불편해했다. 그런 상황은 조직적이고 진지하며 체계적인 미술품경매와는 너무나 달랐다. 나는 무대 뒤에서 미술품경매사들과 함께 경매가 시작되기를 기다렸다. 그들은 초조한 듯 앞으로 갔다 뒤로 갔다 하며 서성거렸고, 이런 스타일의 경매는 불편하다고 털어놓았다. 진실을 토로하게 만드는 약이 있었다면 분명 몇몇 경매사는 자신이 얼마나 자선경매의 진행 방식을 증오하는지 말했을 것이다. 나는 자선경매를 직접 진행하지는 않았으므로, 청중의 시선을 사로잡으려 할 때 효과적인 것은 무엇이고 또 그렇지 못한 것은 무엇인지 쉽게 관찰할 수 있었다. 어머니는 "인내가 미덕"이라고 말씀하시곤 했다. 어렸을 때는 이 말씀이 항상 터무니없다고 생각했다. 원하는 것을 얻고 싶다면서 그저 기다리는 것보다 나쁜 게 있을까? 그러나 이 경우, 인내는 그야말로 내게 딱 필요한 미덕이었다. 나는 어머니의 말씀을 유념하면서 경매사로 일하게 될 기회가 올 때까지 대비할 시간을 가질 수 있었다.

크리스티에서 일하던 초창기에 몇 년간 구매자 검토 업무를 맡으면서는 아주 불편한 기색을 띠는 경매사들이 다소나마 청중을 통제할 수 있게 도왔다. 경매사들에게 농담을 속삭이거나, 특정 경매품을 새로운 방식으로 설명하자고 제안했다. 어느 경매사는 경매 중 써먹을 수 있는 농담을 메모지에 적어 슬쩍 미끄러트려 달라며 끊임없이 요청했다. 유감스럽게도 그는 걸쭉한 스위스 억양으로 말하는 데다 농담을 던질 타이밍도 제때 맞추지 못해서, 메모지를 건네도 기대한 만큼의 효과는 없었다. 나는 동료들이 흥미진진한 해외여행이나 유명 인사와의 귀중한 경험을 판매하는 모습을 지켜봤다. 그들은 100만 달러짜리 미술작품을 판매할 때와 똑같이 세심하고 신중한 자세로 자선경매를 진행했다. 그때 나는 자선경매사가 두 가지 유형으로 나뉜다는 걸 깨달았다. 청중들의 활기찬 에너지를 자양분으로 삼는 경매사가 있는가 하면 크리스티 경매장—청중들이 행사 중간에 끼어들어 질문 세례를 퍼붓는 일이 없는—으로 돌아가고 싶어 하는 경매사들이 있었다. 두 유형 모두 믿을 수 없을 만큼 인상적인 판매 기술을 보유하고 있었지만, 나는 자선경매의 풍경이 지닌 미지의 혼돈에 끌렸다. 자선경매장의 환경은 구성이나 짜임새가 부족하지만, 덕분에 크리스티 경매장에서라면 눈살을 찌푸릴 만한 판매 기법도 쓸 수 있었다. 크리스티 경매장에서는 혼란스러운 상황(행사장에 모인 청중들이 그곳에서 경매가 열린다는 사실을 알지도 못하는 상태)이 절대 벌어질 수 없기 때문이다. 내가 도와주던 경매사 몇몇은 너도나도 말을 거는 청중 때문에 자신의 목소리조차 듣지 못해 얼굴이 시뻘겋게 달아오르기도 했다. 그럴 때면 나는 대신 마이크를 잡아들고 청중을 직접 휘어잡고 싶은 마음이 간절했다.

그리고 마침내 3년 차인 내게도 기회가 왔다.

자선 행사의 성수기 시즌에 자선경매사 몇 명이 막판에 진행을 취소해 버렸다. 여행 문제나 질병 혹은 자선경매보다 훨씬 중요한 일이 갑자기 생긴 탓이었다. 이로 인해 최상위 고객 몇몇이 위태로운 처지에 놓였다. 비영리단체들은 자선경매에 상당히 의지하고 있는데, 모금한 기금으로 운영예산과 자금 프로그램, 심지어 직원들의 월급까지 처리하기 때문이다. 한번 상상해 보라. 숙련된 경매사가 전문적인 기술을 발휘해 청중에게서 동전 하나라도 더 끌어내리라 믿고 있었는데, 행사 직전 경매사가 펑크를 내 누군가의 삼촌이 대타를 자처하고 나선 상황에 놓이면 심정이 어떻겠는가. 상상한 것처럼, 전문 경매사는 노련하게 응찰을 이끌어 인상적인 결과를 도출해 낼 것이다. 그런데 누군가의 삼촌은? 최선의 시나리오는 삼촌이 무대 한쪽에서 성공적인 스탠드업 코미디로 청중의 주의를 끄는 것이다. 최악의 경우는 기대했던 예산의 3분의 1도 모금하지 못한 채 행사가 끝나는 것이다. 크리스티의 고위 임원들은 연례적인 경매사 선발 시험 대상을 전 직원으로 확대한다고 발표했다. 그때까지만 해도 자선경매사가 되겠다고 나설 수 있는 사람은 고위직 임원, 즉 부사장과 그 위의 직급뿐이었다. 당시 대부분의 자선경매사는 크리스티에서 일한 경력이 최소 10년은 되었다. 그리고 상당수는 이미 지쳐 있었다. 자선경매는 큰 부담인 데다 출장 스케줄은 힘들고, 밤늦게까지 이어지는 경매를 진행하다 보면 가족에게 전념하기가 어렵기 때문이다.

그러나 이와는 아주 대조적으로, 나는 젊은 미혼 여성인 데다 회사에서 일한 지 3년밖에 안 되었다. 동료들이 내게 출장을 가 보는 게 어떤지 제안한 적도 없었다. 덧붙이자면 나는 도시로 이사 와 친구도 거의 없었기에 개인적인 약속이 그리 많지도 않았다. 한마디로 시간이 남아돌았다. 그 남아도는 시간을 검은색 나비넥타이 차림의 사람들로 가득한 자선경매장 무대에서 보낼 수 있다니, 그건 상당히 멋진 기회가 아닌가! 하지만 아무리 머리를 쥐어짜도 나는 전형적인 경매사의 프로필에는 어울리지 않았다. 그러나 오랫동안 기다려 온 기회였기에, 시험을 통과하기 위해서는 무엇이든 하겠다고 단단히 마음먹고선 경매장으로 향했다.

시험을 치른 지원자들은 모두 20명이었다—여성은 4명, 남성은 16명이었다. 시험은 꼭 서바이벌 프로그램 같았다—날마다 투표를 해 몇 명이 탈락되고, 남은 지원자들은 다시 시험장으로 가는 형식이었다. 시험 첫날, 나는 내 직속상관과 그의 상사와 나란히 시험장에 앉아 있었다. 그날 오후 첫 탈락자가 발표됐고 나는 직속상관의 상사가 탈락하는 광경을 지켜봤다(그녀는 초조해지면 목소리가 속삭이는 수준으로 줄어들었다). 둘째 날, 내 직속상관은 시험을 중도 포기했다. 그녀는 청중 앞에 설 때마다 큰 병에 걸린 것처럼 고통스러워했다. 둘째 날이 끝날 무렵, 회사 수석부사장은 다른 10명의 지원자를 탈락시켰다. 셋째 날이 되자 어쩌면 내가 결승전까지 갈 수 있을지도 모르겠다는 생각이 들기 시작했다.

마지막 날, 심사 위원은 지원자들을 연단으로 올라가게 한 뒤 무작위로 제시되는 상품을 어떻게든 팔아 보라고 요청했다. 상품에는 여행, 값으로 매길 수 없는 경험, 심지어 바로 눈앞에 있는 다른 지원자도 포함됐다. 나는 구매자 검토 업무를 맡았을 때 본 수많은 경매사들의 행동을 정확히 구현했다. 마치 품위 있는 영국 신사처럼 행동했는데, 사실 그날 내가 시험을 통과한 데는 이 영국식 억양의 영향이 상당했다고 확신한다. 나는 그간 보아 온 미술품경매사들처럼 차분하고, 신중하고, 정중하고, 공손한 태도로 여행의 정확하고 자세한 정보는 물론 귀중한 경험의 세부 사항을 설명했다. 그날 내가 선보인 모든 것은 제대로 효과를 발휘했다. 나는 3명의 남성과 함께 시험을 통과했는데 그중 2명이 영국 사람이었다.

최종 평가가 진행되는 동안, 심사 위원들은 내가 팀에 좋은 인력이 될 것이라 설명했다. 최상위 고객들이 제일 앞줄이나 중앙에 자리 잡지 않는 소규모 경매에 젊은 여성을 보내면 괜찮을 것이며, 또 내 모습이 매우 "크리스티스럽다"고 했다. 이 말은 내가 행사에 어울리는 차림으로 등장해 경매 내내 전문가답게 행동할 것이라고 심사 위원들이 확신했다는 뜻이다. 이런 상황에서는 어느 정도 과소평가를 받는 게 좋다. 이때 기대를 뛰어넘는 성과를 이루면 실제로 성취한 결과보다 훨씬, 엄청난 업적을 이룬 기분이 든다. 경매 총책임자가 내게 "크리스티 소속 경매사다운 역할을 아주 잘했다"고 말한 것을 뚜렷이 기억한다. 그러나 그해 심사 위원 중 한 명은 연기acting를 해본 경력이 있어서, 내가 보인 행동을 다른 시각으로 바라봤다. 그녀가 보인 반응은 다른 심사 위원들과 상당히 달랐다. "리디아, 경매사 연기는 멈춰요. 잘하긴 했는데 각 품목을 소개하는 사이사이의 멘트는 청중의 호응과 관심을 끄는 용도로만 사용해 봐요."

그녀의 말이 무엇을 의미하는지는 알았다. 나는 조그마한 목소리로 짧고 재미난 말을 재빨리 하는 재주가 있다. 아이 넷이 우글거리는 가정에서 자라며 서로 더 웃기려고 혈안이 된 형제자매에게 뒤처지지 않기 위해 촌철살인의 입담을 구사하려 애써 왔다. 내 입담은 두 남자 형제에게 전혀 뒤지지 않았고, 내 뒤로 두뇌 회전이 빠른 여동생이 능숙하게 가담했다. 아들, 딸, 아들, 딸. 완벽한 대칭을 이룬 우리는 믿을 수 없을 정도로 경쟁심이 강했고 서로를 댄스 경연 대회에서 만난 위협적인 라이벌로 여겼다. 우리 형제자매의 관계에서 유머는 큰 비중을 차지한다. 재치를 발휘해 상대를 1점 차이로 제치는 모습은 마치 집 안에서 매일 올림픽경기가 벌어지는 것 같았다. 우리가 전부 모인 저녁 식사는 기본적으로 부모님이나 다른 청중을 웃기기 위해 누구 하나가 다른 형제자매를 곤경으로 몰아넣고 희생시키는 시간이 되었다. 오빠는 대개 피해를 덜 입었는데, 우리 중 제일 친절하기 때문이다. 그렇지만 동생들에게만큼은 무자비했다. 동생들도 마찬가지였다. 나는 오빠와 동생들의 웃음소리를 내 남편과 아이들의 웃음소리 못지않게 좋아하고 사랑한다.

그러나 경매사 선발 시험에 통과했을 때 나는 겨우 20대 초반이었고 그 나이대가 충고를 받으면 대개 보이는 행동을 했다. 즉 연기 경력이 있는 심사 위원의 충고에 겉으로는 동의하는 척 고개를 끄덕였지만, 마음속으로는 내가 훨씬 잘 안다고 여겨 조언을 무시했던 것이다. 솔직히 나는 경매사 연기라는 말을 이후 오랫동안 기억에서 지워 버렸다.

시험이 끝나고 몇 주가 지난 뒤, 드디어 자선경매에 참가해 달라는 첫 요청을 받았다. 캔자스시티에서 개최되는 겨울 경매였다. 이보다 더 짜릿할 수는 없었다. 첫 번째 출장이지 않는가! 20대 초반에 책상 앞에 앉아 있거나 사무실 주변을 왔다 갔다 하며 회의하는 것으로 하루의 대부분을 보낸다면, 경비를 전부 지원받아 어디든 휴가 같은 출장을 떠난다는 말에 흥분할 수밖에 없다. 캔자스시티에서의 겨울이라고? 그건 마치 꿈처럼 들렸다. 그렇게 나는 꽁꽁 얼어붙은 뉴욕시를 벗어나 캔자스시티로 갔다.

경매 전날 위원회와 미팅을 앞두고 캔자스시티에서 손에 꼽히는 레스토랑으로 걸어 들어가던 순간이 아직도 선명하다. 위원회는 나이 지긋한 남성과 여성들로 이뤄진 작은 모임이었다. 이번 경매의 정보가 적힌 작은 책자를 옆구리에 끼고 프라이빗 룸으로 들어간 나는 그들의 얼굴에 걱정하는 기색이 역력한 것을 똑똑히 봤다. 한 남성은 문에서 시선을 떼지 못했다. 나는 분위기를 띄우러 들어온 사람이고, 잠시 후 진짜 경매사가 슬며시 들어오리라 생각하는 듯했다. 그들은 경매사가 여성이라는 점에 깜짝 놀랐다. 하지만 내가 그들의 손주뻘이라는 사실에 더 놀랐다. 아, 당신은 명심해야 한다. 그 당시엔 일면식도 없는 사람과 미팅을 하기 전, 그 사람이 누구인지 구글에 검색할 수 없던 시절이다. 그때는 풍문으로 듣는 평판이 전부였다. 하지만 첫 경매를 맡은 나에게 평판이라는 게 있을 리가 없지 않은가? 내 자리를 상석에서 어린 이석으로 옮겨야 하는 게 아니냐는 농담이 나올 정도였다. 그러나 나는 며칠의 시간을 온전히 이번 경매에 투자해 모든 준비를 마친 상태였다. 내가 준비된 사람이라는 것을 확실히 보여 주자 위원회가 품은 공포도 조금 줄어든 듯 보였다. 당연히 준비가 되어 있었다. 그토록 기다려 온 순간이었으니까.

호텔 방 안에서 경매를 준비하며 긴 하루를 보낸 다음 날, 신경이 매우 예민해진 채로 경매가 개최될 박물관에 도착했다. 무대 뒤에서 행사 주최자와 함께 노트에 적은 내용을 수정하던 게 지금도 떠오른다. 아울러 무대공포증으로 몸 컨디션이 상당히 나빴던 그 끔찍한 느낌도 생생하다.

"신사 숙녀 여러분, 크리스티 옥션 하우스에서 오신 리디아 페네트 씨를 반갑게 맞이해 주십시오!"

천천히 무대로 걸어 나갔다. 물살을 가로지르며 헤엄쳐 나가는 기분이었다. 몇백 명의 청중을 초조하게 바라봤다. 그들은 내게 전혀 관심을 기울이지 않았다. 나는 마치 내 인생이 전적으로 이 경매에 달려 있기라도 하듯, 크리스티의 경매용찰부에서 빌려 온 경매봉을 비장하게 움켜쥐고 작은 연단 앞에 섰다. 노트들을 연단 위에 넓게 펼쳐 두고 목을 가다듬었다.

"신사 숙녀 여러분, 안녕하세요. 좋은 저녁입니다."

몇 사람이 흘낏 쳐다봤다. 그러나 대부분은 계속 대화를 나누었다. 나는 잠시 서 있다가 경매봉을 몇 번 내려쳤다. 아까보다는 약간 많은 사람들이 고개를 돌려 무대를 바라봤다.

경매봉이 효과가 있는지 훨씬 수월해졌다.

다시 한번 경매봉을 내려쳤다. 이번에는 소리가 좀 더 컸다.

내가 경매를 끝내고 테이블로 돌아올 때마다 사람들은 늘 경매봉을 보고 싶어 했다. 유료 케이블 채널에서 볼 수 있는 주디 판사Judge Judy, 미국의 법정 리얼리티쇼 프로그램 제목이자 주인공 이름는 2명의 의뢰인이 다투는 것을 지켜보면서 바로 앞에 놓인 경매봉을 계속 쥐고 있다. 그리고 그녀는 최종 판결을 내리며 경매봉을 힘차게 내려친다. 경매봉을 직접 사용하고서야 깨달은 사실이 있는데, 경매봉은 반복해서 여러 번 내려치면 안 된다. 경매봉은 한 번, 아니면 겨우 두 번 정도 내려치는 게 좋다. 경매봉은 소리가 커서 강렬한 인상을 주지만, 단단한 편이 아니라 윗부분이 떨어져 나가기 쉽다. 덕분에 생각지도 못했던 일이 일어나고야 말았다. 나는 긴장한 나머지 경매봉을 세게 쳐댔고 힘에 못 이긴 손잡이가 부러져 윗부분이 날아갔다. 나는 분리된 경매봉이 천천히, 천천히 연단 아래로 굴러가는 광경을 바라볼 수밖에 없었다. 굴욕감, 쑥스러움, 쥐구멍 같은 말이 머릿속을 헤집었다. 뭘 해야 할지 알 수가 없었다. 일단 칵테일드레스 자락을 부여잡고 얼른 무릎을 꿇고 앉아 연단 아래 나동그라져 있는 경매봉을 주웠다.

괜찮아. 다시 한번 해보지 뭐. 나는 경매봉 윗부분을 다시 연단에 내려친 뒤 경매를 계속했다.

지금까지는 내가 들려주고 싶은 이야기의 일부분에 불과하다. 내가 유례없이 경매장을 휘어잡고 뒤흔든 경험, 위원회가 바라던 금액의 다섯 배를 모금하고 청중을 내 마음대로 능수능란하게 다룬 이야기 중에서 말이다. 사실대로 말하자면 첫 경매는 그럭저럭 괜찮았다. 딱 괜찮은 정도였을 뿐이다. 위원회가 필요로 한 금액은 채웠으나, 무대에서 봤을 때 경매는 전체적으로 따분했다. 청중들은 경매 시간 내내 떠들었다. 그들의 입을 다물게 하려고 엄청난 노력을 기울였음에도 말이다. 멀찌감치 떨어져 나를 구경하는 청중들을 앞에 두고 허공에 떠드는 느낌이었다. 위원회 멤버들에게 인사를 한 뒤 피곤에 찌들고 기죽은 상태로 호텔방으로 돌아왔다. 무대 위에서 무언가를 보여 주리라고 굉장히 기대하고 있었다. 그러나 실제로는 다른 경매사들이 하는 그대로를 흉내 낸 것에 지나지 않았고, 그마저도 제대로 하지 못했다.

이후 몇 년은 대체로 비슷하게 흘러갔다. 나는 실력이 괜찮고 믿을 만한 경매사로 인정받았고, 그 결과 나를 고용했던 단체들에게서 다시 경매를 진행해 달라는 요청을 받았다. 경매를 시작한 첫해에 20건의 경매를 진행했는데 해가 거듭될수록 건수도 급속도로 늘어났다. 30건, 50건으로 늘더니 1년 동안 70건의 경매를 진행하게 되었다. 나는 얼마간 경매사 시험을 치를 때 했던 방식으로 경매를 진행했다. 보고 들은 진행 방식을 몇 번이고 똑같이 되풀이했다. 처음 몇 년 동안은 무대에 서면 분주하고 즐거웠다. 확실히 뉴욕의 아파트에서 오도카니 앉아 대학 친구들을 그리워하고 포장해 온 음식을 혼자 먹던 때보다는 훨씬 신나고 흥미진진했다. 하지만 나의 경매는 늘 같은 방식으로 진부하게 진행된다는 생각이 멈추지 않았고, 이 생각은 고통스러웠다. 나는 언제나 디저트가 제공된 다음에 무대에 등장했고 너무나 많은 경매품을 다뤘다. 다른 경매사도 다 겪는 슬럼프라 여기고 나 또한 감당해야 한다며 스스로를 다독였다. 그리고 귀가하려는 청중들이 열을 지어 행사장을 빠져나가는 광경을 지켜봤다. 남은 청중들은 예의 바르게 미소 짓고는 마치 동정하듯 내 말을 들었다. 그러나 그들마저 내가 응찰자들의 번호를 부르는 걸 듣다 지쳤고, 내 목소리가 점점 커져 자신들의 목소리가 묻히자 같은 테이블에 앉은 이들 쪽으로 아예 몸을 돌려 다시 잡담을 이어 갔다.

경매에 대한 청중의 무관심은 목소리 크기와 아무 상관이 없었다. 문제는 내가 청중의 관심을 끌 만한 어떤 말도 하지 못했다는 것이다. 나는 그저 숫자를 순서대로 반복해 불렀다. 어떤 면에서는 오히려 내가 청중에게 동정심을 느낄 정도였다. 나라도 누가 무대에 서서 언제 어디서든 전혀 사고 싶지도 않은 품목을 경매에 올리고 고래고래 숫자를 외치는 모습을 지켜보느니, 그런 소리는 한 귀로 흘리고 와인이나 마시며 친구와 수다를 떠는 게 나을 것이다. 자선경매사 상당수가 이 시기에 경매를 관둔다. 무대 위에서 사람들이 자신을 무시하는 것을 계속 보다 보면, 누구라도 자신감이 줄어든다. 이후 다시 고통스러운 시즌을 겪고 나면 경매 사들은 결국 행사 수를 줄이고, 그러다가 행사를 한 건도 진행하기가 힘들어지고, 1년에 한두 번만 하다가, 경매일을 완전히 그만둔다.

나는 아직 그 지점까지는 이르지 않았지만, 열정을 잃어 가기 시작했다. 한때는 내가 경매를 하기 위해 태어났다고 생각할 정도였는데도 말이다. 그럼에도 기회가 닿는 대로 계속 경매를 계약했다. 저녁에 경매를 진행하면서 여전히 얻을 것이 있었다. 내가 더 잘할 수 있다는 것을 나 자신에게 증명하고 싶었다. 하지만 무엇을 더 잘할 수 있는지, 그때는 몰랐다. 그때는.

경매를 업으로 선택한 지 5년이 된 어느 토요일 아침, 나는 굉장히 끔찍한 기분으로 잠에서 깨어났다. 고약한 독감이 유행한다 싶더니 결국 나를 덮치고 말았다. 평소라면 이런 컨디션은 하루 종일 침대에 누워 재미있는 책을 읽으며 게토레이 한 병을 마실 괜찮은 핑곗거리겠지만, 그날은 내가 진행해야 하는 저녁 경매가 있었다. 담요를 덮고 누워 온몸을 떨면서 플립형 스마트폰에 저장된 다른 경매사의 전화번호 목록을 훑어보던 기억이 난다. 깜빡 잠이 들었다가 깨기를 반복하며 경매사 한 사람, 한 사람과 전화를 했지만, 저마다 다른 이유를 대며 대타를 거절했다. 절망감이 점점 커져갔다. 마지막으로 전화한 경매사에게 안 된다는 대답을 들었을 즈음에는 몸 상태가 아무리 끔찍해도 직접 경매를 진행해야 한다는 사실이 분명해졌다. 나는 온종일 누워 있다가 경매 한 시간 전 침대에서 일어나 감기약을 정량의 두 배나 복용하고 가진 것 중 가장 편안한 블랙 드레스를 입은 뒤 굽이 제일 낮은 힐을 신었다. 행사장인 보트하우스까지 거의 기어가다시피 갔다. 센트럴파크의 호수가 내려다보이는 굉장히 아름다운 장소였다. 다른 날 같았으면 뉴욕시의 눈부신 야경으로 둘러싸인 이 멋진 장소에서 시간을 보낼 생각에 매우 들떠 있었을 것이다. 그러나 그날 저녁 나는 잔뜩 웅크린 채 행사장 구석에 놓인 의자에 앉아 진저에일로 몸을 달랬다. 금방이라도 의식을 잃을 것만 같은 기분이었다. 칵테일파티가 끝나고 저녁 식사를 위해 행사장으로 들어오던 청중이 진행 측과 옥신각신하자, 의자를 무대 바로 옆으로 옮겨 주최 측이 내 이름을 부를 때까지 기다렸다.

그때까지만 해도 무대로 나가기 직전 아드레날린이 몸 전체를 순환하자 기분이 훨씬 나아지고 있다는 사실을 전혀 몰랐다. 주최 측 '보이스 오브 갓'이 내 이름을 호명하며 실시간 경매의 시작을 선언할 즈음, 나는 원래 컨디션을 조금씩 회복했다. 물론 조금 회복됐다고 해서 평상시처럼 영국 신사 스타일의 페르소나로 변신할 만큼 기력이 충분하진 않았다. 그 순간 너무나 끔찍하게 아파 다른 사람으로 변신한 척을 할 수 없었다. 나를 오롯이 드러낼 수밖에 없었다. 그래서 경매사 연기를 그만두고, 경매품을 마치 내 친구들에게 파는 것처럼 행동했다.

첫 번째 경매품은 어느 임원의 자택에 소장된 미술품 컬렉션을 감상하는 개인 투어였다. 몇 년 전 회사에서 나는 이 여성 옆에 앉아 점심을 먹은 적 있었다. 하필이면 그 전날 남자 친구에게 차여서 마음이 찢어질 듯 슬펐고 다시는 결코 그 상처를 회복할 수 없을 것 같았다. 남자 친구에게 일방적으로 차여서 관계가 끝나 버리다니, 죽고만 싶었다. 점심을 먹으려고 자리에 앉아 다음 경매에 나올 멋진 미술품에 대해 말하는 대신, 점심시간 내내 눈물을 줄줄 흘렸다. 세상이 무너질 것 같은 기분이었으니 어쩔 수 없었다. 하지만 그녀는 아주 침착했다. 그녀는 나의 눈물 어린 사연을 자상하게 들어 줬고, 이별 뒤에 해야 할 일에 대해 훌륭한 조언 ―와인을 마시고 초콜릿을 먹는다. 다 먹으면? 처음부터 반복해라―을 아끼지 않았다. 눈물이 흘러 내 무릎을 적시자 냅킨까지 건네줬다. 나는 그동안 통상적으로 해왔던, 즉 품목 내용을 자세히 묘사하며 낭독하는 방식―아름다운 아파트, 놀라운 미술품 컬렉션, 칵테일. 이 모든 것이 포함된 완벽한 개인 투어입니다!―을 택하지 않았다. 대신 이렇게 말했다.

"이 개인 투어를 주관하는 분은 분명 놀라운 미술품 컬렉션을 보유하고 있고, 아름다운 아파트에서 살고 있으며, 당신에게 맛있는 칵테일을 대접할 것입니다. 하지만 무엇보다 중요한 것은 이분이 오프라 윈프리에 버금가는 분이라는 점입니다. 인간관계에 대한 조언이 필요하다면, 또는 연인이 여러분을 차버려 실컷 울고 싶거나 충고가 필요하다면, 멋진 분과 귀중한 시간을 보낼 이 멋진 투어는 당신에게 커다란 선물이 될 것입니다. 제 말을 믿으셔도 돼요. 이미 제가 겪어 봤거든요."

이런 판매 방식, 즉 내가 살면서 겪은 경험담을 섞어 말하는 방식으로 바꾸자 청중들은 잡담을 멈추고 내 말에 귀를 기울였다. 바로 그 순간 딸깍, 소리가 나며 전구가 켜졌다. '나'를 오픈하라. 그리고 팔아라. 진정한 오프너로 거듭나라! 왜 그동안 청중을 위한 이야기를 만들어 내지 않고 상품에 대한 설명만 읊어 그들을 지루하게 만들었을까? 나는 모든 면에서 타고난 이야기꾼이었다. 요점을 정확히 전달하려 할 때 우리는 '이야기'라는 형식을 이용한다. 인생. 그리고 이야기. 상황과 배경이 만들어지는 도입부와 흥미로운 내용이 전개되는 중반부, 사소하지만 세련되고 번뜩이는 내용으로 마무리되는 대단원을 갖추면 모든 것은 원래보다 훨씬 나아 보인다.

이게 바로 내가 그동안 놓쳐 온 것이다. 내가 소개하는 경매 품목에는 이야기가 필요했다.

첫 번째 품목은 예상가의 세 배나 되는 금액에 팔렸다. 이게 바로 내가 고대하던 순간이 아닌가.

"신사 숙녀 여러분, 두 번째 경매품은⋯⋯." 두 번째 품목은 멕시코의 저택에서 보내는 휴가 상품이었다. 침실과 욕실이 엄청나게 많고 인피니티 풀에 개인 셰프까지 있는 저택이었다. 나는 이 저택의 세부 사항을 차례로 열거하는 대신, 짧은 농담으로 이야기를 시작했다. 대학 시절 멕시코로 여행 간 이야기였다. 그리고 이 상품을 획득할 낙찰자는 세뇨르 프로그Señor Frog's, 멕시코의 유명 프랜차이즈 레스토랑에서 뭉그적대다가 여행을 마무리할 일은 없을 테니 참으로 운이 좋다고 덧붙였다. 농담을 몇 번 더 던지면서 멕시코 휴가 품목을 상세히 설명하자, 사람들이 무대 정면으로 의자를 돌리기 시작했다. 좋은 징조였다. 이 새로운 방식을 조심스럽게 밀고 나갔다. 말 사이사이 농담을 더 끼워 넣고 응찰에 응한 여성들의 드레스가 마음에 든다고 했다. 그리고 청중 가운데 유명 인사와 닮은 사람들을 짚어 내며 어떤 점이 유사한지 말했다. 너무 수줍어서 이름을 밝히지 않는 청중에게는 내 멋대로 이름을 지어 불렀다. 이 모든 행동이 경매와 절묘하게 맞아 떨어졌다. 이는 내가 청중 앞에서 말을 쏟아 내는 대신, 청중에게 말을 걸었기에 가능했다. 현장에서 함께 보고 웃을 수 있는 요소를 경매의 일부로 활용하자 청중들은 관심을 갖고 참여하기 시작했다. 내가 있거나 말거나 수다 떨기 바빴던 사람들이 이제는 나의 목소리에 귀 기울인다는 것을 깨달을수록 점점 더 힘이 났다. 그리고 내가 힘을 내면, 그들은 더 많이 즐거워했다.

더 이상 경매는 지루한 여행 설명회나 숫자 놀음이 아니었다. 한겨울 터키석 빛깔의 카리브해 바다로 떠나는 휴가 같은 환상으로 넘쳐 났다. 유명 인사와 시간을 보내는 귀한 기회는 단순한 경험 그 자체가 아니었다. 조지 클루니와 점심 데이트를 하며 길을 거닐다가 고등학교 동창—친구인 척했지만 사실 라이벌이었던—을 우연히 마주칠 절호의 기회며, 브래드 피트와 식사하는 사진 한 장으로 인스타그램 팔로워를 50명에서 5천 500만 명으로 늘릴 기회였다. 뭐, 5천 500만 명까지는 아니더라도 최소 100명은 되지 않겠는가? 나는 '무엇'을 파는지가 아니라, '누구'에게 파는지에 집중했다. 청중은 모두 각양각색이었고, 그 순간 경매는 더 이상 단순한 경매가 아니었다. 경매는 청중이 줄거리의 부분 부분을 이어 완성하는 하나의 이야기였다. 청중들은 응찰에 상관없이 주목받기를 좋아한다. 응찰하려고 손을 들었다가 짧은 칭찬을 듣는 게 끝이라 해도 대부분의 사람들은 인정받는 것을 즐긴다. 어쩌면 자신도 이 놀이에 낄 수 있겠다는 생각이 들면 누구나 돌연 넋을 잃고 타이밍을 찾는 데 집중한다. 경매가 끝나고 무대를 떠나 택시 뒷좌석에 쓰러지듯 앉은 지 몇 분 만에 다시 오한과 열이 온몸을 휘감았다. 그래도 마냥 행복했다. 내가 여태껏 놓쳐 왔던 것을 이루지 않았는가. 무대 위에서 진정한 '나'의 모습을 오픈하는 것 말이다.

그 시즌에는 내가 진행해야 할 경매가 25건 더 남아 있었고, 그동안 내가 새로운 진행 스타일을 연습할 시간은 충분했다. 예의 바른 경매사 페르소나는 이제 안녕! 가짜 영국식 억양도! 연단 뒤에서 보인 정중한 태도도 이제 안녕! 그날 밤 보트하우스에서의 시간은 일탈이 아니었다. 꾸밈없는, 진정한 '나'를 오픈하고 무대에 서자 청중은 평소와 다른 반응을 보였고 나는 열정과 흥분을 느꼈다. 경매는 더는 포장해 온 음식을 혼자 먹는 게 싫어서 아파트에서 빠져나가고자 기다리는 구실이 아니었다. 무대는 새로 발견한 기술을 연습하기 위해 가능한 빨리 되돌아가고 싶어 안달 나는 장소가 되었다. 경매를 진행하면 할수록 할머니와 어머니의 주특기인 미국 남부 사람 특유의 매력이 사람들을 끌어당기는 방편이 된다는 사실을 깨달았다. 아무리 승산 없는 상황일지라도 말이다. 그동안 할머니와 어머니를 관찰해 두기를 잘했다는 생각이 들었다. 또 유머의 중요성도 깨달았다. 많은 유머는 호가를 극적으로 올릴 수 있을 뿐만 아니라 청중이 계속 열중하도록 유도할 수 있었다. 청중들이 웃을수록 그들이 돈을 쓰고 싶은 마음도 커진다는 사실을 알아 버렸다. 웃음은 사람들을 하나로 만들고, 관계를 맺게 하고, 예전에는 따분하게 여긴 일도 재미있고 신선하게 느끼도록 했다. 무엇보다 중요한 것은 웃음이 사람들을 조용하게 만든다는 점이다! 보통 500명에서 5천 명 정도의 청중을 앞에 두고 무대에 서기 때문에, 내가 하는 말들은 적어도 그들이 옆 사람과 주고받는 이야기보다는 흥미로워야 했다. 그리고 다행히 나는 언제나 유머에 자신 있었다.

물론 이렇게 한 결과 무대에 서는 게 조금 더 즐거워졌고 청중은 내게 조금 더 집중했다⋯⋯ 하는 정도의 결말로 끝날 수도 있었지만, 실제 결과는 ─사회생활이 종종 그렇듯이─ 숫자로 드러났다. 나는 비영리단체가 이전에 경매로 모은 기금의 20퍼센트, 30퍼센트, 40퍼센트를 더 모았고 심지어 50퍼센트를 넘을 때도 있었다. 몇 년 전 진행했던 단체의 경매를 다시 맡은 적도 있었는데, 이전 실적을 완전히 압도하는 판매 결과를 냈다. 내가 남들과 다른 접근 방식으로 경매를 진행한다는 소문이 비영리단체 사이에 퍼지기 시작했고, 내게 경매 진행을 의뢰하는 건수는 점점 더 많아지기 시작했다. 최상위 고객들은 크리스티 고위 간부들에게 이메일을 보내, 내가 경매를 진행할 수 있을지 물었다. 크리스티 임원들은 그런 나를 주목했을 뿐만 아니라 최상위 고객들에게 추천하기까지 했다.

지금 내가 무대를 휘어잡는 방식은 약 15년 전 경매를 처음 시작했을 때와는 완전히 다르다. 현재는 프리즘을 통과한 한 줄기의 빛이 여러 스펙트럼으로 드러나듯 내 인생을 여러 줄기로 표현하며 경매를 진행한다. 나의 판매 방식은 나의 인생과 함께 발전해 왔다. 20대 시절 보트하우스에서 경매를 진행했을 때는 미혼이자 남자 친구에게 차인 여성으로 무대에 섰다. 당시 청중 가운데에 남자든 여자든 내 이야기에 공감하는 사람이 아예 없지는 않았을 것 아닌가? 10초 만에 내 인생을 함께 들여다보는 경험으로 청중은 나와 유대감을 느끼고, 공감하고, 내가 그들과 함께한다는 느낌을 받았을 것이다. 매년 비영리단체 경매를 진행하면서 50명의 파티 손님을 다 채우지 못하면 내가 직접 손님으로 참석해 응찰자를 늘렸다. 오빠와 동생들을 경매 특별 손님으로 초대해 무대에 같이 오른 적도 있다. 이때 응찰자가 싱글인지 아닌지 물어본 다음, 내 형제자매들을 그들 틈으로 밀어 넣었다. 그리고 혹시나 청중 역할이 필요할 수도 있기에 친구들에게 경매에 동행해 달라고 부탁하기도 했다. 내가 가본 적 있는 해외여행 상품을 판매할 땐 그 지역에 대한 짧은 소감과 조언을 더했다. "식사는 여기서 하시고, 술은 여기서 마시고……, 그리고 이런 행동은 피하세요!"

　세 아이를 가졌을 때마다, 그러니까 임신 중엔 여성 청중들의 동정심을 유도하며 판매를 촉진했다. 그렇게 해서 기금을 신속하게 모으고 무대에서 내려와 얼른 두 다리를 뻗고 쉬었다. 셋째 아이를 출산하고 4주 뒤에 다시 경매를 시작했을 때는 이렇게 말했다. "경매가 끝나면 당장 집에 가서 아이에게 젖을 먹여야 하는데 말이죠. 아이가 얼마나 빨리 밥을 먹을 수 있을지는 여러분에게 달렸습니다!" 정말로 그랬다. 내가 무대에 오를 때면 모두 아주 즐거운 시간을 보내길 바란다. 손님을 모시는 웨이터든 행사에 참여한 손님이든 초거물급 응찰자든 상관없이 말이다. 작년엔 경매가 열리는 맨해튼의 이탈리안 레스토랑에 들어가자, 코트를 받아 주던 여성이 나를 향해 엄지손가락을 치켜올렸다. 그리고 말했다. "자, 쇼 타임!" 믿어 달라. 나를 일단 무대 위에 세워라!

　지금, 이 책을 읽는 여성 중 99퍼센트는 무대에서 경매를 진행하는 일 같은 건 염두에도 둔 적이 없으리란 사실을 안다. 당신이 경매업계에서 일하는 1퍼센트일 수도 있지만, 혹시나 인생과 직업, 심지어 면접에서 원하는 결과를 얻지 못할 거라 느끼는 99퍼센트의 경우라면 다른 사람과 의사소통하는 방식을 고민해 보라고 권하고 싶다. 글로벌부서에서 정규직으로 일한 경험과 무대에서의 경험을 통해 내가 배운 것은 가짜 페르소나를 버리고 당신을 진정으로 오픈해 판매한다면, 사람들의 관심을 끌 수 있다는 것이다. 판매에서 인간관계는 비즈니스만큼이나 중요하다. 그러므로 무언가를 판매할 때 당신이 편안하게 느끼면 느낄수록 상대 역시 당신의 말을 진실하게 받아들일 가능성이 높다. 이 책을 읽고 있는 당신은 이제 알겠지만 이야기를 오픈하거나 농담을 끼워 넣는 것은 청중의 관심과 열정을 불러일으키는 훌륭한 방법이다. 자연스럽게 행동하며 판매할 때 나는 안정감을 느끼며 진정성 있는 행동으로 청중의 반응을 얻어 낸다.

'나'를 오픈하여 판매에 임하라는 조언을 당신이 일상생활에서 어떻게 활용할지 고민해 봤으면 한다. 당신이 판매를 하거나 발표할 때 사람들이 어떻게 반응하는지 지켜봐라. 당신이 말을 할 때 그들의 눈이 반짝반짝 빛나는가? 스마트폰을 들여다보고 있지는 않는가? 고개를 끄덕이긴 했으나 당신이 말을 멈추는 순간 기다렸다는 듯이 자리를 뜨려 하지는 않는가? 다음으로, 당신의 판매 방식을 잘 헤아려 보자. 배운 내용과 정확히 일치하는 방식으로 판매하고 있는지, 상대방에게서 원하는 바를 알아내려 지나치게 몰아붙이거나 가차 없이 대하지는 않았는지, 당신이 보여 주는 유머러스함이 최고라고 말하는 친구들 앞에서 괜히 심각하게 굴지는 않았는지, (내가 경매를 시작하고 처음 5년 동안 그랬던 것처럼) 완전히 다른 페르소나를 연기하고 있지 않은지 말이다. 당신이 판매하는 물건을 상대가 믿게 하려면 먼저 당신 스스로가 판매하는 것을 신뢰해야 한다. 다른 사람인 척 가장하는 데는 많은 에너지가 필요하다. 그 에너지를 판매에 집중하는 데만 쓰는 게 훨씬 나을 것이다.

어디서나 가장 강한 여성은 자기 자신과 자신의 비전을 가장 진정성 있는 방식으로 판매한다. 이 여성은 자신이 누구인지, 무엇을 성취해 왔는지 다른 이에게 드러내는 것을 두려워하지 않는다. 이 여성은 열심히 일하고 열심히 연습하는 것이 원하는 것을 얻게 해주리라 믿는다. 더 이상 페르소나가 아닌 '있는 그대로의 자기 자신'을 감추지 않고 자신의 특기(개성)를 활용하는 이 여성은 자신이 판매하는 것을 믿는다. 그러했을 때 사람들 또한 이 여성을 믿을 것이다.

미아 캉
Mia Kang

모델 겸 자선 활동가

나는 13살 때부터 음식을 먹을 때마다 신체변형장애*에 시달리며 스스로를 학대했다. 패션업계와 사회가 강요하는 특정한 외모 강박에 고통스러웠다. 현재 나는 건강하고, 강하고, 올바르게 교육받고, '나'의 견해를 굽히지 않는 안정감 있는 여성이 패션업계에 당당히 서는 모습을 보여 주고자 분투한다. 오늘날 광고판이나 잡지에는 그동안 패션업계 전반에서 요구하던, 불안정하고 병약해 보이는 표준 사이즈 여성이 아니라 바로 이런 새로운 유형의 건강한 여성이 필요하다.

무에타이와 킥복싱을 배우고 돌아왔을 때 내 몸은 더할 나위 없이 건강하고 탄탄했지만, 패션업계가 요구하는 표본 사이즈는 아니었다. 이런 유형의 몸에 아직 익숙하지 않은 세상에 나 자신을 드러내고 세일즈할 필요가 있었다. 나는 가장 먼저 설득해야 할 에이전트에게 나를 이렇게 광고했다.

"이게 바로 나야. 나는 지금 건강하고 행복해. 내가 직시하고 있는 이 문제를 우리 모두가 바라봐야 한다고 생각해. 중요한 것은 바로 당신이 '여성'이라는 점이지, 입은 옷의 '사이즈'가 아니라는 것을 보여 줘야 해. 나는 여성들에게 이런 걸 알려 주는 사람이 되고 싶어."

에이전트의 대답을 기다리며 숨을 죽였다. 그녀가 대답했다.

"좋아요. 그렇게 해보자고요."

---

* 자신의 외모 중 마음에 들지 않거나 원하지 않는 특징 혹은 상상으로 만든 신체결함에 집착하고 걱정하며 염려하는 증상

마사 스튜어트
Martha Stewart

『타임』지가 선정한 '미국에서 가장 영향력 있는 25인'
여섯 번의 에미상Emmy Awards을 수상한 『마사 스튜어트 리빙』 TV쇼 진행자

나 자신을 항상 교사라고 생각해 왔다. 그리고 마음먹은 대로 교육하기 위해서는 자신이 가르치는 것이 '무엇'인지 배우는 일에 진심으로 전념해야 한다고 믿는다. 판매도 마찬가지다. 자신이 다루려는 주제를 하나부터 열까지 철저히 알아야 한다.

당신이 누구인지 당당하게 확신을 갖고 인내심을 가져라. 사람들이 좋아하든 말든 계속 단호하게 행동할 자신감을 충분히 갖춰라. 당신 주변에 숨어 있는 기회를 찾아내라. 그리고 당신만의 전문성을 발휘하라. 당신의 아이디어를 지키되 유연하게 행동하라.

성공이란 당신이 상상하고 바라는 모습 그대로 오는 경우가 좀처럼 없다.

3

보스처럼
협상 테이블을
장악하라

어디서나 가장 강한 여성은 바로 당신이다

66

어느 누구도 당신만큼
당신을 지지해 줄 수 없다.
울지 말고, 두려워하지도 말라.
이제 나가서 협상에 임해라!

99

20대 시절, 내가 내 일이 정말 좋다고 말할 때마다 1달러를 받았다면 지금쯤 내 인스타그램 피드는 이코노미석 사진이 아니라 개인 전용기 사진으로 가득했을 것이다. 나는 일을 능숙하게 처리하는 데 집중한 반면 회사를 대규모 조직체로 인식하거나, 회사 내에서 나를 드러내고 더 매력적으로 보이고자 고민한 적은 없었다. 너무 도드라지는 일은 피하고 맡은 바 일을 잘하면서 회사 내부에서든 외부에서든 괜찮은 직원으로 근무한다면, 윗분 중 누군가는 분명 나를 주목하고 승진시켜 줄 거라 생각했다. 그러나 일을 잘한다고 해서 반드시 능력에 걸맞는 보수를 받으리란 보장은 없다는 사실을, 그때의 나는 알지 못했다.

20대의 나는 일밖에 몰랐다. 매일 10시간에서 14시간을 일했고, 1주일 중 6일을(또는 7일 내내) 일했으며, 1년에 11개월 15일을 일했다. 휴식 없이 근무하는 것은 뉴욕의 자연스러운 문화여서 입사한 첫해에 내가 속한 소규모 팀이 500건 이상의 행사를 잇달아 개최한 것은 전혀 이상한 일이 아니었다. 나는 업무를 진행하는 속도가 워낙 무자비할 정도로 빨랐기에 회사 안팎으로 일을 철저히 익힐 수 있었다. 어쩌다 틈이 나 허드슨강의 달리기 전용도로를 따라 뛰는 것을 제외하면 내가 사무실을 떠나는 일은 거의 없었다. 회사 생활을 시작하고 5년 동안은 행사부 소속 직원 모두와 긴밀하게 일했다. 특히 팀장과 과장이 다른 직업을 찾아 회사를 떠났을 땐 6개월 동안 부서 코디네이터를 맡기도 했다. 나는 기회가 보이면 절대 놓치는 법이 없었으므로 팀장 자리가 공석이자 바로 행동을 개시했다. 임원들은 내가 팀장직을 맡는 것에 대해 외부 평판을 조회해야 할지 약간의 대화를 거쳤으나, 그들은 결국 내가 팀장이 될 만한 경험과 역량을 충분히 갖춘 '유일한' 인물임을 인정했다. 그렇게 26살에 크리스티 아메리카 특별행사부 팀장으로 승진했다.

경매 비즈니스에서 고객 접대는 매우 중요한데, 크리스티의 고객은 세상에서 가장 부유한 사람들이기 때문이다. 억만장자, 유명 인사, 세계 지도자를 1년에도 여러 번, 그것도 한 장소에서 동시에 접대하다 보니 행사 하나하나에 거는 기대 수준이 밑을 수 없을 만큼 높았다. 나는 아주 젊은 나이에 팀장이 됐지만 사람들이 나이에 상관없이 진지하게 대해 주기를 바랐다. 이는 회사 안에선 나의 위치가 제일 높지만, 회사 밖에서는 제일 낮다는 것을 의미했다. 부모님은 내가 원하는 무엇이든 될 수 있고, 하고 싶은 무엇이든 할 수 있다는 믿음과 함께 강한 직업윤리의 중요성을 반복적으로 교육했다. 나는 정확히 오전 8시 30분에 회사에서 대기하다가, 어김없이 걸려 오는 회장의 전화—그는 오전 8시 30분에 전화하기를 좋아했다—를 받았다. 회장은 당일 행사에 참석하는 사람들 또는 행사에 제공하는 품목들을 물었다. 회장의 물음에 막힘없이 대답하는 내가 매우 자랑스러웠다. 저녁이 되면 마지막 남은 고객이 환영 연회나 만찬을 떠날 때까지 자리를 지키고는 했다. 집으로 돌아가거나 친구를 만나러 가기 전에, 고객에게 끝까지 행사를 책임지고 매너를 지켰다는 점을 분명히 확인하기 위해서다. 사무실에서 너무 많은 시간을 보내는 바람에 나의 사생활은 직장 생활과 분리되지 못하고 완전히 섞여 들어갔다. 그 결과, 일은 물론 회사 자체를 확대된 나의 가정으로 여기게 됐다.

나는 일을 너무나 사랑해서 평소 숭배하던 상사의 말—아주 매력적인 직장을 위해 일하는 걸 신명나게 여겨야 한다—을 진심으로 믿었다. 상사는 내가 용기를 내어 연봉 인상을 요청할 때면, 세계 최고의 경매 회사인 크리스티에서 일하는 게 얼마나 운 좋은 건지, 그리고 이 일을 할 수만 있다면 목숨도 바칠 여성이 전 세계에 얼마나 많은지 친절하게 일깨워 주었다. 나는 그의 말에 완전히 넘어갔을 뿐만 아니라 팀원들에게 똑같은 말을 함으로써 이러한 신화를 굳건히 지속시켰다. 이런 신화에 이의를 제기할 생각은 하지 못했고, 수많은 철야 근무가 낳은 아이디어와 기술, 능력 그 자체를 추가 수당과 맞먹는 가치라 여겼다. 나는 행운아였으니까! 크리스티에서 일할 기회를 얻은 것에 감사해야 했다. 그래서 특별행사부 팀장으로 승진했을 때도, 아주 조금 오른 임금을 받게 된 것에도 이의를 제기할 생각은 하지 않았다. 팀장이라는 큰 타이틀을 얻은 데다 '아주 매력적인 직장'에서 일하고 있었으니까.

그러니 당신은 지금부터 내 말을 주의 깊게 들어야 한다. 당신이 내 말뜻을 이해하고 절대적으로 신뢰하기를 바란다. 당신이 아무리 일, 직장, 회사 내의 역할을 사랑한다 해도, 그 대가에 맞는 적절한 보상은 오로지 협상을 통해서만 얻어 낼 수 있다. 당신은 당신이 속한 분야에서 가장 현명하고 믿음직한 인재가 될 수 있지만, 동시에 궁극적으로 받아야 할 보상을 받기 위해서는 오로지 혼자 싸워야 한다. 당신을 포함한 모든 여성이 아침에 눈을 뜰 때부터 신이 나 견딜 수 없는 무언가를 찾길 바란다. 그것은 당신의 일터에서 얻을 수도 있고, 직접 설립한 회사에서 얻을 수도 있다. 또는 얼른 실현시키고 싶은 아이디어일 수도 있다. 회사의 직원들은 모두 그들의 '일'을 해서 돈을 버는 것이니, 당신 역시 뛰어난 업무 능력을 보이면 그만큼의 돈을 벌게 될 것이다. 정말로 그렇다. 유급 직원으로 고용된 것 자체가 축복이겠으나(취직 자체가 만만치 않은 도전일 수 있으니) 만약 당신이 지속적으로 인사고과에서 높은 점수를 얻거나, 좋은 평가를 받거나, 혹은 당신의 업무 범위를 초과한다는 느낌이 든다면 같은 직급의 다른 직원을 조사해 보라. 당신이 받아야 할 금액보다 적은 임금을 받을 수는 없지 않는가. 이는 당신이 출근한 지 2주밖에 되지 않았는데 당장 연봉을 올려야 한다는 게 아니다. 시간을 들여 업무를 능숙히 익힌 다음, 처음 고용됐을 때보다 훨씬 높은 수준의 업무 능력을 보여 주기 시작했을 때를 말한다. 만약 보수에 대한 의심이 든다면, 직장 동료들이나 친구들에게 당신이 회사에서 승진할 자격이 있는지 없는지 솔직한 조언을 구해라. 음, 항상 좋은 이야기만 하는 사람에게 듣는 조언은 피하자. 당신은 솔직한 피드백을 줄 수 있는 사람을 찾아야 한다.

나는 이런 교훈을 크리스티에서 10년 가까이 일했을 무렵에 얻었다. 당시 내 친구의 대부분이 10년 차쯤 되는 직장인들이었다. 그중 상당수는 꽤 중요한 직책으로 이동했거나 보다 높은 직위로 진급하며 두둑한 보수를 약속받았다. 나와 내 친구들을 대표해서 말한다. 우리에게 10년이란 세월은 즐겁고 환상적이었다고. 우리는 (상당히) 젊었고, 대부분 미혼이었기에 자주 파티에 참석했고, 함께 힘을 모았고, 함께 여행을 다니면서 최고의 기량을 계속 발휘하기 위해, 오랜 시간을, 미친 듯이 일했다. 특별행사부에서 10년을 보내고 4년간 팀장으로 일하자, 다른 나라 사람과 영상 통화를 함과 동시에 다른 업무를 처리하는 건 식은 죽 먹기였다. 나는 회사 고위 간부들에게 신뢰를 받았으며, 버겁고 부담스럽고 격렬한 스케줄에 시달리면서도 탁월한 결과를 지속적으로 도출하는 강력한 팀을 구축했다.

어느 일요일, 친구들과 브런치를 먹으며 룸메이트가 실직하는 바람에 아파트를 떠나게 됐다고 말했다. 다음 달부터 룸메이트가 필요했기에 친구들 주변에 이사를 고려하는 사람이 있으면 말해 달라고 부탁했다. 모두 자진해서 한두 가지 아이디어를 내놓았는데, 친구 한 명이 유독 대화 내내 입을 다물고 있었다. 식사가 끝날 때쯤 그 친구는 우리에게 짜릿하고 신나는 소식을 몇 개 알렸다. 방 한 칸짜리 아파트를 제 힘으로 샀다는 것이다. 나는 친구의 이사 소식에 기쁨과 흥분을 감추지 못했고 집들이 축하 선물로 와인을 가져가겠다고 했지만, 사실 어안이 벙벙했다. 우리 모두가 한 배를 탄 동료로 비록 쥐꼬리만 한 월급을 받고 살지만, 직업이 주는 경험과 쾌감으로 보상받는다고 생각했다. 직장에서 개최하는 칵테일파티에서 마음껏 먹고 마실 수 있는데 누가 굳이 음식을 사겠는가? 나는 룸메이트와 방이 하나인 아파트에서 살고 있었는데, 거실에 가벽을 설치해 공간을 두 개로 나눠 썼다. 그 아파트에는 경비원도 있고 엘리베이터도 있었지만, 내가 방 한 칸짜리 아파트를 구입할 방법은 없었다. 절대로. 내 월급의 반절은 집세로 나갔다. 이런 사실을 차마 입 밖으로 낼 수 없었다. 토할 것 같았다. 그러나 정직히 말하자면 그건 누구의 탓도 아니었다. 나는 내가 협상한 만큼의 연봉만 받고 있었으니까. 마음이 씁쓸하고 당황스러웠지만 무엇보다 내가 지금 적절한 보수를 받고 있는지 의문을 품는 계기가 되었다.

의문은 들었다지만 당시에는 당장 무엇부터 시작해야 할지 전혀 감을 잡지 못했다. 요즘이야 얼마든지 연봉을 비교해 주는 사이트에 접속해 혼자서도 다량의 정보를 얻을 수 있지만, 10년 전엔 깔끔히 정리된 자료를 제공하는 사이트가 적어도 내가 아는 범위 내엔 없었다. 어쩔 수 없이 일단 나만의 방식으로 시장조사를 시작했다—먼저 동료들에게 그들이 받는 보수를 물었고 아울러 관련 업계에서 일하는 친구가 있으면 정보를 구해 달라고 부탁했다. 처음에는 어색해서 견딜 수가 없었다. 돈과 관련된 말을 꺼내는 건 무례한 행동이란 말을 항상 들었으니까. 그러나 이번만은 정말로 개의치 않고 하나하나 이야기했다. 오래지 않아 내 연봉이 같은 업계에서 같은 직급의 사람들이 받는 연봉의 절반도 되지 않는다는 사실을 알았다. 그런데 정말로 나를 충격에 빠뜨린 부분은 이 말도 안 되는 사실을 알려 준 사람이 새로 부임한 인사부장이라는 것이다. 그와는 자선경매사 교육을 해주며 친분을 쌓았다. 어느 날 오후 그가 옆으로 슥 다가오더니 말했다. "저, 팀장님 연봉에 대해서 솔직히 말해야겠어요. 팀장님은 사실 시장 가치보다 훨씬 적은 연봉을 받고 있다고요."

나는 집으로 가 침대에 걸터앉은 채 울었다. 어디서부터 잘못된 건지 알 수 없었다. 최선을 다해 열심히 일했고, 전념했으며, 해야 할 업무는 무엇이든 완벽히 해냈다. 그런데 왜 어느 누구도 나를 신경 써주지 않았을까?

이젠 내가 그 이유를 말해 주겠다.

내가 요구하지 않았기 때문이다.

그 어떤 것도.

내게 주어진 일은 그게 무엇이든 "대단히 감사합니다"라고 예의 바르게 대답하며 모조리 받아들였다. 그러고는 앞뒤 재지도 않고 일에 몰두했다. 나는 어째서 그동안 돈에 대한 생각은커녕 다른 이들과 돈 이야기를 한 적도 없을까? 예의 바른 가정에서 자란 나에게 돈이란 언급해서는 안 될 주제였다. '돈'을 친구나 동료들과 대화할 때 꺼내선 안 되는 주제로 여긴 이유는 대체 무엇일까? 그저 그런 주제는 무례하다고 생각했다. 상대를 불편하게 만드니까. 돈이 왜 필요한지, 또는 돈에 대해 아는 것이 중요한 이유를 제대로 이해하지 못한다면 그냥 다른 사람들이 신경 쓰도록 지켜볼 수밖에 없다.

자, 이제 앞에서 말한 것들을 하나로 묶은 다음 '삭제' 버튼을 눌러 버리자.

돈에 대한 학습은—어떻게 벌고, 어떻게 모으고, 어떻게 쓰고, 어떻게 불려야 하는지— 당신이 살면서 배울 수 있는 것들 중 단연코 중요한 것이다. 당신이 가장이든 회사의 최고경영자든 굉장한 아이디어를 무수히 보유하고 있는 기업인이든 상관없다. 여자니까, 돈을 다루는 데 능숙한 사람과 결혼했으니까, 부모님이 아직 나를 돌봐 주시니까 괜찮다는 단순한 생각은 버려라. 신용카드 결제한도를 초과했다는 이메일을 삭제해 버렸으니까 당신의 돈이 어디서 오고 어디로 가는지 이해할 책임이 스스로에겐 없다는 생각도 버려라. 당신의 안전한 재정 상태를 책임질 사람은 오직 당신뿐이다. 즉 당신은 재정적으로 좋은 상태라는 것의 의미가 무엇인지 스스로 배우고 이해할 책임을 져야 한다. 당신이 재정 상태가 좋은 편이고 지금 이 문장을 읽으며 고개를 끄덕인다면(내 말에 공감한다면) 주위를 둘러보라. 그리고 '재정 관리나 입문'에 대해 조언이 필요한 친구들에게 먼저 연락하라. 건전한 재정의 중요성을 아직 깨닫지 못한 친구들과의 대화는 매우 소중한 기회다. 그들 중 상당수는 자신이 이미 답을 알고 있어야 한다는 생각에 돈 이야기를 꺼내는 것조차 두려워할지도 모른다. 친구가 돈의 가치를 이해하도록 돕는 것은 당신이 줄 수 있는 큰 선물이다. 돈은 힘이다. 정말 그렇다. 그러나 경제 지식은 인생과 비즈니스에서 훨씬 더 강력한 힘이다.

　나는 특별행사부 팀장이 되기 3년 전에 돈의 중요성을 주제로 집중교육을 받았다. 나는 곧 개최될 현대 미술작품 판매는 물론, 뉴욕 패션위크의 막을 열 멋진 파티를 동시에 준비하고 있었다. 이때 상사가 사무실로 나를 부르더니 리먼브라더스가 파산 직전이라고 했다. 당시 나는 그것이 무슨 의미인지 몰랐지만 어쨌든 상사의 표정을 보니 좋은 일이 아니라는 것을 짐작했다. 그리고 하룻밤 사이 금융계는 완전히 동결됐다. 당시 대부분의 기업이 그랬듯, 크리스티도 경제 실정을 감안해 행사를 축소할 예정이며, 내 팀원 중 한 명을 해고하라는 지시를 내렸다. 문제는 이미 감원

조치를 여러 차례 실시했기에, 시장이 활기를 되찾더라도 이전의 팀원수를 복구시킬 수는 없을 터였다. 이 말은 우리가 앞으로도 직원 2명이서 수백 건의 행사를 개최해야 한다는 뜻이었다. 시장이 침체됐다고 해서 행사 자체를 완전히 중단할 수도 없었다. 회사는 판매를 계속하길 원했고, 이는 행사가 계속 열릴 수밖에 없다는 걸 의미했다. 나는 상사에게 아이디어를 제안했다. 우리가 개최하는 행사의 초대장에 다른 회사의 브랜드명을 새기고 그 대가로 일정한 광고비를 받자는 것이었다. 그리고 그 회사의 고객을 행사에 초대해 우리 고객과도 만날 수 있다고 했다. 상사에게 팀원수를 변동 없이 그대로 둔다면 2009년에 할당된 행사 예산을 사용하지 않을 뿐만 아니라 오히려 다른 회사가 우리의 모든 행사를 후원하게 만들겠다고 말했다. 상사는 호언장담한 내 말을 6개월 안으로 입증하라고 했다.

나는 팀원들에게 자율권을 부여해 아이디어를 자유롭게 설계하라고 독려했다. 그들은 자리를 지키기 위해 애썼는데, 각 행사를 하나의 퍼즐 조각으로 여기고 퍼즐 전체를 완성하는 방향으로 업무를 계획했다. 우리는 행사의 모든 요소—고객 초대, 음식, 음료, 장소 임대료—를 부담해 줄 스폰서가 필요했다. 그때는 우리와 전통적으로 거래하던 스폰서(은행, 패션업체, 자동차 회사)가 힘들던 시기였지만, 능력 있는 고객에게 회사 이름과 존재감을 알리고 싶어 하는(특히 마케팅 예산이 극히 적은) 중소기업들은 항상 있기 마련이었다. 우리는 새로 개업해 인기를 끌어야 하는 레스토랑에 연락해 음식과 직원을 기부해 달라고 요청하고, 그 대가로 뉴욕 전역의 최상위 고객에게 보내는 크리스티의 초대장에 레스토랑 이름을 싣겠다고 제안했다. 또 홍보 회사 몇 곳에 연락해 새로 론칭한 주류 회사를 알아낸 뒤, 자사 제품을 우리 행사에 제공하면 제품을 행사장 중앙 계단에 배치하겠다고 말했다. 신생 인쇄소에 전화를 걸어 우리 행사의 초대장을 인쇄해 주면, 인쇄소가 목표로 하는 고객들이 자사 제품을 직접 손에 쥐고 살펴볼 기회라고 어필했다. 6개월 동안 우리는 예산을 한 푼도 쓰지 않았고, 연말에는 약속대로 이익을 냈다. 이후 2년간 금융시장이 점진적으로 회복됐음에도 계속 같은 방식으로 부서를 운영했다. 우리는 계속 수익을 창출했으며 더 많은 돈을 벌었다. 미친 소리로 들리겠지만, 이런 실적을 올린 대가로 어떤 형태의 보너스라든지 보상금을 받아야 한다는 생각은 절대 하지 않았다. 앞에서 말한 것처럼, 나는 그저 크리스티라는 브랜드의 영광을 위해, 아주 매력적인 직장을 위해 일했을 뿐이다. 그러나 친구들과 브런치를 먹던 순간, 아파트를 살 수 있을 만큼의 돈은 벌어야겠다고 다짐했다. 또는 지금까지 돈을 쓰기만 하던 부서를 돈을 벌어들이는 부서로 바꿔 놓은 데에 보상을 받아야 한다고 생각했다. 그동안은 내 팀이 해체되거나 구조조정을 겪지 않은 채 온전히 유지되고, 고위 간부들로부터 "참 잘했어요"라는 칭찬을 듣는 것만으로도 행복했었다.

당신이 나 같은 실수를 하지 않았으면 하는 마음에서, 누군가가 내게 일찍 말해 줬더라면 얼마나 좋았을까 싶은 세 가지를 알려 주려 한다. 직장에 막 들어갔을 무렵 이런 조언을 들었다면, 친구들과 브런치를 먹는 자리에서 방 한 칸짜리 아파트를 샀다고 선언한 주인공은 나일 수도 있었다. 그날 친구의 소식을 듣고 집에 와 침대에 걸터앉아 흐느껴 우는 일 따위는 없을 수도 있었다. 당신의 능력에 합당한 보상을 받으려면 어떻게 해야 할지 고민될 때, 다음 세 가지 사항을 떠올려라.

1. **당신의 회사는 사업체다.** 결국 회사의 성공은 나가는 돈보다 들어오는 돈에 달려 있다. 회사는 지출보다 수익이 중요하므로 궁극적으로는 당신에게 대단히 적은 금액을 지불하고, 당신이 이를 받아들여 매일 출근하는 데에 동의하기를 바란다. 이렇게 말하고 싶지는 않지만, "회사는 당신에게 반하지 않았다." 그러나 당신이 출근하길 바라기에 회사는 두 번째 데이트를 할 수 있을 만큼, 그러니까 최소한의 관심만 보이며 반한 '척'할 것이다.

2. **감정은 버려라.** 당신이 직장에서 맡은 일을 잘 해냈다면, 당연히 그에 합당한 보상을 받아야 한다. 그러나 나처럼 눈물이 많은 타입이라면, 협상 테이블에 앉기 전 (낮이나, 심지어 밤에라도) 당신을 울게 만들 무언가를 감상하라. 내 말을 오해하지 않았으면 한다. 나는 눈물의 가치를 존중한다―눈물은 인간이 보여 줄 수 있는 아주 환상적인 감정 표현이다. 하지만 회사에서 눈물이 허용되는 곳은 어

디에도 없다. 보스처럼 협상하기 위해 당신의 눈물은 넣어 두자.

3. **사과하지 마라.** 지난 수년간 내 팀에서 일한 많은 여성이 인사고과를 체크하는 시간만 되면 내 사무실로 들어와 "이런 부탁을 드려서 죄송합니다만……"라며 말문을 연다. 도대체 무엇이 죄송한가? 당신이 연봉을 올려 받아야 마땅하다면, 나는 기꺼이 행복한 마음으로 당신의 편에서 싸울 것이다. 다만 이럴 땐 당신이 무엇을 원하는지 정확히 알아야 한다. 그래야 인사부에 가서 이야기를 할 수 있을 테니. 때에 따라 당신이 원하는 것을 얻도록 돕지 못할 수도 있지만, 분명한 건 시도는 할 수 있다. 물론 당신이 아직 승진할 준비가 되어 있지 않거나, 직무상 추가 보수를 받을 시점이 아니라는 생각이 들면, 나는 이 역시 정확하게 말할 것이다. 비록 누군가가 당신이 원하는 시기에 원하는 것을 주지 못하더라도, 미래에는 당신이 원하는 것을 얻을 수 있다며 계속 기대할 수 있다. 그렇기에 당신은 회사에 무언가를 계속 제공할 것이다. 직장에서 승진하는 것이 목표니까. 별로 듣고 싶은 이야기는 아니겠지만, 더 많은 보수를 위해 염두에 둬야 할 점도 있다. 당신은 당신이 생각하는 만큼 일을 잘하지 않을 수도 있다. 이런 말을 들으면 기분이 나빠지기 마련이다. 그러나 원하는 위치에 오르기 위해선 무엇을 취해야 할지 알

아 두어야 한다. 원래 진실이란 듣기 힘든 것이지만, 승진과 연봉 인상을 위해 당장 해야 할 일을 찾고 있다면, 좋은 이야기든 나쁜 이야기든 추잡한 이야기든 가리지 않고 들어야 한다.

나는 스스로 자부심을 느끼는 재능이 있다. 거래가 결렬되거나 최종 결과가 마음에 들지 않아도, 오랜 시간이 걸리는 게임을 절대 근시안적으로 보지 않는다. 결과를 내는 데 급급하지 않고 충동적인 결정을 내리지 않으려 노력한다. 대신 자리에 차분히 앉아 계획을 스케치하고, 시간을 들여 그것을 더 체계화하고, 매 단계가 계획대로 돌아갈 수 있는 책략을 예상한다. 그 과정이 다 끝나야만 계획을 실행에 옮긴다.

진지한 자기 성찰을 여러 차례 거친 뒤 나는 결론을 도출했다. 10년 동안 종사한 이 직업이 좋고, 회사 또한 좋으니, 이곳을 떠날 생각은 없었다. 다만 성취한 일에 대해 보상받고 싶었다. 아울러 훨씬 높은 위치에 오르고 싶었다. 즉, 이 회사에서 새로운 부서를 만들고 싶었다.

하지만 먼저 몇 차례 조사를 하고 계획을 세울 필요가 있었다.

동료들과 대화를 나누고 새로 부임한 인사부장과 의논한 뒤, 오픈 마켓에서 내 가치가 어느 정도인지 파악하기로 했다. 때마침 세계 최고의 명품 브랜드 중 한 곳에서 커뮤니케이션 책임자를 구한다고 했다. 이 직책을 맡으려면 행사 제작 및 연출에 대한 심충적인 지식을 갖춰야 한다고 했다. 직무 기술서를 샅샅이 뒤진 뒤, 내가 커뮤니케이션 책임자로서의 직무 자격요건을 갖추고 있다는 확신을 가졌다. 이력서를 제출하자마자 그곳 인사부장에게서 면접을 보러 오라는 연락을 받았다. 나는 그 회사에 대해 알아본 많은 양의 정보는 물론 직책, 기대하는 인재상 및 역할을 엄청나게 조사했고, 그에 대한 질문 목록을 만들어 인사부장을 만나러 갔다. 면접은 무사히 진행되었다. 할당된 시간이 끝날 무렵 인사부장은 당장 최고경영자와 면접을 봐도 괜찮은지 물었다. 최고경영자가 다음 주에 장기 출장을 떠날 예정이라고 했다. 나는 최고경영자가 저스틴 팀버레이크와 미팅을 끝낼 때까지 집무실 밖에 앉아 기다렸다. 맞다. 당신이 생각하는 그 가수가 맞다! 정말 죽을 지경이었다.

저스틴 팀버레이크가 집무실에서 나오자(기절할 뻔했다) 비서가 내게 들어가라고 했다. 최고경영자와 나는 커뮤니케이션 책임자라는 직위에 대해 논의했다. 그는 내가 지원한 직책의 강도 높은 업무 특성, 근무 시간, 출장 횟수에 대해 솔직히 말해 줬다. 무엇보다 중요한 건, 그는 보수에 대해 솔직히 말했다. 그는 내가 받는 연봉의 거의 네 배를 주겠다고 제안했다.

그 말을 듣자마자, 친구들이여, 정말 당황스러울 정도로 내 마음속에서 불이 활활 타올랐다.

처음에는 모든 이—회사, 상사, 나의 성취가 대단한 성과였음을 아는데도 모른 척한 사람들—에게 화가 났다. 그러나 정직하게 말하면, 나는 나에게 화가 났을 따름이다. 나 자신을 더욱 가치 있는 존재로 확신하지 못해서 화가 났다. 그리고 내가 가치 있는 존재임을 회사에 충분히 어필할 수 있었는데도 그럴 자신이 없다는 게 화가 났다. 그뿐인가? 여기저기서 알아볼 생각도 하지 못한 것도, 자존심 따위를 지키자고 친구들에게 연봉이나 보상 체계를 묻지 않은 것도 짜증이 났다. 더 일찍 친구들과 그런 대화를 나눴더라면, 나의 연봉이 심각하게 낮다는 사실을 깨닫고 아마도 좀 더 이른 나이에 협상 테이블에 앉았을 수도 있다. 뉴욕에서 20년간 일한 사람으로서 조언을 해주고 싶다. 당신은 오로지 협상한 만큼만 얻을 것이다. 그러니 무언가를 원한다면, 끊임없이 자신을 혁신하고 향상시키는 열정과 헌신을 보여 줘야 한다. 그리고 이를 위해 열심히 일해야 할 것이다. 당신을 지지하고 멘토를 자처하는 사람을 발견할 수도 있다. 하지만 당신이 무엇을 원하는지, 그 로드맵은 반드시 스스로 그려 내야 한다. 그래야만 비로소 남들이 당신의 여정에 도움을 줄 수 있다.

　나는 여전히 특별행사부 팀장이라는 직위를 즐거운 마음으로 누렸지만, 정신없는 속도로 늘어나는 행사 업무와 밤에 열리는 자선경매의 스트레스가 겹쳐 지칠 대로 지친 상태였다. 나는 당장이라도 변화를 꾀할 준비가 되었다. 마땅히 받아야 할 수준으로 연봉 인상을 요구하려면, 동시에 그만큼의 연봉을 줄 다른 직장도 찾아 놔야 한다. 하룻밤 사이에 주식시장이 급락하고 금융계가 발칵 뒤집혀 주변 사람들이 한탄만 하던 사이, 나는 우리 팀이 멈추지 않도록 밀어붙여 만들어 낸 추진력을 활용할 필요가 있었다. 그래서 '전략적 제휴'라는 새로운 부서의 사업 계획서를 작성했다. 이 부서는 내가 2008년에 활용한 방법을 바탕으로, 대규모의 국제적 제휴를 구축할 곳이었다. 나는 이 부서가 수백만 달러의 수익을 창출할 수 있으며, 표면상 지원 부서에 지나지 않던 곳을 수익 창출의 핵심 부서로 바꿔 놓을 수 있다고 판단했다. 크리스티의 브랜드 파워는 흠잡을 데가 없었고, 이 파워를 극대화해 회사에 큰 이익을 가져다주고 싶었다.

일단 이 아이디어의 씨앗이 실행 가능한 계획으로 발아하자, 고개를 들어 눈앞에 보이는 풍경을 바라봤다. 이 계획을 진전시킬 최상의 방법을 생각하려면 나무보다 숲을 바라봐야 했다. 그때 눈앞에 보인 잠재적 장애물이 하나 있었는데, 바로 내가 흠모하는 상사였다. 그는 진심으로 크리스티에서 일하는 것 자체가 영광이므로 직원들이 감지덕지해야 한다고 믿었다. 상사는 연봉을 인상하려고 싸울 인물이 결코 아니었다. 새로운 길을 찾아 연봉 인상을 주장하는 내 방식을 받아들이기 힘들 것이었다. 내 계획을 살펴봐 주고 과연 이런 대규모 일을 추진할 수 있을지 의견을 말해 줄 다른 사람이 필요했다. 그즈음 우리 회사에 새로 들어온 최고 마케팅경영자가 있었다. 그의 사무실 크기와 꽤나 인상적인 이력서로 판단컨대, 그는 브랜드의 영광보단 자기 자신을 위해 일할 것이었다. 그가 런던 출장을 마치고 뉴욕으로 돌아올 때까지 기다렸다가, 그의 일정에서 15분을 마련해 내 아이디어를 설명할 계획이었다. 어떤 유형의 면접이나 회의나 꼭 준비해야 할 사항이 있고, 나는 이러한 사항에 정확히 맞춰 미팅을 준비했다. 심혈을 기울여 준비했고, 어떠한 예상 질문에도 매끄럽게 대답할 수 있도록 연습했다. 그리고 그가 내 아이디어에 지원하고 싶어 안달 나도록 몇 가지 전략을 짰다. 그는 나의 아이디어를 추진하는 데 동의했고, 이 계획을 진전시킬 실질적인 조언을 해주었다. 엄청나게 흥분되는 순간이었다. 하지만 이 아이디어를 우리 부서의 최고마케팅경영자에게는 보고하지 않았기 때문에, 먼저 내 현재 상사에게 승진과 연봉 인상을 승인 받아야 했다.

상사가 런던에서 돌아오자 나는 상사의 친구인 동료에게 부탁했다. 내가 다른 직장에서 면접 봤다는 소식을 들었다고, 상사에게 넌지시 전해 달라는 것이었다. 아직 서면으로 이직 제안을 받은 건 아니었지만 곧 그런 일이 일어나리란 확신이 들었다. 당장 제안을 받지 못했을 뿐이었다. 11월의 큰 세일이 2주 앞으로 다가왔고, 3명의 팀원은 모두 업무를 시작한 지 1년밖에 되지 않은 신참이었다. 곧 개최할 행사를 위한 인맥이며 연락처, 업계 정보를 가진 사람이 나밖에 없다는 뜻이고, 더 간단히 말해 권력은 내 손아귀에 있었다. 가장 중요한 것은 나는 내가 권력을 쥐었다는 사실을 매우, 잘, 알고 있었다. 그리고 당당히 협상 테이블에 앉았다.

차근차근 계획을 짜던 무렵, 그때는 연인이었던 지금의 남편이 몇 번이고 물었다. "불안하지 않아? 회사가 협상은커녕 아무것도 제안하지 않으면 어쩌지? 그러면 당신은 어떻게 할 거야?” 사실대로 말하자면, 협상이 결렬되면 어떻게든 회사에서 버티다가 내 조건을 들어주는 새 직장이 나타나면 이직할 생각이었다. 하지만 크리스티에 투자해 온 게 너무 많았던 바람에, 단번에 뒤돌아 회사를 훌쩍 떠날 자신은 없었다.

거의 20년 동안 경매사와 세 아이의 엄마 노릇을 해온 경험으로 당신에게 말해 줄 것이 하나 있다. 사람들은 항상 다른 이가 가진 것보다 훨씬 많은 것을 가지길 원한다. 나는 상사에게 내가 언제든 새로운 길을 찾아 떠날 수 있다는 것을 알려 줘야 했다.

이 세상에서 가장 중요한 브랜드의 영광을 위해 일을 착수할 때가 되었다.

바로 ‘나’라는 브랜드의 영광을 위해서 말이다.

상사가 그의 사무실로 오라고 연락했을 때, 머릿속엔 다음 사항이 단단히 자리 잡고 있었다.

1. 상사는 내가 다른 회사와 면접 본 사실 알고 있다.
2. 우리 최고마케팅경영자는 내 사업 계획이 탄탄하며, ‘전략적 제휴’라는 명칭의 새 부서를 지원하겠다고 약속했다.
3. 나는 다른 명품 회사들이 내 직무에 얼마를 지불할지 알고 있다.
4. 2주 후, 크리스티는 1년 중 가장 바쁜 시즌의 정점에 이를 것이다. 그리고 그 시점에서 나는 최고경영자가 만족할 만

한 수준 높은 다수의 행사를 진행할 '유일한' 인물이다.

상사는 이렇게 운을 뗐다.

"믿을 만한 소식통에게 들었는데, 당신이 다른 회사와 면접을 봤다더군요."

나는 상사와 똑같이 허심탄회하게 토로하듯, 그러면서 원하는 것을 이미 성취한 태도로 대답했다.

"네, 다른 회사로부터 이직 제안을 받았습니다. 2주 뒤에 출근하라더군요."

사실 그날 아침 상사의 사무실로 들어가기 전만 해도 이직 제의를 받았다며 출근 날짜까지 꾸미고 허세를 부릴 계획은 없었다. 하지만 막상 협상 테이블에 앉자, 지금 같은 기회는 다시 오지 않을 거라는 확신이 들었다.

우리 가족은 이런 상황을 "모 아니면 도Go big or go home"라고 한다.

상사의 얼굴이 새하얗게 질리더니 빨갛게 변했고, 점점 더 새빨개져 갔다. 그는 자리에 앉은 채 나를 쏘아보다가, 내가 그토록 기다리던 질문을 던졌다.

"어떻게 해주면 우리 회사에 계속 다닐 건가요?"

내가 꿈꾸고 기다려 온 순간이었다. 미리 생각해 둔 협상 조건을 말했다.

"새 부서를 출범시키고 싶습니다. 부서명은 '전략적 제휴'입니다. 국제부가 새 부서를 지원하고요. 새로운 직무에 걸맞는 연봉과 전략적 제휴의 글로벌 책임자, 수석부사장 직함을 원합니다."

이후 15분 동안 새로운 부서의 비전을 개괄적으로 설명했다. 프레젠테이션이 끝날 무렵 상사는 간단하게 말했다. "인사부에 전화하겠습니다. 당신에겐 업무 시간이 끝날 쯤 다시 연락하죠. 그때 당신이 이 회사에 남도록 우리가 무엇을 해줄 수 있을지 정확히 알려 드리겠습니다."

상사와 악수를 하고(원하는 것을 성취하더라도 가능한 격식을 갖춰 대화를 지속해야 한다) 사무실을 나왔다. 그리고 사무실을 그대로 지나쳐 크리스티 정문을 나섰다. 눈물이 뺨을 타고 흘렀지만 계속 걸었다. 그건 기쁨의 눈물이었으니!

상사는 약속을 지켰다. 그는 그날 늦게 전화를 걸었다. 우리는 인사부장과 함께 다시 협상 테이블에 앉았다. 그들은 내게 다음 제안을 했다.

1. 그들은 전략적 제휴라는 아이디어에 동의하며 내가 그 부서를 출범시키도록 허락한다.
2. 다른 회사에서 제안한 연봉과 똑같이 맞춰 줄 수는 없지만, 매우 근접한 액수로 연봉을 올려 줄 수 있다(그리하여 내 연봉은 세 배가 올랐다).
3. 그들은 내게 팀장 타이틀을 기꺼이 줄 수 있지만, 글로벌 책임자 직함은 일단 내가 첫 번째로 국제적인 제휴를 체결하면 수여할 예정이다.

인사부장은 협상 조건이 적힌 종이를 테이블 너머로 미끄러뜨리며 말했다. "자, 이렇게 해서 1단계는 당신이 원하는 것을 전부 얻었습니다. 그다음 2단계로, 글로벌 책임자 타이틀은 당신이 첫 국제적 계약을 체결해야 얻을 수 있습니다."

그 순간, 나는 너무나 많은 감정에 휩싸였고 협상에 걸맞는 방정식을 계산한 뒤 상사에게로 향했다. 내가 요청한 연봉 인상을 성취한다면, 집세를 같이 부담할 룸메이트를 구할 필요가 없다. 방 한 칸짜리 아파트 집세는 자력으로 충분히 감당할 수 있다. 그 방정식에는 다른 부분도 있었다. 설령 나를 데려가겠다는 회사가 줄 서 있지 않다 해도, 내가 겁을 먹고 전력을 다하지 않으면 스스로를 절대 용서하지 못할 게 분명했다.

나는 공손하게 미소 짓고 고개를 저었다.

"아니요, 그건 어렵겠습니다. 1단계에서 글로벌 책임자 타이틀을 얻지 못하면, 2단계도 없을 테니까요."

상사는 심하게 불안정한 목소리로 "어이쿠"라고 내뱉었다. 인사부장은 말했다. "곧 돌아오겠습니다."

한 시간 뒤 인사부장에게서 연락이 왔다. 그는 이렇게 말했다. "새 업무, 새 타이틀, 새로운 연봉까지. 인사부로 와서 계약서 새로 작성하시죠."

새 계약서에 서명을 하자마자, 내가 사는 건물 임대 중개인에게 연락했다. 혼자서 임대계약을 새로 하겠다고 했다. 이루 표현할 수 없이 벅찼다. 나는 마땅히 받아야 할 것을 위해 협상했다.

그리고 원하는 것을 얻기 위해 필요한 것들을 실천에 옮겼다.

돌이켜 보면, 이직 제의가 들어올 때까지 기다리는 게 안전했을 거라 생각한다. 만약 당신이 협상 테이블에서 다양한 선택지를 제안받을 것이라는 확신이 없다면, 나는 이 안전한 방식을 추천하고 싶다. 가장 강한 여성은 강하고 자신감이 넘치지만, 동시에 현실에 맞는 청구서를 내밀 줄 안다. 가끔은 그저 죽을 각오로 열심히 하고, 자신이 당당히 요구하는 만큼의 가치를 지니고 있다고 믿어야 한다.

몇 년 뒤 나의 상사와 인사부장은 다른 경력을 찾아 크리스티를 떠났고, 이후 반년마다 열리는 만찬에서 옛 상사와 재회했다. 와인을 몇 잔 마신 나는 그때 이직 제의 같은 건 없었다고 사실대로 털어놔야 할 것 같다는 느낌이 들었다. 나의 고백에 옛 상사는 호탕하게 웃더니 자신은 그날 내가 기선을 장악하던 방식에 감명받았으며 여전히 인상 깊다고 대답했다. 또 내가 무언가를 요구하며 큰 소리로 울지 않은 것은 그때가 처음이었기에, 그는 내가 진지한 태도로 협상 테이블에 앉았다는 걸 잘 알았다고 말했다.

자주 그날을 회상한다. 그날 그런 식으로 대화를 시작하지 않았다면 어떻게 됐을까? 기선을 장악하지 못했다면 어떻게 됐을까? 누군가 챙겨 주기를 바라며 매일매일 똑같이 일하고 있었다면 어떻게 됐을까?

그랬다면 아마 지금도 예전과 똑같은 일을 하며 살고 있을 것이다. 머리를 숙인 채 업무를 해치우고, 가장 친한 친구와 방 한 칸짜리 아파트에 살면서 공간을 나누려 애썼을 것이다.

그날 그곳에서 가장 강한 여성은 바로 나였다. 나는 '나'를 믿었으며, 눈물을 흘리지 않고, 두려워하지 않고 대화에 임했다. 그리고 협상 테이블을 장악했다.

그러니 앞으로 당신이 원하는 것을 발견했음에도 추진하기가 망설여진다면, 내 이야기를 떠올려라. 당신은 당신이 협상한 만큼의 결과를 얻게 될 따름이며, 어느 누구도 당신만큼 당신을 지지해 줄 수 없다. 다음에 존경하는 사람이 승진하거나 당신이 관심갖는 분야에서 성공하는 것을 보게 되면, 그에게 몇 분이라도 시간을 내달라고 부탁해서 원하는 것을 얻기 위해 무엇을, 어떻게 했는지 배우고 통찰력을 키워야 한다. 때로는 원하는 것을 얻고 성공하기 위해 될 때까지 해야 할 때도 있다—당신이 가려는 길을 먼저 걸어간 사람들에게 직접 조언을 구하는 것은 당신이 더욱 자신감을 가지고 협상 테이블에 앉도록 힘을 북돋아 줄 것이다. 당신이 아주 빈틈없고 상황 판단이 빠른 협상가라면, 반대로 자기 경력에 함몰되어 앞으로 나아가지 못하는 사람에게 조언하라. 때로는 선배나 존경하는 사람에게 듣는 격려의 말 한마디가 아주 큰 힘이 된다. 인생에서나 비즈니스에서나 당신이 마땅히 받아야 할 것이 무엇인지 스스로 생각하고 도전하라.

명심해라. 울지 말고, 두려워하지도 말라. 이제 나가서 협상에 임해라!

젬마 버제스
Gemma Burgess

『Brooklyn Girls: Angie null』의 저자

런던에 살던 20대 시절엔 내가 영원히 빈털터리로 지낼 줄 알았다. 직업, 재정, 그리고(솔직하게 말해서) 연애의 모든 부분에서 위기를 느끼던 시절이었다. 당시 나는 자신감 넘쳐 보이고, 35살 정도 돼 보이는 여자만 보면 무조건 달려들어 만나 달라고 애원했다.

"당신의 인생 이야기를 들려주시고 조언도 해주신다면 맛있는 커피를 대접할게요. 어디서든요."

대부분은 흔쾌히 승낙했다. 누구나 제 이야기를 하는 걸 좋아하니까.

그때 만난 여성 한 명은 이제껏 들어 본 것 중 최고의 협상전략을 알려 줬다.

"원하는 연봉을 제시했는데 윗분들이 움찔하지 않는다? 그러면 액수가 별로 높지 않구나, 하고 생각하세요."

그러니까 한마디로 그들을 움찔하게 만들어야 한다. 이 말은 연애에도 적용할 수 있다. 모든 것은 당신에게 달려 있으니.

케이트 하빈 클래머
Kate Harbin Clammer

소스 캐피털Source Capital의 최고경영자

오빠와 사모펀드 회사 소스 캐피털을 공동 설립한 지 얼마 지나지 않아, 나는 첫 번째 주요 회사를 매각했다. 회사 CEO와 공동 설립자, 그리고 나는 최종 매각 협상을 위해 이른 시간부터 50층의 법률사무소에 도착했다. 우리는 커다란 회의실에서 구매자들을 기다리며 대화를 나눴다. 그때 갑자기 회사 CEO와 공동 설립자가 자리를 박차고 나가더니 돌아오지 않았다. 구매자 일행이 회의실에 막 도착하려는 참이었다. 나는 뒤늦게 깨달았다. 10명의 남성으로 이루어진, 기업 구매자를 대표하는 다국적 팀을 상대로 협상할 사람은 '나'뿐이라는 것을. 이제는 구매자에게 약한 모습을 절대 드러내지 않는 것이 관건임을 알고 있었다.

협상 테이블에서 나는 홀로 남게 된 상황을 절대 밝히지 않았고, 회사 경영진이 한 명도 없는 이 사태에 대해서도 사과하지 않았다. 나는 매각조건을 성공적으로 협상하고 거래를 완료했다. 그날 우리 경영진이 회의실을 나가 버린 것은 우리가 구매자의 요구에 굴복하도록 압박하기 위한 모의였음을 나중에 알게 됐다. 그들은 우리가 이 사태에 당황해 회의를 연기할 것이라 예측하고 도박을 감행했지만, 예상을 뒤엎고 내가 경영진 없이 회의를 진행하자 그만 영향력을 잃었다. 협상 테이블에서 가장 강한 여성은, 가장 강한 사람은 바로 '나'라는 걸 깨달은 순간이었다.

노리아 모랄레스
Noria Morales

디자인 파트너십 기업 타깃Target 이사

대형 유통 기업에서 일자리를 제안을 받은 적이 있다. 그 기업은 화려한 직함과 당시 내가 언론사 기자로 일하며 받던 연봉의 두 배를 초봉으로 제안했다. 남편은 초봉을 더 높여 받도록 밀어붙이라 조언했지만, 나는 엄청난 금액 인상에 너무나 놀라서 더는 협상하려 들지 않았다. 회사 측에서 화를 내고 협상을 접을까 봐 두려웠다. 나는 협상이라는 것에 부정적인 생각을 가지고 있었다. 그렇게 처음 제안을 받아들였고, 내 역할을 잘 수행했으며, 점점 나의 가치에 관심을 두기 시작했다.

6년이 지나자, 나는 독보적인 전문 지식과 경험을 회사 측에 제공할 수 있다는 사실을 훨씬 자신감 넘치게 자각했고, 업계의 요구를 충분히 감당할 수 있었다. 무엇보다 '나'와 내 '인생'에 중요한 것이 무엇인지 깨달았다. 누군가가 당신에게 그래야 한다고 말했다는 이유로 협상을 시작하지 말라. 당신의 능력과 경험, 당신의 가치에 대한 완전한 신뢰와 이해, 자신감을 갖췄을 때만 협상에 임하라. 그러기 위해서는 준비와 노력과 성과가 필요하겠지만, 결국 당신에게 유리하고 유기적인 협상에 성공할 것이다.

4

실패는
미래를
결정할 수 없다

어디서나 가장 강한 여성은 바로 당신이다

66

더 높이 올라갈수록
추락의 고통은 커진다.
하지만 높이 올라갈수록
당신에게 펼쳐질 전망은 환상적일 것이다.

99

첫 시도에서 성공하지 못했는가? 그렇다면 다시 시도하고 또 시도하라. 명연기를 펼쳤으나 그것이 후속작으로 이어지지 못한 배우들이 있다. 그들은 다시 일어나 시도하고 또 시도했다. 자리에서 일어나 몸에 묻은 먼지 따위는 털어 내고 다시 시도한 이들만이 성공을 거머쥘 수 있다.

솔직하게 말해 보자. 지는 것을 좋아하는 사람은 아무도 없다. 거절당하는 것을 좋아하는 사람도 아무도 없다. 그러나 거절과 실패는 그저 게임의 일부라는 사실을 빨리 깨달을수록, 그만큼 빠르게 '어디서나 가장 강한 여성'이 될 준비를 할 수 있다. 나는 당신이 앞으로 발견할 모든 기회에 대비하고, 그 기회를 활용해 누구보다 열심히 일하는 사람이라는 것을 증명함으로써 스스로의 운명을 개척하리라 믿는다. 경험을 통해, 모든 것을 걸고 덤벼들어도 일이 원하는 대로 풀리지 않을 때가 있다는 점을 잘 알고 있다. 하지만 계속해서 원하는 목표를 좇는, 가장 강한 여성을 막을 수 있는 것은 없다. 그 여성에게 실패란 자신의 성장과 실력 증진이며, 새로운 방향으로 선회하기 위한 학습 도구 중 하나일 뿐이다. 당신은 실패가 어떤 새로운 기회를 가져다줄지, 의도한 결과에만 몰두해 그냥 지나쳐 버린 문을 어떻게 열게 될지 모른다. 그러니 모든 것에 마음을 열어 두어라. 우리는 때로 1등이 아닌 2등, 3등이 되기도 하고, 목표한 바를 아예 성취하지 못하기도 한다. 그러나 이런 상황은 당신이 목표를 이루려는 곳에 도달하기 위해 이용할 수 있는 귀중한 교훈을 주기도 하고, 처음에 도달하려 했던 지점과는 다른 성취를 얻게 해주기도 한다.

나는 13살 때 나의 작은 고향 마을을 떠나야 했다. 루이지애나주 코네티컷의 명문 기숙학교인 태프트 스쿨에 입학하기 위해서였다. 내가 살던 곳과는 아예 다른 차원의 우주로 들어선 기분이었다. 마치 그림에 등장할 것 같은 아름다운 교정에 발을 디뎠다. 눈부시게 빛나는 교정은 구릉에 둘러싸여 있었는데, 가을이 왔음을 알리는 나무들로 뒤덮여 있었다. 바로 그 순간 모든 게 새롭고 낯설어 보였다. 필드하키를 하러 홍콩에서 온 룸메이트와 운동장으로 나가야 했는데, 필드하키라는 스포츠는 생전 들어 보지도 못했을 뿐더러 홍콩이라는 나라에 대해서도 아는 바가 거의 없었다. 교실엔 뉴욕과 그리니치 같은 곳에서 온 친구들로 가득했다. 그들 모두 사회적으로나 학업적으로나 나보다 몇 광년은 앞서 있는 듯 보였다. 뭐, 하지만 기껏해야 기가 조금 죽었을 뿐이다. 1학년의 새 학기가 시작되고 몇 주가 지나자 비로소 눈앞에 보이는 모든 것이 익숙해졌다.

어느 날 저녁, 전교생이 모인 식전 기도에서 교내 여학생들의 아카펠라 그룹 '하이드록스'가 노래를 불렀다. 온몸에 소름이 돋았다. 나는 노래 부르는 걸 무척 좋아해서 아주 어릴 때부터 주일마다 교회 성가대에 섰다. 또 어머니가 차를 몰며 웨스트엔드[영국 런던의 극장 밀집 구역으로 뮤지컬의 중심지]나 브로드웨이에서 상연되는 뮤지컬이 녹음된 카세트테이프를 틀면 어느 노래든 다 따라 불렀다. 이미 내 머릿속에서는 하이드록스와 함께 의상을 올 블랙으로 맞춰 입고 무대 위에서 화음을 맞추며 노래 부르는 장면이 그려졌다. 속으로 기도했다. 하느님, 저도 저기에 서게 해주세요! 이 아카펠라 그룹의 상급생들은 나의 완벽한 이상형 그 자체였다. 무대에 서서 공연 의상을 맞춰 입고 각자 맡은 파트를 노래하다니…… 어떻게 이 꿈을 실현시킬 수 있을까? 내 눈엔 전교생이 모두 꼼짝도 않고 하이드록스의 아주 작은 움직임까지 주목하는 것처럼 보였다. 어쩌면 나 혼자만 그렇게 느꼈는지도 모르겠다. 그러나 내가 본 게 무엇이든, 지금 눈앞에 펼쳐진 광경은 분명 내가 간절히 바라고 원하는 것이었다. 가능한 한 빨리 저 아카펠라 그룹의 멤버가 되고 싶었다.

하이드록스의 오디션 공고가 났을 때, 나는 그 공지가 나를 위해, 오로지 나에게만 최적화되어 있다고 느꼈다. 오디션이라는 중요한 날을 위해 준비해야 할 모든 것을 열정적으로 메모했다. 오디션은 예선과 본선으로 나뉘어 이틀간 진행됐고, 각 지원자는 그에 맞춰 노래를 준비해야 했다. 그 주 내내 기숙사에서 노래 연습을 했다. 오디션에서 부를 노래는 뮤지컬 레미제라블 Les Misérables 의 「나는 꿈을 꾸었네 I Dreamed a Dream」였다. 홍콩에서 온 룸메이트는 가사를 바로 이해하지는 못한 듯했으나, 내가 매일 노래하는 동안 유일한 관객이 되어 주었다. 그리고 다음 주, 나는 대부분 나보다 나이 많은 지원자들 틈에 끼어 초조한 심정으로 오디션이 시작되기를 기다렸다.

누구든 고등학교 1학년 즈음에는 2,3학년 선배들이 나와는 완전히 다른 인종처럼 느껴질 때가 있었으리라. 복도에서 이 선배들을 지나칠 때면 그들의 패션 팁을 파악하거나 대화를 한 토막이라도 주워듣기 위해 애썼다. 평소 내 존재를 모르던 선배들이 오디션장에서 직접 내게 말을 건다고 생각하니 약간 초현실적인 느낌까지 들었다. 오디션은 간단했다. 지원자는 각자 준비한 노래를 부른 뒤 몇 명씩 짝을 지어 화음을 맞춰야 했다. 한 사람씩 노래를 불렀고 내 차례가 다가왔다. 내 이름이 호명됐을 땐 무릎이 젤리처럼 흐물대는 기분이었으나 「나는 꿈을 꾸었네」를 부를 땐 다시 자신감이 넘쳤다. 노래를 마친 뒤 우리는 몇 명씩 짝을 이뤘고 다 함께 노래를 불렀다. 학교 합창단과 교회 성가대에서 수년 간 노래한 경험이 마침내 결실을 맺었다. 나는 악보를 쉽게 읽으며 화음을 맞췄고 굉장히 편안한 기분을 느꼈다. 탈락할 것 같은 지원자를 가늠해 봤다. 어떤 학생은 너무 긴장해서 얼굴이 새빨개졌고 오디션 내내 목소리를 떨었다. 어떤 학생은 끊임없이 음정을 맞추지 못했고, 어떤 학생은 노래가 시작되자 가사를 잊고 말았다. 오디션을 너무 즐거운 마음으로 치른 나머지 나는 첫날 일정이 끝나자 아쉬운 마음까지 들었다. 기숙사에 돌아와서는 밤새도록 배가 뒤틀리는 듯한 고통을 느끼며 하느님께 기도드렸다.

하느님, 1차 오디션을 통과하도록 도움을 베풀어 주신다면, 그 보답으로 많은 것을 바치겠나이다!

1교시 수업 종이 울릴 때쯤 최종 진출자 명단이 게시되었다.

거의 뛰쳐나가다시피 교실을 나섰다. 명단 앞에 모여든 사람들을 밀쳐 내고 알파벳 순서대로 나열된 이름 사이에서 내 이름을 발견했다.

15명이었던 지원자는 5명으로 줄어들었다. 그리고 알파벳순으로 쓰인 명단 제일 위에는 바로 '리디아 페네트', 내 이름이 쓰여 있었다. 나는 의기양양해졌다.

이틀 뒤 최종 진출자 5명은 또다시 음악실에 앉아 있었다. 하이드록스 단원들이 최종 오디션 방식을 설명했다. 최종 진출자 모두는 하이드록스의 정식 단원처럼 멤버들과 함께 노래를 해야 했다. 그들은 악보를 나눠 준 뒤 목소리 음역에 맞춰 지원자들을 정렬했다. 오디션이 시작됐다. 오디션은 약 한 시간 정도 진행됐는데 그 시간이 순식간에 지나가 버린 듯했다. 나는 물 만난 물고기처럼 마음껏 내 기량을 펼치며 노래했고, 아주 즐거운 시간을 보냈다. 오디션이 끝나고 하이드록스 단장은 우리 모두에게 시간을 내줘서 고맙다는 말을 전했다. 최종 합격자 명단은 다음 날 게시될 예정이었다.

또다시 잠들지 못하고 밤새 뒤척거려야 했다. 그러면서 하느님께 내가 가진 모든 것을 바치겠노라 맹세하며 필사적으로 최후의 기도를 드렸다. 동이 틀 때까지 잠들지 못했다. 초조했지만 모두가 보는 게시판에 내 이름이 올라 있는 것을 발견할 상상을 하자 짜릿했다.

지금은 중요한 정보를 이메일로 전달받는다. 이는 너무 당연한 일이라 굳이 시간을 들여 의식적으로 생각할 필요도 없다. 그러나 당신이 하던 일을 멈추고 이메일로 중요한 정보를 받는 것에 대해 진지하게 생각해 본다면, 이건 무척이나 행운이라는 걸 깨달을 것이다. 그 소식이 좋든 나쁘든 이메일로 전달받으면 언제나 원하는 시간에, 원하는 곳에서, 어디에서나 열어 볼 수 있기 때문이다. 좋은 소식이라면 당장 달려 나가 기쁨을 함께 나눌 사람들을 찾을 수 있고, 나쁜 소식이라면 잠시 자취를 감췄다가 당당한 표정으로 나설 준비가 된 후에, 불운한 결과에 대해 얘기할 사람을 찾으면 된다. 기쁜 소식과 나쁜 소식을 아우르는 스펙트럼의 반대편에는 일단 내가 처리해야 할 것이 있었다. 학교 중앙 복도

한가운데 있는 공공 게시판에 이틀 동안 게시될 최종 합격자 명단 말이다. 나는 게시판에 붙은 명단을 보며 주변에 널린 목격자들과 내 감정에 어쩔 수 없이 직면해야 했다. 거기에 숨을 곳은 없었다.

아침 식사를 한 뒤 게시판을 지나쳤다. 평소처럼 행동하려 애쓰면서 게시판을 재빠르게 흘깃 쳐다봤다. 명단은 없었다. 종이 울리고 1교시가 시작됐다. 종이 울리고 1교시가 끝났다. 책상에 앉아 있던 나는 부리나케 게시판으로 달려 나갔다. 두 손바닥이 땀으로 흥건해졌다. "헉!" 게시판에는 아직도 명단이 없었다. 수업은 계속되었고 종도 계속 울렸다. 결국 그날 마지막 수업이 끝날 때까지 기다렸다가 게시판으로 뛰어갔다. 보였다. 명단이 게시되어 있었다. 그러나 게시판에 다가갈수록 걸음이 느려졌다. 거의 엉금엉금 걷고 있었다.

하이드록스 최종 합격자

2명의 이름이 있었다.

내 이름은 없었다.

이 책을 읽는 독자라면 모두, 어느 순간이었든 나와 같은 감정을 느낀 적이 있으리라 확신한다. 충격, 불신, 무감각, 시간이 멈춘 것 같은 그런 느낌. 명단을 보고도 대수롭지 않은 듯 어깨를 으쓱이며 떠났다고 말할 수 있다면 정말 좋겠다. 실망과 거절에는 면역력이 강하다고 큰소리치면서 말이다. 그러나 그러지 못했다. 지금도 그러지 못한다. 그때 나는 명단을 뚫어져라 쳐다보며 서 있었다. 눈물이 나 시야가 흐려지고 마음이 쓰라렸다. 실수를 한

게 확실했다. 그때 한 무리의 학생이 모이더니 게시판을 확인했다. 잔뜩 흥분한 비명이 들렸다. 최종 합격자가 된 1학년생이었다. 이 아이는 팔짝팔짝 뛰며 곁에 있던 남자 친구를 껴안았다. 아무리 많은 시간을 들여 합격자 명단을 쳐다봐도 결과는 변하지 않으리란 걸 깨달았다. 슬금슬금 기숙사 방으로 돌아와 몇 시간 동안 울었다. 그러고 나서 위층에 올라가 공중전화로 엄마한테 전화를 걸었다. 그리고 초콜릿을 왕창 먹었다. 인생의 어떤 순간들엔 초콜릿이 필요한 법이니까.

무언가를 너무나 간절히 원한 나머지 그걸 성취할 수 있으리란 느낌이 들었지만, 알고 보니 자신이 할 수 있는 건 아무것도 없다는 사실을 깨닫는 것만큼 고통스러운 일이 있을까? 엄청난 양의 휴지를 써대며 침울한 기분으로 친구들과 며칠 내내 빈둥거린 후에야 마음을 고쳐먹고 다른 일에 집중하기로 결심했다. 최종 합격자 명단이 나온 지 1주일쯤 지났을 때, 복도를 걸어가는데 누군가 내 이름을 불렀다. 뒤를 돌아보니 하이드록스 오디션장에서 본 선배가 있었다.

"저기, 오디션을 정말, 굉장히 잘 치렀다고 말해 주고 싶었어. 단원들 모두 네 노래 솜씨에 깊은 인상을 받았거든. 하이드록스와 굉장히 잘 어울렸을 거야. 하지만 이번에 우리가 뽑은 다른 지원자가 사실 3년 동안 계속 지원을 해왔거든. 올해가 마지막 기회였어. 그러니까 너도 무슨 일이 있어도 내년에 다시 지원했으면 해. 그때는 반드시 합격할 거야."

이렇게 신에 대한 나의 믿음은 회복됐다. 나는 충분히 하이드록스에 어울리는 사람이며, 멤버가 될 자격이 충분하다는 사실을 알았다. 마음속 깊이 잘 알았다. 단지 타이밍의 문제일 뿐이었다. 내가 깨달은 대로 모든 게 잘 풀릴 것이다. 그저 기대한 시기보다 1년 더 입단이 연기되었을 뿐이다.

운이 좋게도 학교에는 다른 합창단이 있었다. '컬리지엄'이라는 합창단인데, 하이드록스 오디션이 끝난 지 얼마 안 됐을 때 단원 선발 오디션 공고가 떴다. 이번에도 수업을 마치는 종이 울리자마자 게시판으로 달려갔다. 자랑스럽게도 내 이름은 최종 합격자 명단 맨 위를 차지했다. 정말 행복했다. 하이드록스에 거절당해 느꼈던 찌르는 듯한 아픔이 컬리지엄에 입단하게 됐다는 흥분으로 바뀌었다. 게다가 하이드록스가 내년에는 내가 입단하기를 기다린다는 것도 알았다. 1년 동안 나는 하이드록스가 학부모 참관 행사에서, 학교 공식 행사에서, 주요 동문회에서 공연하는 모습을 지켜보며 질투심에 사로잡히기도 했다. 하지만 2학년이 되면 나도 저 아카펠라 그룹과 무대에 오르리라는 걸 알았기에 이 질투심을 쉽게 누그러뜨릴 수 있었다.

이듬해 9월 하이드록스 오디션 공고가 게시되자, 드디어 나의 시간이 왔다는 느낌이 들었다. 오디션 날짜와 시간을 노트에 휘갈겨 적고는 교실로 신나게 걸어갔다. 그날 아침 목소리가 조금 갈라지긴 했지만, 이틀 뒤에 있을 오디션에서는 맑은 목소리가 돌아올 거라 믿었다. 하지만 안타깝게도 내 예상은 완전히 빗나갔다. 목소리가 맑아지기는커녕 나가 버렸다. 말하자면, 목소리가 완전히 사라져 버린 것이나 마찬가지였다. 지원자로 북적이는 오디션장에 도착했을 무렵에는 노래의 음을 제대로 이어 나갈 수도 없었다. 나를 구원해 줄 유일한 은총은 내 노래 실력을 이미 알고 있는 하이드록스 단원들이었다. 그들은 내 목소리가 원상복구되리라는 희망을 가지고 2차 오디션을 보게 해줬다. 하지만 2차 오디션 날 아침에도 내 목소리는 전혀 나오지 않았다. 나조차도 그해 하이드록스 멤버가 될 가능성은 아주 희박하다고 생각했다.

명단을 확인하지 않아도 최종 진출자가 되지 못했다는 걸 알았다. 그렇다고 충격이 덜하지는 않았다. 눈물을 흘리고 초콜릿을 먹고, 이런 짓을 또 반복했다. 1년을 기다려 오디션을 보는 것 말고는 할 수 있는 게 없었다.

또다시 9월까지 기다렸다. 게시판에 오디션 공고가 붙었지만 이제는 세부 사항을 적을 필요도 없었다. 오디션 공고 내용을 눈 감고도 쓸 수 있었으니까. 다음 날 줄을 서서 음악실로 들어가 지원자들 사이에 앉았다. 그들은 오디션이 어떤 식으로 진행될지 이야기하고 있었다. 노래를 부르고 몇 명씩 짝을 지은 뒤 화음을 넣었다. 그리고 이틀이 지나 2차 오디션에 오라는 연락을 받고 참석했다. 이번에는 수업이 끝날 때마다 게시판으로 전력 질주하지 않았다. 마지막 수업이 끝나는 종소리가 울릴 때까지 기다렸다가 게시판을 향해 조심스레 걸어갔다. 내 몸은 지난 2년의 경험으로, 이번에도 거절이란 스트라이크를 맞을 수 있다는 걸 염두에 두었다.

하이드록스 최종 합격자
리디아 페네트

하나의 이름만 보였다. 내 이름이었다. 다른 사람의 이름도 있었겠지만 그 순간 내게 중요한 건 오직, 명단에 내 이름이 있다는 것뿐이었다.

때로는 거절을 당해 느끼는 우울함이 원하는 것을 얻었을 때느끼는 흥분을 더욱 고양시킨다고 생각한다. 기다림과 희망으로 2년을 보내고 마침내 원하던 일이 일어나자, 나는 게시판 앞에서친구들을 끌어안으며 그 순간을 만끽했다. 그러면서 옆에 서 있던, 이번에도 합격하지 못한 여학생도 꽉 껴안았다. 불합격의 기분이 어떤 것인지 누구보다 잘 알고 있으니 말이다. 내가 행복에도취된 순간이 어떤 이에겐 순수한 슬픔의 순간일 수도 있다. 나는 그 학생이 어떤 기분이었을지 충분히 이해했다.

나는 하이드록스의 멤버가 되기를 그 무엇보다 간절히 바랐다. 아니, 간절히 바란 것 이상이었다. 그러나 첫 오디션에서 바로합격했다면 지금과 똑같은 기분이었을까? 종종 궁금하다. 나는하이드록스 멤버로서 1분 1초도 헛되게 보내지 않았다고 자부한다. 모든 리허설, 우리의 모든 우정, 그리고 당연히 모든 공연을 즐겼다. 그 경험은 내게 실망의 쓰라림을 가르쳐 주었지만, 그 실망을 극복하고 절대 포기하지 않음으로써 얻게 되는 달콤함도 알려줬다.

그동안 인생을 살며 습득한 수많은 교훈과 마찬가지로, 나는 이런 실패와 거절에 은근히 자극받는다는 걸 알게 됐다. 일이 내 뜻대로 풀리지 않더라도 기죽지 않는 걸 보면 그런 생각이 든다. 아무리 거센 바람이 불어도 흔들리지 않는다. 1지망이었던 대학에서 떨어졌다는 사실을 알았을 때, 내가 아닌 다른 사람이 승진한 사실을 알았을 때도 그랬다. 내 룸메이트가 되기로 했던 친구가 다른 도시로 가겠다고 한 바람에 새로운 거처를 찾아 헤매는 처지에 놓였을 때도 마찬가지였다. 이 모든 상황을 통해, 실패가 나의 존재 가치나 미래를 결정짓지는 않는다는 걸 배웠다. 부모님이 '인격 함양'이라 부르던 유형의 경험을 해보니, 사생활이나 직장에서 타격을 입어도 무너지지 않는 법을 배울 수 있었다. 그럴 때는 잠시 내가 처한 상황에서 한 발 물러나 있는 시간을 가지며 실망감을 받아들이고, 그런 다음 다시 시도해야 한다. 의외로 실패란 내가 애초에 시도했던 것보다 훨씬 효과적인 접근법을 가져다준다.

전략적 제휴부서를 출범시킨 지 약 한 달이 지났을 때, 회장에게 전화 한 통이 걸려 왔다. 회장은 크리스티가 엘리자베스 테일러의 재산을 팔 수 있는 권리를 따냈다고 했다. 그 재산에는 매우 대단한 주얼리 컬렉션이 포함됐다. 지금껏 시장에 나온 컬렉션 중 최고로 꼽힐 만한 품목이었다―지금까지도 그 기록은 깨지지 않았다. 당시 내가 엘리자베스 테일러에 대해 아는 것이라곤 고작 『피플』지에 실린 기사를 읽은 게 전부였다. 그녀와 리처드 버튼의 관계가 오늘날 안젤리나 졸리와 브래드 피트 커플의 이야기에 비견될 만큼 전 세계 대중의 상상력을 사로잡았다는 걸, 그때는 전혀 몰랐다.

크리스티는 컬렉션 판매 주관 업체로 선정되어, 9월부터 모스크바에서 글로벌 투어를 시작할 예정이었다. 테일러의 컬렉션을 따냈을 때는 6월이었는데, 회장은 마케팅 캠페인을 본격적으로 확대하기 위해 협찬 기금을 마련할 방법을 찾아야 한다고 했다. 100만 달러 이상이 필요했다. 공개 행사를 통해 전 세계 대중에게 컬렉션을 선전하기 위해서였다. 나는 국제적 업무를 담당할 새로운 부서를 막 출범시킨 참이었으니, 이 프로젝트의 적임자는 바로 나였다. 압박감이 엄청났다. 이때가 나의 커리어에서 가장 도전적인 순간이었다. 아직 내 부서에는 팀원이 없었다. 오랫동안 함께한 조수는 내가 예전에 몸담았던 행사부에 남는다기에 우린 헤어져야 했다. 그리고 내게는 전 세계의 기업으로부터 수백만 달러의 협찬 기금을 받아 내야 한다는 임무가 남았다. 그렇다고 내가 수많은 밤을 잠 못 이루며 보냈을까? 아니, 그보다는 신속하게 전략을 마련해야 했다. 최대한 빨리.

처음으로 마라톤 연습을 시작했을 때나, 이 책을 쓰기로 했을 때와 같은 방식으로 프로젝트를 시작했다. 42만 195킬로미터가 아니라 1킬로미터에 집중하라. 7만 자를 써야 한다는 생각은 버리고 하루에 1천 자를 쓰는 데만 집중하라. 이 정도 규모의 컬렉션 투어에 협찬 금액이 얼마나 어마어마하게 필요한지보다, 돈을 마련하는 시간에 여유가 없다는 점에 집중해야 한다. 나는 여러 기업에 연락해 전체 투어를 후원할 주요 스폰서가 되어 줄 수 있는지, 아니면 지역별 소규모 스폰서가 되어 줄 수 있는지 알아보기로 했다. 먼저 내부적으로 크리스티의 국제 전문가들에게 타 기업의 쓸 만한 정보와 연락처를 요청했다. 다음으로 그 기업들이 크리스티와 제휴 관계를 맺고 이 역사적인 판매 행사에 협찬 기금을 내도록 설득할 개별 전략을 짜는 데 집중했다. 몇 날 며칠을 밤새우며 모든 유형의 잠재적 파트너를 유인할 전략을 짜고 또 짰다. 여러 은행과도 연락해서 크리스티가 은행들의 최상위 고객과 제휴할 경우 엘리자베스 테일러의 33캐럿짜리 반지를 사적인 장소에서 관람할 기회를 마련하겠다고 했다. 패션 브랜드에도 연락해서 트렌드를 선도하던 엘리자베스 테일러의 스타일에 대해 언급했고, 발렌티노Valentino와 홀스톤Halston 등 그녀가 긴밀한 관계를 맺었던 기업과 연락을 취하는 일도 빠뜨리지 않았다. 러시아의 석유 및 가스 관련 기업에도 연락해, 여기서는 밝힐 수 없는 내용의 이야기를 하기도 했다. 중요한 것은 크리스티라는 최고의 브랜드 파워를 지렛대 삼아, 회사 내에서 추가적인 수입을 창출해 낼 수 있다는 내 비즈니스 계획이 옳았음을 증명했다는 점이다.

계약 한 건 따지 못하거나 땡전 한 푼 확정되지 못했던 초창기에도 나는 포커페이스를 유지하며 주변 사람들에게 자신감을 심어 줬다. 나는 웰스 파고Wells Fargo, 미국의 다국적 금융 서비스 기업 측이 전화를 걸어 와, 로스앤젤레스 전시회의 모든 것을 지원하겠다고 말했던 순간을 절대 잊지 못한다. 일을 제대로 진전시키기 위해 열심히 밀어붙인 내 아이디어가 제대로 성공했기 때문이다.

웰스 파고를 비롯한 몇몇 주요 스폰서들과 계약을 체결했을 무렵, 한 동료가 전시회 유치로 고객을 확보하려는 아시아의 저명한 기업에 연락해 보라고 했다. 자금이 풍부한 스폰서를 끌어들일 수 있다는 가능성에 흥분하면서, 나는 다른 연락망을 통해 어느 아시아 기업의 최고마케팅경영자 이메일 주소를 알아냈고 즉시 연락했다. 연락하자마자 이 경영자의 비서로부터 이메일을 받았다. 그날 저녁 늦게 다시 연락해 달라는 요청이었다. 그가 근무하는 지역은 뉴욕보다 13시간 빠른 곳이었고, 덕분에 연락이 닿을 때까지 그에게 제안할 내용을 정리하고 다듬을 수 있었다. 내가 대본을 썼어도 이보다 좋은 전개는 없었을 것이다. 최고마케팅경영자와의 열띤 통화 후, 그 기업이 이 굉장한 국제적 전시회와 브랜드 제휴를 맺을 때 필요한 재무조건과 기대 사항을 개괄한 기획서를 이메일로 보냈다.

그날 저녁 잠자리에 들면서 나는 최고마케팅경영자가 기획서를 검토한 다음, 양쪽이 협찬금을 협상할 수 있도록 제안 금액을 회신해 주리라 기대했다. 이 일을 해낼 게 분명했다! 기쁘게도, 다음 날 아침 일어나니 최고마케팅경영자가 보낸 이메일이 와 있었다. 내가 개괄한 재무 수준에 맞춰 주겠으며, 마케팅 및 홍보 전략에 대한 추가 세부 사항을 요청하는 내용이었다. 맞춤형 전시회를 개최하고 수십만 달러의 보석과 함께 전 세계를 여행하는 경우, 반드시 거쳐야 하는 수많은 절차가 있다. 더욱이 이 전시회는 두 차례의 다른 전시회 일정에 끼어 있었기에, 하루만 지체되어도 실제 전시회 일정이 짧아질 수밖에 없었다.

그러나 가장 먼저 해야 할 것은 축하였다. 나는 기쁨과 흥분이 뒤엉킨 비명을 질렀다. 그리고 황급히 이 소식을 팀 전체에게 이메일로 전했다! 우리는 잠재고객이 있는 장소로 전시회 투어 범위를 확장할 수 있다. 그뿐만 아니라, 투어 자금에 필요한 나머지 돈을 제공해 줄 스폰서를 유치했다. 돈을 마련했다. 일을 아주 잘 해냈다! 슈퍼스타가 된 기분으로 다음 날 아침 미팅 장소로 걸어 들어가 동료들과 하이 파이브를 했다. 회장은 나를 격찬했다. 내가 극도로 존경하는 분에게 칭찬을 들은 것이다.

전시회 투어의 후원을 합의하고 처음 며칠 동안, 새 스폰서가 되어 준 회사의 최고마케팅경영자와 매일 저녁 대화를 나누었다. 전화 통화는 밤 11시 무렵에 끝났다. 통화를 마친 뒤엔 진행 사항이 업데이트된 이메일을 작성해 주요 팀원들에게 보냈다. 이 프로젝트를 가시화하려면 무엇이 필요한지 모두가 분명히 알아야 했다. 이 일이 진행되는 동안 우리 회사 법무부는 계약서 초안을 작성했고 최고마케팅경영자에게 보냈다. 계약이 체결된 후에는 전체 후원 금액을 보낼 수 있도록 송금에 관련된 지침도 함께 보냈다. 전시회는 약 한 달 후에 열릴 예정이었으므로, 컬렉션을 제대로 운반할 있도록 후원금을 향후 2주 안으로 보내 달라고 부탁했다. 최고마케팅경영자는 이메일을 통해 계약 조건에 동의했고 계약을 체결하자마자 곧 연락을 주겠다고 했다.

대단한 스타가 됐겠군. 당신은 이렇게 생각할 게 틀림없다.

하지만, 여러분. 이번 장에서는 실패를 극복하는 내용을 다루려 하지 않았는가. 그러니 일이 진행되는 도중에 몇 가지 역경이 있을 것이라고 기대해도 좋다.

다음 날 아침 나는 최고마케팅경영자에게 투어가 열릴 곳의 전시 계획과 마케팅 전략을 업데이트해야 하니 연락을 부탁한다고 이메일을 보냈다. 일이 정신없을 정도로 바쁘게 돌아갔기 때문에, 그로부터 회신을 받지 못했다는 사실을 생각할 겨를도 없었다. 사실, 그날 저녁은 밤 11시 전에 잠자리에 들 수 있게 되어 안도했던 기억이 난다. 그와의 전화는 매일 밤 11시에 끝났으니까. 다음 날 아침에도 추가 정보가 담긴 회신이 오지 않아서 조금 놀랐지만, 아마도 최고마케팅경영자가 바빠서 회신을 보낼 겨를이 없으리라 생각했다. 다른 팀원들은 점점 걱정하기 시작했다. 전시회의 배치를 결정하기 위해서는 그의 회신이 필요했기 때문이다. 하지만 나는 그들에게 모든 게 잘 될 거라고 장담했다. 여태까지 다 잘 되어 왔지 않은가?

그렇지만 다음 날 아침 회신도 오지 않고 연락을 달라는 요청도 계속 무시되자, 배 속이 울렁거리기 시작했다. 내가 피해망상에 사로잡혀 그런 것이길 간절히 바라면서, 잠자리에 들기 전 내 메일이 수신됐는지 확인하는 이메일을 다시 보냈다. 그러나 밤새

잠이 오질 않아 뒤척였다. 일이 뭔가 잘못됐다는 느낌을 떨칠 수가 없었다. 결국 새벽 3시에서 4시 사이에 잠들었는데, 몇 시간 지나지 않아 갑자기 깼다. 잠에서 깨자마자 스마트폰을 붙잡았다. 눈을 꼭 감은 채, 스마트폰을 켜면 받은 편지함 제일 위에 서명이 완료된 계약서와 송금 확인 내용이 적힌 이메일이 도착해 있기를 희망했다. 그러나 안타깝게도 이메일은 오지 않았다. 연락이 아예 끊긴 듯했다. 매일 아침 이런 일이 반복됐다. 이 상황이 도저히 믿어지지 않아 스마트폰만 째려보다가 살금살금 사무실로 숨어 들어 가곤 했다. 팀원과 마주치면 현재 상황에 대한 업데이트를 물을까 두려워 최선을 다해 피했다.

내 인생에서 가장 길었던 1주일이 지나고 결국 이메일을 받았다. 물론 그 이메일은 간절히 원하던 내용이 아니었다. 내용은 간단했다. 전시회 투어에 참여할 수 없게 됐다는 것이었다. 모든 것이 전면 중단됐다. 어떠한 설명도 없었고, "이러한 상황을 초래하게 되어 정말 죄송합니다"라는 말도 없었다. 그냥 단호하게 "안 되겠습니다"라는 말뿐이었다. 독자 여러분들은 이 사태가 초래한 불행이 자금을 마련하지 못한 것이라 생각할지도 모르겠다. 그렇게 여길 수도 있다. 후원 자금을 놓친 것도 꽤나 고통스러웠으니까. 그러나 진짜 최악이었던 것은 그날 오후 미팅에 참석해서 나와 축하의 기쁨을 나누었던 동료들에게 "자금을 못 구해서 그 나라에서는 전시회를 열지 못한다"고 말해야 하는 것이었다. 나는 패배자가 된 기분이었고, 무엇보다 동료 모두의 기대를 저버렸다는 느낌에 사로잡혀 견딜 수가 없었다.

　당신이 어디서나 가장 강한 여성으로서 깨달아야 할 것은 인생에서 많은 모험을 할수록 더 많은 성공을 거두리라는 것이다. 더 높이 올라갈수록 추락의 고통은 더 커진다. 하지만 높이 올라갈수록 당신에게 펼쳐질 전망은 환상적일 것이다. 내 말을 믿어라. 실패(아무리 성공을 거두더라도, 어느 순간에는 일어나고야 말)보다 더 중요한 것은 실패의 직접적인 여파를 겪을 때 보이는 행동이다. 결국 더 낮은 수준에서 더 많은 스폰서를 찾겠다는 나의 초기 전략은 궁극적으로 전시회를 개최한다는 목표에 도달하게 했다. 다시 말해, 내가 바란 것처럼 엄청난 성공을 거둬 큰 이익을 얻지는 못했으나, 어찌 되었든 목표를 달성한 것이다. 공을 어떻게 차든 골대에만 들어가면 되지 않는가? 동료들은 언제나 나를 응원해 줬다. 심지어 그들은 내가 목표를 달성했다고 선언하자 두 번째 하이 파이브까지 해 줬…… 이번에는 서명이 완료된 계약서를 손에 쥐고 왔기에, 자금이 들어오는 데엔 의심의 여지가 없었다.

　가장 중요한 것은 어떤 장애물이 당신의 전진을 멈추게 할지라도, 어떤 경험이든 교훈을 준다는 점이다. 앞서 스폰서 기업의 최고마케팅경영자가 사라진 경험에서는 계약서의 서명이 완료될 때까지 가만히 기다려야 하며, 그전까지는 팀원들에게 어떤 사항도 확정된 것처럼 알려서는 안 된다는 교훈을 배웠다. 또한 거래가 잘못되어 간다는 생각이 들면 팀원들에게 투명하게 밝혀야만, 최종 결과가 어떻게 나오더라도 놀라지 않을 것이다. 그리고 무엇보다, 최선을 다해 노력한다면 동료들은 나를 계속 존중해 주리란 교훈을 얻었다.

거절의 두려움을 극복하기에 가장 최적화된 훈련장은 아마도 경매 무대일 것이다. 이에 비하면 하이드록스 멤버가 되려고 여러 차례 시도했다가 실패한 일, 거물급 스폰서와 제휴를 맺으려 시도했다가 실패한 일은 하찮게 느껴진다. 이런 말을 하면 당신은 내가 무대에 오를 때마다 수없이 거절당하니 어쩔 수 없이 익숙해졌다고 생각할지도 모르겠다. 많을 때는 5천600명의 사람들로 가득 찬 경매 무대에 오르기도 하니까.

지난 몇 년간 나는 해마다 매디슨스퀘어가든에서 밥 우드러프 재단Bob Woodruff Foundation을 위한 경매 행사를 진행해 왔다. 뉴욕 매디슨스퀘어가든에 있는 훌루 시어터가 어떤 곳인지 잘 모른다면, 하나만 기억하라. 훌루 시어터는 5천600명의 인원을 수용할 수 있는 극장이다. 이 점만 알아 두면 이야기의 맥락을 파악할 수 있다. 밥 우드러프 재단은 매년 뉴욕 코미디 페스티벌이 개최되는 주week에 스타들이 대거 등장하는 '영웅을 지지하라Stand Up for Heroes'라는 선행 행사를 주최한다. 밥 우드러프 재단은 이 행사에서 모은 기금으로 중증 신체장애를 입은 참전 용사들이 새로운 삶에 적응할 수 있게 지원한다. 내가 경매를 진행하겠다고 한 첫해에는 존 스튜어트, 존 올리버, 짐 개피건의 코미디 공연이 끝난 후 무대에 오르기로 했다. 경매를 진행하고 나면 뒤를 이어 브루스 스프링스틴이 공연을 하고, 나는 공연 후에 다시 무대에 등장해 그의 기타를 경매에 부칠 예정이었다.

그렇다. 보스The Boss, 브루스 스프링스틴의 별명와 함께 무대에 서는 것이다. 다른 사람도 아니고 브루스 스프링스틴과!

게다가 기타 경매가 끝나면 출연한 코미디언들과 다시 무대로 올라가 그의 오토바이를 경매에 부치기로 했다. 모두 함께.

그래서 음(와우!), 이 행사가 진행되는 화요일은 평소와 차원이 다를 것이었다. 아니, 내 인생의 과거와 현재, 미래의 어떤 화요일도 이날에 비견할 수 없을 듯했다. 절대로.

일단 마음의 평정을 찾고 계속 행사 위원회와 전화를 하며 모금액을 논의했다. 극장에 모인 모든 사람이 번호판을 들어 주최 측에 돈을 기부하도록 분위기를 북돋아야 하는 순간에 대해 이야기했다. 평소에 하던 경매처럼 이국적인 곳에서의 휴가, 값으로 매길 수 없는 특별한 경험, 혹은 강아지를 집으로 데려가는 경매가 아니었다. 이 행사의 경매는 그저 번호판을 들어 돈을 기부하는 것이다.

비영리단체와 모금 행사를 논의할 때는 늘 솔직한 대화를 나누려고 한다. 그때 반드시 제일 먼저 화두에 올리는 건 청중에게 제시할 첫 모금액이다. 이 행사장에 가장 높은 금액을 지원할 능력이 있고, 또 그러고 싶어 하는 사람이 존재한다는 사실을 다른 청중에게 알리는 것이 나의 역할이다. 그래야 다들 너도나도 번호판을 들고 싶은 적절한 분위기가 조성될 테니까.

첫 번째 통화에서 우리는 지난해 결과를 바탕으로 모금액을 일단 10만 달러에서 시작한 다음, 점차 금액을 낮춰 가기로 합의했다. 그리고 그 주가 끝나갈 무렵, 나는 어디든 드나들 수 있는 번쩍이는 출입증을 달고 무대 대기실에 앉았다. 거대한 극장은 관객들로 가득 찼다. 담당자는 나를 무대 왼쪽으로 안내하며 호위했다. 그곳에서는 재능 넘치는 출연자 모두가 자신의 무대 순서를 기다리고 있었다. 나는 그 어두침침한 곳을 뚫고 의자가 있는 쪽으로 갔고, 거기서 공연을 막 시작하려는 존 스튜어트, 존 올리버, 짐 개퍼건 등의 코미디언들을 볼 수 있었다. 그들이 각자 15분 동안 코미디 공연을 하는 동안, 나는 무대 뒤쪽에 놓인 접이식 의자에 앉아 있었다. 기다리는 내내 관객들의 커다란 웃음소리를 들으며 초조한 마음으로 경매봉을 손바닥 안에서 이리저리 비틀었다. 초조한 기분은 경매 시간이 가까이 다가올수록 고조됐다. 밥 우드러프 재단을 소개하는 동영상이 상영되기 시작할 즈음 무대 담당자가 건네준 마이크를 받아 무대 끝으로 이동했다. 이 행사를 치를 무렵, 나는 약 천이백 회의 경매를 치르면서 온갖 형태와 크기의 장소를 경험했다. 100명이 모인 디너 행사부터 1천 500명이 모인 디너 행사까지 모두 치렀고, 대규모 무도회장과 그곳을 가득 채운 사람들도 봤다. 그러나 '영웅을 지지하라'의 무대 끝 벨벳 휘장 사이에 자리를 잡자 여긴 '정말로, 정말로 사람이 많구나'라는 생각에 아찔해졌다.

"3, 2, 1⋯⋯." 나는 일부러 성큼성큼 걸음을 내디뎠다. 연단이 없어서 무대 가운데에 놓인 작은 보면대로 향했다. 노트를 내려놓고 경매봉을 자그마한 보면대에 세 번 내려쳤다. 대개 연단에 경매봉을 내려치면 큰 소리로 '쾅, 쾅, 쾅' 소리가 났지만, 그때는 '팅, 팅, 팅'하고 양철 깡통을 두드리는 소리가 났다. 조금은 어색했지만, 뭐 어쩔 수 없었다.

경매봉으로 스트라이크를 하며 청중의 관심을 사로잡자 자신감이 차올랐다. 활짝 미소 지으며 모금 행사를 자세히 설명했다. 경매 번호판을 들어 달라는 나의 마지막 말은 아주 분명했다. "이 행사는 우리나라를 위해 많은 것을 바쳤으나 신체에 장애를 입은 참전 용사에게, 여기 계신 분 모두가 보답할 기회입니다. 우리의 영웅들에게 선물을 주실 분이 어디 계실까요? 자, 10만 달러로 시작하겠습니다."

모금 행사를 진행할 때마다 늘 하는 것이 있다. 응찰을 계속 미루다가 결정적인 순간에 거액을 응찰하며 분위기를 절정으로 끌어 올리려는 사람들이, 그 중요한 순간을 준비할 수 있도록 약간의 시간을 벌어 주는 것이다. 나는 10초의 시간을 줬고, 청중 모두는 10만 달러를 기부할 누군가가 있을 거라고 확신했다. 음, 졸고 있는 사람을 깨워 손을 들고 싶을 때 들어야 한다고 알려 줘야할까 봐 10초의 시간을 또 줬다. 그다음 또⋯⋯ 10초의 시간을 줬다. 브루스 스프링스틴이 3미터도 떨어져 있지 않은 무대 측면에서 대기 중이었다.

아무도 없었다.

지금 이 시나리오를 머릿속으로 그려 본다면 마음이 죽어 가는 느낌을 알 수 있겠는가? 5천 600명의 청중이 불편하다는 듯 자리에서 움찔거리면서 당신을 주시하고 있다고 생각해 보라. 이런 말을 하는 이유는 당시 나의 마음은 정말로 죽어 가고 있었기 때문이다. 정말로. 죽어 가고 있었다. 하지만 결국 내가 모금 행사를 통해 얻은 결과는 내가 무대에 오르기 전 주최 측이 얻은 것보다 훨씬 많았다. 그렇기에 기운을 차리고 계속 미소 지은 채 내가 가장 강한 여성이라는 것을 모든 이에게 보여 줘야 한다. 나는 분위기를 만들어 내는 사람이고, 청중은 내가 만들어 낸 에너지를 자양분으로 삼는다. 혹시 나도 알지 못하는 미스터리한 응찰자가 마지막 순간에 술집으로 달려갈까 봐 몇 초 더 기다렸다. 그리고 미스터리한 응찰자가 절대 손을 들지 않을 거라는 확신이 들었을 때, 크게 미소 띤 얼굴로 윙크하며 말했다.

　　"그렇군요. 그럼 제가 다시 묻죠!"

　　혹시 무슨 일이 일어날지도 모르지 않는가? 그래서 나는 묻는다. 당신도 반드시 물어야 한다. 최악의 경우라고 해봤자 '아니오'라는 대답을 들을 뿐이다. 당신이 운이 좋다면 나처럼 5천 600명 앞에 서진 않을 테니까.

　　거절? 거절로 나를 멈추게 할 수는 없다.

　　재빠르게 5만 달러로 금액을 바꾸었다. 그러자 즉시 2명의 응찰자가 손을 들었다.

　　이 책을 읽는 당신이 기뻐할 만한 사실을 말하자면, 그날 저녁 행사는 엄청난 성공을 거두었다. 브루스 스프링스틴과 나는……, 다시 한번 말해야겠다. 이렇게 이야기를 시작할 기회는 또 없으니까. 브루스 스프링스틴과 나는 그가 소장한 기타, 그의 오토바이를 타볼 기회, 그의 어머니가 사용하던 라자냐용 쟁반을 팔아 총 37만 달러를 모았다. 게다가 마지막 순간에 그는 경매 품목을 두 배로 늘리기로 결정했다. 내가 두 응찰자 사이에서 호가를 계속 올리자, 브루스는 마지막 순간에 몸을 기울이더니 내 귀에 속삭였다. "판매를 두 번 하자고요." 이 말은 37만 달러로 응찰에서 진 사람을 위해 즉석에서 기타를 또 한 대 기증하고, 오토바이를 또 한 번 태우고, 엄마의 라자냐용 쟁반을 또 하나 기증하겠다는 의미였다. 모금액은 5분 만에 74만 달러로 치솟았다. 브루스가 공연을 마친 뒤, 나는 코미디언 모두와 무대로 돌아와 오토바이(소매가 1만 2천 달러)를 10만 달러에 팔았다. 이 모든 금액은 참전 용사 지원에 쓰였다. 그날 밤은 모든 것이 놀라웠다. 한순간의 '거절'로 시작됐다 하더라도 결국 우리는 모든 예상과 기대를 뛰어넘는 결과로 마무리했다.

무엇보다 내가 브루스 스프링스틴과 함께 무대에 서지 않았는가?

요즘에는 실패와 거절을 마치 어린이용 장갑처럼 조심스럽게 다루는 경향이 있다. 하지만 어디서나 가장 강한 여성은 거절과 실패라는 감정을 극복하려면, 장갑을 벗어 던져야 한다는 것을 잘 알고 있다. 그래야 앞으로 나아가고 계속 전진할 수 있다. 앞으로 당신이 너무나 간절히 바라던 무언가를 얻지 못한다고 해서 절망스럽다면 내 말을 명심하라. 그것을 얻지 못했을 때 당신은 오히려 강해질 수 있다. 어디서나 가장 강한 여성은 거절을 당하더라도 얼마든지 이겨 낼 수 있고, 또 이겨 내야 한다. 거절로 인해 원하는 결과를 얻지 못할지라도 그것을 학습 도구로 활용하고 그 경험에서 성장할 수 있다는 것을 알기 때문이다. 가장 강한 여성은 거절을 받아들이고 포용해서 이것을 자신의 힘으로 전환해야 한다는 것도 잘 알고 있다.

실패는 힘든 일이고 '아니오'라는 말을 듣는 것은 괴로운 일이며, 거절은 고통스럽다.

그러나 그 두려움이 당신을 멈춰 서게 내버려 두지 말라.

바버라 코코란
Barbara Corcoran

TV쇼 「샤크 탱크Shark Tank」*의 투자자

「샤크 탱크」라는 새로운 쇼에 출연하겠다는 계약서에 서명한 직후, 제작자는 마음이 바뀌었다며 그 프로그램의 유일한 여성 패널 자리에 다른 사람을 앉혔다. 나는 패배를 받아들이기보다, 컴퓨터 앞에 앉아 그동안 '남들이 내가 해내지 못할 거라 장담했으나 멋지게 성공을 거둔 일'들을 부리나케 작성했다. "내 인생 최고의 일들은 모두 실패에서 시작됐죠. 나는 그래서 당신의 거절을 행운의 부적이라고 생각해요"라며 이메일을 마무리했다. 그리고 제작자에게 패널 자리를 놓고 승부를 겨루는 건 어떻냐고 물었다. 그다음 주, 나는 로스앤젤레스로 가는 항공편을 예약했고, 결국 패널 자리를 차지했다. 이후 10년 동안 나는 「샤크 탱크」에서 투자자 역할을 아주 행복하게 해내고 있으며, 얼마 전 계약을 갱신했다.

---

* 「샤크 탱크」: 개인 사업자가 백만장자인 투자자 앞에서 자기 사업을 설명하고 투자를 얻어 내는 형식의 프로그램

데버라 로버츠
Deborah Roberts

방송 출연 경력을 막 쌓기 시작했을 때, 나는 다른 신참 기자들과 마찬가지로 대성공의 기회를 망쳐 버린 적이 있다. 조지아주 메이컨에 위치한 WMAZ-TV에서 인턴으로 일하던 시절, 인근 육군 기지인 포트 베닝에 가서 촬영을 도우라는 지시가 떨어졌다. 우리는 수풀을 밀치고 나가다가 지휘관들을 인터뷰할 순간을 포착했다. 길지만 흥미진진한 하루였다. 내가 인터뷰 촬영 시 데크의 '멈춤' 버튼을 눌렀고 촬영을 멈춰야 할 때는 '시작' 버튼을 눌렀다는 사실을, 편집실에 돌아와서 발견하기 전까지는 말이다.

　다음 날 나는 회사로 복귀해서 사죄하는 마음으로 열심히 일하자고 결심했다. 심장은 마구 요동쳤지만, 겉으로는 씩씩한 얼굴을 유지했다. 우리는 주말에 재촬영 허가를 받았고, 며칠 뒤 다시 촬영에 착수했다. 며칠 전 시운전은 의도치 않게 허탕을 쳤지만, 이번에는 좀 더 쉽게 촬영할 수 있었고 사실 살짝 더 잘 찍었다. 취재기자와 나는 이 경험을 계기로 친해졌고, 심지어 훗날 이 사건을 회고하며 웃음을 터뜨리기도 했다. 선의를 가지고 행동했다 해도 실수는 일어나기 마련이다. 그러나 가장 중요한 것은 마음을 추스르고 일어나 다시 시도하는 것이다.

5

공동체의
시너지 효과

어디서나 가장 강한 여성은 바로 당신이다

66
청중에게 도전 의식을 심어 주고
도전을 감행하도록 고무시킨다.
이것이 바로 내가 무대에 선 이유였다.

99

특대형 캐리어를 질질 끌며 원룸 계단을 올랐다. 21살, 대학을 막 졸업했을 때였다. 테네시주에 위치한 작은 문과대학인 스와니 Sewanee에서 꿈같은 4년을 보내며 소중하게 일군 우정은, 아는 사람이 거의 없는 도시로 오자 하룻밤 사이 사라져 버렸다. 사회생활을 시작한 첫해는 정신없이 바빴지만 외로웠다. 집 밖에선 사람들이 발산하는 에너지와 북적임에 휩싸여 있었지만, 나는 친구들로 둘러싸인 공동체에서 보내던 나날을 필사적으로 열망했다. 대학에 있을 때는 그때그때 해결할 일이 있으면 낮이든 밤이든, 그게 몇 시든 상관없이 친구들에게서 도움을 얻었다. 그런 공동체 의식을 너무나 갈망한 나머지 새로운 공동체를 직접 만들기 시작했다—기회가 생길 때마다 새로운 친구를 사귀고 연락처를 모았다. 그래서 이곳에 정착한 지 20년이 지난 지금, 뉴욕은 수백만 명이 살고 있음에도 나에게는 하나의 작은 마을 같다.

뉴욕에서 인맥을 막 형성하던 시절, 나는 지금도 매일같이 되새기는 사실 하나를 배웠다. 이 세상에 공동체만큼 강한 것은 없다. 우리 공동체는 아이 셋을 키우는 워킹맘인 내 인생에 아주 큰 역할을 해주고 있다. 나는 친구들과 가족으로 구성된 공동체에 매일 의지하고 있다. 직장 동료들은 내가 아이를 병원에 데려가기 위해 집에 가야 할 때면 막바지 미팅을 대신해 주겠다고 하고, 엄마 친구분은 방과 후에 아들을 축구 교실로 데려다주시는데, 덕분에 우리 보모가 버스 정류장에 가서 딸을 데려올 수 있다. 부모님과 시부모님, 형제자매들은 우리 부부가 여행을 가야 할 때면 아이들을 돌봐 준다. 내 시선이 닿는 곳에는 늘 이런 유형의 공동체와 친구들의 상호작용이 존재한다. 우리는 우리 공동체의 핵심 구성원이다. 우리는 곡예를 하듯 개인적인 삶을 이어 가면서 지역사회를 풍요롭게 하고, 가족을 보살피고, 사업을 시작하고, 회사를 운영하고, 다음 단계를 모색하면서 하루하루를 보낸다. 이렇게 각자의 역할을 수행하며 우리는 서로 연결되고, 새로운 플랫폼을 만들고, 우리가 관심을 두는 것을 더욱 깊이 이해하기 위해 노력한다. 그러나 우리가 이렇게 서로에게 연락을 취하고 관계를 형성하고 있음에도 불구하고, 내가 아는 여성 중에 무언가를 파는selling

행위에 편안함을 느끼는 이는 극소수다. 만약 우리가 공동체 안에서 하는 역할이 당신에게도 주어진다면, 당신은 자연스럽게 이렇게 생각할 것이다. '글쎄…… 하고 싶지 않은데?' 그렇지 않은가?

이 책을 읽는 당신은 내가 아는 여성의 대부분처럼 무언가를 파는 행위—제품이든 자신의 비전이든 간에—를 불편하게 여길 수도 있다. 부자연스럽거나 가식적인 행동으로 느낄 수도 있고, 요란하게 뽐내는 느낌이 든다고 여길 수도 있다. 무언가를 파는 여성들은 생계를 유지하거나 돈을 마련하기 위해 판매하는 행위가 부끄러운 일이라도 되는 것처럼 압력을 받는 경우가 많다. 사회는 우리 여성이 판매하는 행위와 판매 그 자체를 부정적으로 느끼게끔 종용한다. 이런 사회풍토는 대다수 여성의 자연스러운 경향, 즉 조금 더 공격적인 판매 사원이 되거나 현장에서 보다 큰 목소리를 내는 데에 경의를 표하는 것과 충돌을 일으킨다. 믿을 수 없을 정도로 뛰어난 재능을 가진 나의 어머니는 자식들이 모두 대학에 들어가며 집을 떠나자 당신만의 핸드백 라인을 출범했다. 어머니는 내게 거듭 말하곤 했다. "다른 사람이 만든 물건을 파는 건 언제나 즐겁지만, 내가 만든 지갑을 팔 때는 최악의 직원이 된 것 같아. 사람들이 내 지갑을 안 사겠다고 하면 지갑이 아니라 내 자신이 거절당한 기분이 들거든." 아버지와 우리 형제자매가 아무리 설득해도 어머니는 그 생각을 떨치지 못했다. 나 역시 경매사로 일하던 초창기에는 머릿속에 이런 목소리가 들려오는 것 같았다. '나는 무대 위에서 제대로 해내지 못할 거야. 사람들에게 부탁

하는 것엔 도무지 소질이 없으니까.'

이것은 내가 속한 세대의 문제도 아니며 내 출신인 남부의 특성도 아니다. 아동복 회사를 차린 뉴욕 출신의 친구와 저녁 식사를 하던 중, 그녀는 친구들이 자기의 이야기를 하는 걸 우연히 들은 적 있다고 털어놓았다. 자신이 자리에 없는 줄 알고 한 이야기였는데, 친구들의 말을 듣고 그녀는 어안이 벙벙해 당황할 수밖에 없었다고 한다. "음, 너희들도 알겠지만, 걔는 꼭 떠돌이 행상처럼 옷을 팔고 다니잖아." 나에게 그 말을 하는 친구의 목소리는 덤덤했지만, 그녀가 무척이나 속상했으리란 걸 알 수 있었다. 그녀는 자신이 시작한 사업과 세 아이를 키우는 전업주부 생활을 병행하며 사업을 준비하고 시작했다는 것을 무척 자랑스러워했다. 하지만 친구들의 말을 우연히 듣게 된 후, 그녀는 자신의 자부심이 당연한지 의문을 품게 됐다. 친구가 자부심을 느끼는 것은 당연하다고 생각했다. 친구는 그저 자기 사업을 구축하기 위해 여기저기 분주하게 뛰어다니며 제품을 팔았을 뿐이다. 살면서 이런 상황을 접하거나 누군가가 이와 비슷한 사연을 내게 털어놓을 때마다, 나는 항상 한 걸음 뒤로 물러나 사람들이 왜 그런 말을 하는지 곰곰이 생각한다. 그런 말을 들으면 물론 상처받기도 하지만, 마음속 깊은 곳에서는 고의로 남에게 상처되는 말을 하는 사람들은 자신의 불안감이나 질투심을 투영하기 때문이라는 것을 잘 알고 있다. 그래서 누군가 그런 말을 할 때면 당황하기보다는 그 사람에게 공감하려고 노력한다. 그 사람은 다른 사람이 거둔 성공에 위협을 느낀 것이니까. 그 사람은 인생이 채워지지 않는 공허함으로 가득해서 부정적인 기운을 이용해 자신의 텅 빈 공간을 채우려 드는 것이다. 당신이 무언가를 착실히 쌓아 가고 있는데 타인이 그것을 무너뜨리려고 발버둥 치는 이유가 무엇이겠는가?

이렇게 말하는 건 어려운 일이 아니다. 나는 나를 품평하고 험담하는 말을 들었을 때 화가 나는 걸 억지로 참고 아닌 척하지는 않을 것이다. 몇 년 전에 비슷한 일을 겪은 적이 있다. 어떤 동료가 자신은 크리스티에 오기 전 몇 년 동안 소더비에서 근무했다고 말했다. 소더비는 크리스티의 주요 경쟁사인 경매 회사다. 그녀는 고위 간부 회의에서 있었던 이야기를 전해 줬는데, 그 회의에서 누군가가 나를 두고 심술궂게 말했다는 것이다. "흠, 리디아는 자기 자신을 파는 재주가 아주 뛰어나더군요." 동료가 전한 말을 듣고 나는 얼굴이 달아오르는 것만 같았다. 바닥에 구덩이가 있었다면 그대로 숨어 자취를 감춰 버리고 싶었다. 이 책을 읽는 당신도 그때 내 심정을 이해하리라 확신한다. 나라는 사람은 얼마나 자기 홍보적인지! 그날 이후 몇 주 동안 나는 그 말을 머릿속에서 반복해서 떠올렸다. 공개된 자리에서 내 이름이 거론됐다는 게, 더욱이 자기선전의 달인으로 언급됐다는 게 부끄러웠다. 수년 동안 나는 열심히 일하는 직원으로 회사에서 인정받을 만하다고 여겨 왔다. 그런데 다른 사람들이 나를 자기선전가로 보다니, 당혹스러웠다.

동료가 전한 말을 들었던 그날로 다시 돌아가서 내 반응을 다시 보여 줄 수 있다면 얼마나 좋을까. 그날, 이렇게 말해야 했다. "고마워요. 오랜만에 들어 보는 최고의 찬사네요."

혹시 그거 아는가? 그 임원이 나에 대해 한 말이 옳다는 것 말이다. 내 자신을 파는 재주가 아주 뛰어나다. 자신을 파는 능력이 하도 탁월해서, 이렇게 다른 사람이 익히고 잘할 수 있도록 책도 쓰고 있다. 파는 재주가 뛰어나다는 건 전혀 부끄러운 일이 아니다. 그리고 보다 중요한 건, 자기 자신, 자신의 비전, 또는 자신이 구축하거나 창조한 것을 파는 것은 전혀 부끄러운 일이 아니다. 그 누구도 당신만큼 당신의 장단점을 알지 못한다. 자신과 자신의 비전을 타인에게 팔 자격이 있는 사람은 오로지 당신뿐이다. 다음부터 당신을 강력하게 내세울 때 혹시 당신에 대한 의구심이 든다면 명심하라. 가장 강한 여성이 원하는 바를 이룰 수 있는 건 그녀가 전력을 다해 추구하기 때문이다. 어디서나 가장 강한 여성은 자신이 할 말을 직접 쓰고, 자신의 스토리 라인을 직접 만들어 낸다. 진정으로 힘 있는 여성은 다른 사람을 깔고 뭉개면서 이득을 꾀하지 않는다. 사람들을 고무시키면서 일을 진행하고, 그렇게 하는 만큼 자기 자신도 이에 부응해서 잠재력을 최대로 발휘하도록 스스로를 이끈다. 당신의 성공을 감당하지 못하는 사람들은 항상 존재한다. 솔직히 말해 그들이 당신의 능력을 믿게 만들 필요는 없다. 오늘부터 당신을 진심으로 신뢰하며 열렬히 지지하는 존재는 당신이 될 것이기 때문이다. 다른 사람들은 당신이 조종하는 비행기가 아닌 다른 비행기를 찾아 떠나면 된다. 당신의 비행기에는 이미 당신에게 동기 부여를 받고 영감을 얻는 다른 사람들로 가득 차 있기 때문이다. 당신이 속한 공동체 사람들은 당신 주위를 감싸고 당신과 함께 각자의 세계를 구축하고 일구는 사람들이다.

나는 다음 같은 문장으로 말을 시작하는 경우가 많다. "그리고 아시다시피, 제 인생의 모든 이야기는 자선경매에서 시작됩니다……." 인생에서 내가 보고 겪은 이야기들이 판매에도 효과적으로 적용될 수 있다는 것을 깨달았기 때문이다. 판매를 통해 사람들이 더 큰 비전과 이어지고 자신이 앞으로 나아가는 동력의 일부라는 느낌을 받을 때, 더 좋은 반응을 보여 준다는 것을 배웠다. 사람들은 자신보다 훨씬 큰 존재를 느끼고 싶어 한다. 수년간 자선경매를 치르면서, 나는 사람들에게 이런 진정성을 제공하고 더 큰 비전과 이어지도록 해야 한다는 것을 깨달았고, 아울러 이런 노력을 아주 효과적인 판매 기술로 활용할 수 있다는 사실도 알아차렸다.

경매를 처음 시작했을 때, 동료들 대부분이 그랬던 것처럼 나도 번호판을 드는 모금 행사를 무척 두려워했다. 손님들은 열광적으로 응찰에 참여해 일생일대의 호화로운 휴가 상품을 손에 넣으려고 발버둥 치다가도, 어느 순간이 되면 부디 응찰해 달라는 부탁에도 아무런 반응을 보이지 않는다. 이런 일이 반복되면 아무리 재미있고 흥미진진한 경매라 해도 바람 빠진 풍선에 지나지 않는다.

정말 길고 고통스러운 수많은 모금 행사를 겪은 뒤, 더욱 나은 전략을 생각해 내야겠다고 다짐했다. 나에게 모금 행사는 늘 1년에 한 번은 치러야 하는 치과 정기검진 같았다. 모두가 두려워하지만 어쩔 수 없이 해야만 하는 사안 말이다. 경매 초반부에는 완전히 몰두하던 청중이 모금 행사로 바뀌는 순간 나를 외면하고 내 말을 들은 척도 하지 않는 것을 바라보는 게 지긋지긋했다. 게다가 모금 행사는 단순히 행사장 안에 있는 사람들의 숫자가 많은 것을 생각하면 실시간 경매보다 더 많은 돈을 모을 수 있다는 잠재력이 있지만, 실시간 경매가 끝나면 사람들의 관심도 멈춰 버리는 탓에 결코 그런 일은 일어나지 않았다. 설상가상으로, 때로는 경매 없이 모금 행사만 열리는 경우도 있었다. 10년간 경매업계에 몸을 담고 있다 보니 경매에 통달한 듯하면서도 여전히 모금 행사가 짜릿하거나 흥미진진하다는 기분은 들지 않는다는 게 참 싫었다. 여러 번의 실패와 평균을 겨우 넘긴 모금 행사를 수없이 겪은 후, 내 판매 기술에 무언가가 결여돼 있다는 사실을 깨달았다. 나는 모금 행사를 개개인이 돈을 기부할 기회로 여기고 접근하고 있었다. 청중에게는 부족한 것이 한 가지 있었다. 그건 칵테일이 아니라 바로 일체감이었다. 그동안 그들은 모금 행사에 '개인'으로 참여했기에 손을 들어 최고액을 제시한 사람과 최저액을 제시한 사람 모두 당황해하곤 했다. 최고 수준의 금액을 제시한 사람은 많은 이가 모인 공개 행사에서 너무 많은 돈을 쾌척해 죄책감을 느낀 반면, 낮은 금액을 기부한 사람은 돈을 더 내지 못하게 되어

당혹해했다.

뉴욕에서 열리는 자선 행사는 일반적으로 전몰장병 추모일 이후 잠시 중단됐다가 노동절 이후에 재개된다. 그래서 나는 대개 이 시기를 여름휴가로 삼아 행사가 다시 시작될 때까지 푹 쉰다. 경매 무대에서 벗어나 3개월의 휴식기를 갖는 동안, 고통은 덜고 재미는 더하는 모금 행사를 만들어 내기 위해 무엇을 할 수 있을지 전략을 짰다. 그 당시 모금 행사를 통해 모인 기부금은 너무나 적어서 이보다 더 나쁠 수는 없을 거라고 생각했다. 행사에 500명이 모였다고 가정했을 때, 아주 큰 금액을 기부할 수 있는 사람은 몇 명 안 될 것이고, 마찬가지로 5달러밖에 기부할 수 없는 사람도 얼마 되지 않을 것이다. 그러나 나머지 480명 정도는 아마도 20달러쯤은 기부할 수 있지 않겠는가. 행사를 주최하는 비영리단체에 내가 항상 하는 말처럼, 이 20달러를 확보하면 예상 금액보다 훨씬 많은 기부금을 모을 수 있다. 이렇게 생각하면 할수록, 내가 모금 행사를 진행하는 동안 놓치고 있었던 것은 잠재적 응찰자가 아니라는 확신이 들었다. 모금 행사에 필요한 것은 각각 따로 존재하며 기부 의사를 밝히는 개인 기부자들이 아니라, 공동체로서 함께 행동하는 청중이었다.

해마다 뉴욕에서는 '아이들을 위한 뉴요커들New Yorkers for Children' 자선 행사를 시작으로 검은색 나비넥타이 행사(정장 차림으로 참석하는 행사) 시즌이 열린다. '아이들을 위한 뉴요커들'은 뉴욕 최고의 자선 사업가는 물론 비욘세와 제이지 같은 유명 인사가 주빈석에 앉는 등, 여러 사람의 주목과 기대를 한번에 받는 행사로 자리매김했다. '아이들을 위한 뉴요커들'은 위험에 처한 청소년이나 나이가 들어 위탁양육 기간이 끝난 아이들에게 교육과 경력 개발, 생활학습 교육을 목표로 하는 단체다. 이 믿기 힘들 정도로 대단한 단체는 아동복지행정국과 협력 관계에 있다. 나는 수년간 '아이들을 위한 뉴요커들' 산하의 '친구 봉사위원회Friends Committee' 회원으로 일해 왔으므로 모금 행사를 다른 방식으로 진행하겠다고 말해도 나를 믿고 맡겨 줄 것이란 걸 알았다. 단순히 기부 금액을 외치면서 돈의 기부를 유도하는 방식은 그만두리라 마음먹고, 대신 주최 측에 모금 목표를 알려 달라고 부탁했다. 당시 모금 목표액은 청중들이 도달하기 위해 애써야 할 금액이라기보다, 주최 측이 '이만큼 모이면 얼마나 좋을까' 하고 생각하는 꿈같은 숫자로 정하는 게 관례였다. 경매 전날, 마침내 주최 측이 목표액을 결정했다. 25만 달러였다. 그 지난해에 주최 측이 달성한 금액보다는 많았고, 행사를 통해 수익을 내겠다는 목표를 이루기 위해서는 꼭 만들어야만 하는 금액이었다. 주최 측이 내게 몇 번이고 당부한 사항이 있었다. 어떤 경우에도 청중에게 그날 저녁 행사의 목표액을 말하지 말라는 것이었다. 만일 목표 금액에 도달하지 않으면 어쩌지? 행사에 온 사람들이 주최 측은 욕심 많고 돈만 밝힌다고 생각하면 어쩌지? 그러면 어쩌지? 혹시 이러면 어쩌지?

많은 장애물이 눈앞에 나타났다. 그렇다고 장애물 앞에 서서 우릴 위협하게 가만히 놔둘까?

그렇지 않다.

이때 가장 강한 여성은 장애물을 하나씩, 하나씩 뛰어넘는다.

그날 저녁 행사 무대에서 청중을 달아오르게 할 기회는 없었다. 주최 측이 모금 행사만 개최하고 실시간 경매는 하지 않기로 결정했기 때문이다. 청중의 상당수가 낯익은 사람들이었다. 내가 경매봉을 쾅! 하고 내리치면서 뻔한 모금 행사를 진행한다면, 그들이 대화를 멈추고 나를 돌아보는 일은 절대 없을 거란 사실을 깨달았다. 이번에는 절대 물러서지 않겠다는 것을 보여 주기로 마음먹고, 환한 미소를 지은 채로 청중이 내게 주목할 때까지 멈추지 않고 경매봉을 계속 내리쳤다. 마침내 청중은 자신들이 대화를 멈출 때까지 내가 경매봉을 계속 두드려 댈 것이라는 걸 깨달았다. 일단 청중의 주의를 끌자, 나는 그들에게 가장 먼저 떠오른 내용을 말했다. "여러분이 조용히 하신다면, 조그마한 비밀을 한 가지 알려 드리겠습니다." 3살 먹은 아이들에게나 먹히던 술수가 어떻게 술에 취한 어른들에게도 통했는지 모르겠지만, 정말 놀랍게도 행사장은 조용해졌고, 조명이 어두운 공간에서 500쌍의 눈이 나를 응시하기 시작했다.

"'아이들을 위한 뉴요커들' 측에서 제게 당부했습니다. '목표 수익을 달성하기 위해 얼마가 필요한지 구체적으로 말하지 말라'고요. 저는 맹세코 여러분께 이 모금 행사의 목표액이 얼마인지 말하지 않겠다고 했는데, 주최 측은 우리가 목표에 도달하지 못할까 봐 굉장히 우려하고 있기 때문입니다. 하지만 저는 목표 지향적인 사람입니다. 그러니 어찌 제가 여기 나와서 여러분께 이 모금 행사의 목표액을 말하지 않을 수 있을까요? 목표액은 30만 달러입니다." 관객 중 몇 사람이 큰 소리로 웃음을 터뜨렸다. 그들이 목표 액수를 듣고 웃음을 터뜨린 건지, 아니면 내가 주최 측의 직접적인 지시 사항을 뻔뻔스럽게 거역했다는 사실을 듣고 폭소한 건지 구분되지 않았다. 나는 계속 말을 이어 나갔다. "30만 달러는 굉장히 큰 액수고, 여기 계신 여러분 중 대부분이 우리가 이 목표액에 도달하지 못할 거라 생각하실 겁니다. 저도 잘 알아요. 하지만 저는 여러분이 이 목표액을 박살 내버릴 것이라 확신하셨으면 합니다. 여기에는 500명이 모여 있고, 여러분 한 분 한 분이 기부하실 수 있으니까요. 모금 행사는 간단합니다. 제가 금액을 알려 드릴 때마다 '아이들을 위한 뉴요커들'에 기부할 수 있겠다 싶으시면 번호판을 들어 주세요. 저는 일단 가장 높은 금액의 기부액에서 시작하겠습니다. 그런 다음 목표를 달성할 때까지 액수를 최저 수준까지 계속 낮춰 제시할 겁니다. 모금액을 10달러로 낮출 필요가 있다면 저는 그렇게 할 겁니다. 위험에 처한 이 지역 청소년들에게 기금을 전달하지 못한다면, 저는 무대를 떠날 수 없습니다. 파고, 파고, 깊이 파서 금이 나올 때까지 계속 파세요. 우리가 목표를 이룰 때까지 저는 무대에서 내려오지 않을 테니까요."

이때 청중은 내가 과거에 했던 방식으로 모금 행사를 진행하지 않으리라는 사실을 눈치챘다고만 말해 두자.

"주최 측은 이 모금 행사에 15분이라는 시간을 줬지만, 저는 그럴 필요 없이 5분 안에 끝내자고 말했답니다. 와인 잔은 내려놓으시고, 번호판을 드시는 한 분 한 분께 환호할 준비를 해주세요. 자, 이제 목표를 향해 곧장 출발하겠습니다. 멈추지 말고 달려갑시다!"

이 말을 하면서, 나는 두려워했던 것도 잠시 신나게 날뛸 준비를 끝냈다. 이때부터 모금 행사는 완전히 바뀌었다. 목표를 설정하고 청중에게 도전 의식을 심어 주고 도전을 감행하도록 고무시킨다. 이것이 바로 내가 무대에 선 이유였다. 그렇다면 청중의 반응은? 그들은 주목했고 열광했고 자리에서 일어나 내가 던지는 도전 과제를 받아들일 준비를 끝냈다. 청중은 더는 각자 독립적으로 존재하는 개인 기부자가 아니었다. 그들은 하나의 동기로 똘똘 뭉친, 목표에 도달할 준비를 마친 집단이었다.

한순간도 흐트러짐 없이 그 기세를 몰아, 행사장에서 뿜어져 나오는 에너지를 적극적으로 활용해 곧장 모금 행사에 돌입했다. 예전처럼 단순히 사람들이 기부해 주길 바라는 금액을 부르는 것이 아니라, 최고 금액에서 최저 금액으로 낮춰 가며 주최 측이 이 기부금을 어떻게 쓸 것인지 설명했다. 그렇기에 사람들은 자기가 기부하는 돈이 비영리단체에 어떤 도움을 줄 것인지 분명하게 알 수 있었다. 30만 달러라는 숫자는 우리의 목표였고, 여기 모인 500명의 공동체는 우리가 반드시 목표를 이루게 해줄 터였다. 바로 아이들을 위해서.

'아이들을 위한 뉴요커들' 측은 기부 금액을 2만 5천 달러에서 시작해 달라고 요청했다. 하지만 장애물을 뛰어넘고 싶었기에 5만 달러를 제시하며 행사를 시작했다. 혹시나 평상시 수입보다 더 많은 돈을 벌어 터무니없는 액수의 돈을 기부하려는 사람이 있을지도 모르지 않는가? 다행히도, 그해에 가욋돈을 번 사람은 정말 있었고, 그 사람 덕분에 우리는 높은 금액으로 기부를 시작하는 데 두려움을 느낄 필요가 없었다. 나의 역할은 그저 청중에게 물어보는 것뿐이었다. 우리는 하나가 되어 엄청난 목표를 향해 성큼 다가가기 시작했다. 나는 첫 번째 기부자에게 찬사를 보냈고, 청중은 환호했다. 경주는 계속되었다.

"넓은 아량을 베풀어 주신 커플께 감사드립니다. 보아하니 톰 브래디와 지젤 번천 부부만큼 멋지고, 어쩌면 그분들보다 더 젊고 성공을 거머쥔 분들 같네요. 이제 25만 달러밖에 남지 않았습니다!" 판매에 있어 아부의 힘을 절대, 과소평가해서는 안 된다.

"여러분은 이 목표를 반드시 이룰 것입니다. 자, 계속 달려 보자고요."

"다음 단계로 넘어가겠습니다. 이번에는 2만 5천 달러입니다. 이번 기부금은 10명의 아이들에게 신학기 패키지를 마련해 주는 데 쓰일 예정입니다. 이 패키지로 아이들은 대학교의 멋진 신입생으로 살아가는 데 필요한 모든 것을 제공받게 됩니다. 2만

5천 달러를 기부하실 분 없으신가요? 신사분이든 숙녀분이든 상관없습니다. 훌륭하고, 성공적이고, 아주 재미있는 분이면 됩니다." 4명의 기부자가 손을 들었다.

"자! 이렇게 목표액까지 15만 달러밖에 남지 않았습니다." 청중들이 가볍게 박수를 쳤고, 1분이 넘어가기도 전에 목표액의 절반을 기부한 사람에게 더 큰 박수와 환호를 보내 달라고 요청했다.

"신사 숙녀 여러분, 제가 얼마나 빨리 무대에서 내려올 수 있는지 보고 싶으시죠? 제가 무대를 빨리 떠나면 여러분은 바로 댄스 플로어에 가거나 칵테일을 한 잔 더 마실 수 있습니다. 이 기세를 몰아 미션을 빨리 해치워 버릴까요?"

내가 무대에서 빨리 내려올수록 술을 한 잔이라도 더 마실 수 있다는 말에 행사장 에너지는 후끈 달아올랐다.

"1만 달러는 4명의 아이들에게 신학기 패키지를 제공하는 데 쓰일 예정입니다. 이 아이들은 위탁가정이 돌보는, 위험에 처한 청소년인데요. 이 기부금으로 이불, 컴퓨터, 대학에 다닐 교통비를 마련해 줄 수 있습니다."

10명이 손을 번쩍 들었고, 그렇게 총 10만 달러가 모였다. 최종 목표액인 30만 달러 중 이제 5만 달러밖에 남지 않았다. 이 기세를 계속 몰아붙이면 재빠르게 목표액에 도달할 수 있으리라는 느낌이 들어 신속하게 다음 단계로 넘어갔다. 나의 에너지를 계속 끌어 올려 청중의 집중력이 흐트러지지 않도록 했다.

"친애하는 신사 숙녀 여러분, 이제 우리는 목표 금액을 위협할 정도로 가까워졌습니다. 처음엔 '설마 목표를 달성할 수 있겠어?'라는 생각이 들었을 수도 있겠지만, 저는 목표를 이룰 거라고 '확신'했습니다. 지금까지 25만 달러의 기부금이 모였습니다. 이제 필요한 기부금은 5만 달러입니다. 우리 당장 목표를 이뤄 버릴까요?"

기부 금액을 5천 달러로 끌어 내렸다. "여기 계신 열 분이 손을 들어 5천 달러씩 기부하신다면, 목표가 달성됩니다." 여러 사람이 재빠르게 손을 들었지만, 목표를 달성할 만큼 충분하진 않았다. 나는 손을 든 사람 수를 셌고, 그들이 계속 나를 주목하도록 이런저런 농담을 던졌다. 5명의 손이 허공에 올라 있었다. 이제 남은 기부금은 2만 5천 달러였다.

모금 행사를 진행하다 보면, 에너지가 시들어 가는 순간이 온다. 서서히 번호판을 드는 사람이 줄어들고, 칵테일의 취기가 사라져 사람들의 웅성거리는 소리도 점차 사그라든다. 바로 이때다. 내 안에 저장된 모든 에너지를 마지막 한 방울까지 써버리기 위해 가속페달을 밟아야 할 때!

"아, 좋습니다. 이제 2만 5천 달러가 남았습니다. 여기 계신 분들 중 열여덟 분이 기부해 주셨어요. 대단히 놀라운 기부가 아닐 수 없습니다. 이제 기부금을 1천 달러로 내리겠습니다. 최종 목표인 30만 달러에 도달할 수 있는지, 우리 함께 지켜보죠. 준비되셨죠?"

박수와 환호성이 행사장을 뒤흔들었다.

다시 한번, 여러 사람의 손이 동시에 하늘로 날아올랐다. 나는 몇 명인지 큰 소리로 숫자를 셌다.

"1, 2, 3, 4, 5, 6, 7, 8, 9……. 1만 달러에 도달했습니다. 계속 가보자고요!"

최종 목표를 향해 나아가면서, 나는 아주 열정적으로 숫자를 셌다.

"11, 12, 13 …… 18, 19……." 나는 슬쩍 청중을 둘러봤다. 이제 6천 달러만 모으면 목표액을 달성한다. 하지만 사람들이 더는 손을 들지 않았다.

속으로 숫자를 세고 집계하느라 머리가 터질 것 같았다. 그러나 최종 목표까지 얼마나 남았는지 청중들에게 알려 주는 것의 중요성을 알고 있었으므로, 어쩔 수 없었다.

"여러분……." 나는 극적인 효과를 얻기 위해 잠시 말을 멈췄다. "최고의 친구라고 부르고 싶은 여러분. 오늘 저녁, 지금까지 달성한 기부금은…… 29만 4천 달러입니다. 나머지 기부금을 모으기 전에는 제가 절대 무대에서 내려올 수 없다는 걸 모두 알고 계시리라 생각합니다. 그래서 한 번 더! 500달러로 내려 보려 합니다. 여기 계신 분 중 열두 분이, 형편은 어려울지라도 놀라운 재능을 가진 아이들을 위해 손을 들어 주실 거라 믿습니다. 그러나 먼저, 큰 박수와 환호로 저를 도와주십시오. 귀중한 선물을 주려 마음먹은 분들을 위해 환호해 주십시오. 저 바깥에 있는 아이들에게 닿을 정도로 크게 환호해 주십시오!"

청중은 박수를 치고 환호성을 내질렀다. 더 이상 그들은 다른 누군가가 얼른 기부해 버리길 기다리며 저녁 행사가 그럭저럭 굴러가길 바라는 수동적인 집단이 아니었다. 그들은 모든 사람이 힘을 모아 함께, 행동하길 바라는 하나의 공동체였다. 모든 기부는 금액 수준에 상관없이 소중하고 의미 있었다.

"자, 여러분, 시작해 보자고요. 행사장 왼쪽에서 오른쪽으로 가겠습니다. 손을 들어 주세요!"

"1, 2, 3, 4 …… 9, 10, 좋아요. 두 분만 더!"

목표에 가까워질수록 행사장의 에너지는 해변으로 밀려오며 점점 더 힘을 폭발시키는 파도처럼 거대했다. 아드레날린이 몸속에서 마구 분출되어 내 심장은 아주 빠르게 내달리고 있었다. 청중들이 곳곳에서 우리의 경주를 끝마칠 두 사람을, 그 순간을 보기 위해 목을 길게 뺐다. 한 사람, 또 한 사람. 허공에 높이 치솟은 두 사람의 손이 보이자 목구멍 아래로 어떤 덩어리가 꽉 찬 느낌이 들면서, 흥분에 못 이긴 내 목소리가 갈라졌다.

"11, 12."

"30만 달러를 달성했습니다!"

무언가를 판매할 때, 사람과 사람이 서로 연결되어 감정을 공유하는 것이 얼마나 중요한지 자세히 설명하기란 어렵다. 그러나 나는 그 광경을 직접, 아주 생생히 목격했다. 청중은 내가 설정한 목표에 반응했다. 내가 전한 메시지에 반응했다. 그리고 나와 함께 목표를 위한 여정에 동참하겠다며 반응했다. 울음을 터뜨리고 싶은 심정으로, 경매봉을 내리쳤다. 무대를 빠져나오는 나의 뒤로 이전보다 더 커다란 박수갈채가 터져 나왔다. 새로 부임한 전무이사가 계단 아래서 나를 기다리고 있었다. 그녀의 눈에는 눈물이 맺혀 있었다.

실제 목표액은 25만 달러였지만, 그곳에 모인 사람들을 잘 이끌어 여정에 동참하도록 유도한다면 능히 30만 달러를 모을 수 있다는 걸 확신했다.

사람들에게 무엇인가를 판매하려면, 비전을 제시해야 한다. 이야기를 끌어와야 한다. 그리고 사람들이 '공동체'를 이루어 함께 목표를 실행하고 주도할 '리더'를 등장시켜야 한다. 나는 무대에서 경매를 진행하며 '비로소 가장 강한 여성'이 된다. 이 주인공은 당신이 될 수도 있다. 인생 어느 때나, 어디에서나 말이다. 가장 강한 여성은 본보기를 보이며 사람들을 이끌고, 주변 사람들에게 많은 사람이 뭉치면 '힘'이 생긴다는 것을 보여 주는 여성이다. 그들은 공동체를 이루어 다른 사람을 북돋아 줄 사람을 리더로 선택하고, 리더와 함께 앞으로 나아간다.

어디서나 가장 강한 여성은 목표를 설정하고, 목표를 분명하게 설명하고, 끝까지 이행하는 여성이다. 리더십이란 자기 자신에게 영감을 불어넣고, 다른 사람과 관계를 맺는 것뿐만 아니라 다른 사람도 그렇게 하도록 돕는 일임을, 즉 사람과 사람 사이를 연결하는 일임을 이해하는 여성이다. 사람들이 모이고, 무리를 이루고, 서로 돕고, 서로 연결되면 믿기 어려울 정도로 엄청난 힘이 발생한다.

사람들과 연결되고, 관계를 맺고, 영감을 불어넣고, 이끌어라.

어디서나 가장 강한 여성은 가장 큰 목소리를 낼 필요가 없다. 이미 자신의 비전을 판매할 수 있다는 확신에 차 있고, 그것을 얼마든지 효과적으로 전달할 수 있기 때문이다. 어디서나 가장 강한 여성은 이를 홀로 관철하지 않는다. 홀로 해내기를 원하지도 않는다. 자신이 성공하고 싶어 하는 만큼, 모두가 성공하기를 바란다. 여럿이 모이면 힘이 생긴다.

여럿이 모이면, 강력함이 생긴다.

하지만 가장 중요한 것은, 이 강력한 힘은 리더십으로부터 나온다는 점이다.

메리 앨리스
스티븐슨
Mary Alice Stephenson

글램포굿GLAM4GOOD의 창립자 겸 최고경영자

옥상에 올라가서 큰 소리로 외쳐라!

사람들은 당신이 무엇을 원하는지 모르면 도와줄 수 없다. 그러니 모든 방법을 동원해서, 날마다 당신의 '일'이 당신에게 얼마나 중요한지 알려야 한다. 사람들이 왜, 어떻게 당신을 도와줄 수 있을지, 그 방법이 무엇인지 말하라.

명심하라! 당신이 그럴 생각이 없다면, 어느 누구도 당신에게 관심을 갖지 않는다. 아무리 값진 비전이라 해도, 사람들이 당신의 비전을 이해하거나 보지 못하면 결코 진가를 알아낼 수 없다.

로런 브로디
Lauren Brody

『Fifth Trimester 다섯 번째 임신 3개월』의 저자

직장에서의 성공을 단순히 결과만으로 판단하지 않는다. 내게 있어 더욱 중요한 것은 부모가 될 직장인들을 위한 '공동체'를 만들고, 그들의 멘토가 되어 주는 것이다. 몇 년 뒤, 나는 출산 후 복직하려는 여성들을 위한 책의 기획안을 작성해 판매했다. 책 제목은 'Fifth Trimester 다섯 번째 임신 3개월'이라 지었다. 나는 아주 빠르게 공동체의 힘을 다시 습득했다.

이제 막 부모가 된 1천 600명을 설문조사하고 인터뷰했다. 여기에는 파트타임 근로자부터 싱글 맘, 심지어 『포천』지가 선정한 500대 기업 경영자도 상당수 포함되었다. 책 속에 설문조사와 인터뷰 결과를 전부 포함시키지 않고, 총괄적으로 담아내려 했다. 그리고 이 과정을 통해 내가 만난 800명의 여성들은 대중을 위한 '워킹맘 멘토'이자, '다섯 번째 임신 3개월 운동'의 원동력이 되리라 확신했다. 이 책을 준비하는 모든 과정은 내 인생에서 가장 보람찬 일이었다.

디 포쿠
Dee Poku

위민 인스피레이션 앤드 엔터프라이즈Women Inspiration & Enterprise 창립자

성공의 비결은 인적 네트워크 구축에 있다. 어느 누구도 인적 네트워크 없이는 성공을 거두지 못한다. 나는 전형적인 일벌레였다. 늘 사무실에 가장 먼저 출근하고, 가장 늦게 퇴근했다. 열심히 일하고 재능을 발휘하면 원하는 것, 필요한 것은 무엇이든 성취할 수 있다고 진심으로 믿었다. 실제로 그렇기는 하다. 엄청 뛰어난 인재로 도약할 수 있다. 그러나 당신의 성취를 아무도 알아채지 못하면 전부 소용없다.

권력을 향해 올라가는 길목에서 당신을 지지하는 사람이 아무도 없다면 무슨 소용인가. 당신을 소개해 주고, 문을 열어 주고, 성공 사례를 만들어 주는 힘센 동맹군의 확보가 중요하다. 그리고 이런 집단을 꾸리는 데 있어, '시작하기에 너무 늦었다'는 생각은 절대로 하지 말라. 당신을 지지하는 사람들의 멘토가 되어라. 동료들과 동맹을 맺고, 상사는 물론 리더십을 발휘하는 선배들과 강한 유대 관계를 맺어 발전시켜라. 당신의 업계 안팎으로 친구를 사귀어라. 무엇이든 질문하고, 받은 만큼 보답하라. 그러면 경력을 쌓아 가는 당신의 행보에 엄청난 지각 변동이 일어나리라. 기억하라.

한 여성이 일어서면 우리는 모두 함께 일어선다.

6

인맥
아니면 죽음
이상 끝!

어디서나 가장 강한 여성은 바로 당신이다

66
남들과는 다른 곳으로
전진하겠다고 마음먹은 이상
인적 네트워크는
반드시 필요하리라 확신한다.
99

나는 인적 네트워크의 왕—나의 아버지—이 동네 커피숍부터 학교 농구장, 일요 예배가 열리는 교회 등, 입장만 했다 하면 그곳을 휘어잡는 모습을 보면서 자랐다. 아버지에게 문을 열어 주던 수위는 늘 한 손으로 문을 닫아야 했는데, 다른 손에는 아버지의 명함이 쥐어졌기 때문이다. 아버지는 장소를 가리지 않고 그곳에서 마치 50년은 살아온 사람처럼 행동했다. 그곳에 있는 사람들은 이미 아버지에겐 친구나 다름없었다. 어느 불쌍한 인턴이 헤아릴 수 없는 나날을 보내며 정리한 아버지의 어마어마한 명함 더미가 아직도 생생하게 떠오른다. 솔직히 말해서, 한곳에 연락처를 정리할 수 있는 아웃룩이 등장했을 때 다들 안도의 숨을 쉬었으리라. 당신이 만약 아버지에게 성공의 비결을 묻는다면, 아버지는 아주 간단히 대답할 것이다.

"인맥, 아니면 죽음이야."

99퍼센트 확신한다. 아버지는 오늘날 사업이 천천히 죽음을 맞이하는 이유가 사람들이 새로운 고객을 확보하기 위해 인적 네트워크를 적극적으로 활용하지 않아서, 라고 말할 것이다.

하지만 나는 달랐다. 일을 막 시작할 무렵, 이미 아버지의 충고를 받아들이고 마음에 새겨 놓았다.

인적 네트워크를 구축했고, 현재도 구축하고 있으며, 죽을 때까지 구축할 것이다.

그래서 같은 조언을 당신에겐 덜 운명론적인 방법으로 전하려 한다.

당신은, 인적 네트워크를, 반드시, 구축해야 한다.

이상 끝!

인적 네트워크를 구축하는 것은 의심의 여지없이, 당신이 살아가며 이룰 수 있는 가장 위대하면서 '공짜'인—다시 한번 말하는데 공짜다— 행위다. 혹시 당신은 이미 거대한 인적 네트워크를 구축해 왔다는 사실을 알고 있는가? 당신은 태어난 그 순간부터 인적 네트워크를 구축하고 있다. 당신이 만나는 모든 사람, 당신이 하는 모든 상호작용은 인적 네트워크를 구축한다. 그리고 이 인적 네트워크를 극대화할 수 있다. 궁극적으로 말하자면 당신이 어떻게 인적 네트워크를 일구고 성장시키는지에 따라 다른 사람과 차별화된 판매 기반을 마련할 수 있다. 판매란 결국 인적 네트워크가 얼마나 잘 갖춰져 있느냐로 좌지우지되기 마련이다. 동시에 당신의 인적 네트워크만큼 다른 사람의 인적 네트워크를 적절히 활용하면, 링크트인Linkedin, 글로벌 비즈니스 인맥 사이트을 헤집어 보는 시간을 상당히 절약할 수 있다.

지금 당신은 내가 사회생활을 막 시작했을 때와 똑같은 생각을 할지도 모른다.

"사회생활을 이제 시작하는데 인적 네트워크를 구축할 기회는 어떻게 마련하지?"

"인적 네트워크는 어떻게 구축해야 하지?"

"일단 취직은 했는데, 회사에서 인적 네트워크를 넓히는 방법은 뭐가 있을까?"

내가 구글 이전 시대라고 부르는 예전에는 인적 네트워크를 구축하는 것은 벅차고 주눅 드는 일이었다. 물론 어떤 사람들은 운이 좋았다. 그들은 저명한 학교를 다녔다는 이유만으로 이미 잠재적 고용주, 기부자, 투자자들에게 쉽게 접근할 수 있었다. 혹은 적재적소에 알맞은 사람들과 면식이 있거나 심지어 대도시에서 자란 덕분에 아무 사무실에나 가서 고위 간부의 눈에 띌 때까지 기다리는 특혜를 누릴 수도 있었다. 실제로 구글 이전 시대에는 누군가와 직접 대면하여 미팅하고, 누군가를 직접 만나 명함을 받고 손에 쥐어야만 인적 네트워크의 일원이라 여길 수 있었다.

유감스럽게도 운이 없는 경우에는 멀고 험한 길을 돌고 돌아, 관심 있는 업계 종사자를 겨우 알아내 명함을 얻고서야 만날 수 있었다.

그러나 지금은 이야기가 완전히 달라졌다. 우리는 인터넷이 가능한 곳이라면 어디서든 정보를 얻을 수 있는 시대에 살고 있다. 링크트인이나 구글에 검색하면 어느 분야든 명망 있는 '탑 텐 기업과 기업인'을 알아낼 수 있지 않는가. 링크트인, 범블 비즈 Bumble Bizz, 중소기업 네트워킹 앱, 셰이퍼 Shapr, 커리어 네트워킹 앱 같은 기업은 한 회사의 인턴부터 CEO까지 모두의 이메일 정보를 제공한다. 이를 통해 이메일로 해당 인물의 전화번호를 요청하든지, 직접 이메일을 주고받을 수 있다. 당신은 이런 서비스를 활용해 취업 기회를 보다 쉽게 마련할 수 있고, 반대로 회사는 당신의 다양한 재능과 접근 능력에 관심을 보일지도 모른다. 5분만 투자하면 꿈꿔 온 직업을 이루어 줄 수 있는 사람을 찾아 연락하고, 그동안 신중하게 갈고 닦은 스트라이크를 적극적으로 활용할 수 있다. 이 스트라이크야말로, 다른 경쟁자들이 매년 회사에 보내는 수백 통의 이메일과 근본적으로 구별될 능력이다.

하나의 상황을 가정해 보자. 당신은 직면한 상황을 정면 돌파해 이메일을 켜고 매혹적인 스트라이크를 날렸다. 그리고 당신의 스트라이크가 상대의 마음을 사로잡는 데 성공했다. 당신은 전화나 (혹은 더 잘 풀려서) 미팅 약속을 잡았다.

지금부터 내가 하는 말에 집중해 달라. 당신에게 확실한 방법을 알려 주겠다—안타깝게도 내가 겪은 바로는, 사람들은 대부분 내 충고를 잘 따르지 않는다. 당신은 회신을 기다리는 동안이나 실제로 대화하기 전에 상대에 대해 반드시 충분한 조사를 해야 한다. 상대를 당신의 인적 네트워크에 포함시키기 위해서는, 당신의 존재감을 부각시켜 상대의 기억에 남아야 한다. 그리고 당신은 체계적이고 확고한 이유로 기억에 남고 싶을 것이다. 이제껏 내 맞은편에 앉았던 사람들이며, 전화를 걸어 온 사람들과 얼마나 많은 면접을 봤는지 모른다. 그런데 그들은 내가 무슨 일을 하는지 전혀 알지도 못하는 상태로 면접을 보러 왔다. 상당수가 내게 직접 연락했음에도 왜 전화를 했는지 모르는 듯했고, 면접 준비도 전혀 해오지 않은 듯했다. 이런 불성실한 면접을 보면, 스마트폰을 내려놓거나 데스크로 돌아올 때는 이미 그들의 이름마저 잊은 뒤다. 그러니 상대에게 확실히 각인되는 데 도움 되는 세 가지 요령을 알려 주겠다.

1. 전화를 걸거나 미팅 장소에 갈 때는 '질문 목록'을 지참하라. 당신이 지원하려는 회사가 무슨 일을 하고, 지금 만나는 담당자의 역할을 충분히 이해하는 모습을 보여 줘라. 아울러 담당자가 몸담은 분야에서 어떤 일이 벌어지는지 조사하기 위해 적어도 2초 이상은 투자했다는 걸 보여 줘라.
2. 지금까지 목표를 성취하기 위해 바쁘게 일궈 온 결과물을

분명하고 알기 쉽게 말하라. 그 결과를 얻으면서 경험한 흥미로운 일화 한두 가지를 제시하면, 담당자가 차후 면접에서 당신을 기억하는 데 도움이 될 것이다—예를 들어 "유럽여행을 다녀왔는데 다시는 호스텔에 숙박하지 않으려고요", "형제자매가 6명인 집안에서 자랐거든요. 갈등을 해결하는 게 제 장기입니다", "새로 개업한 레스토랑에 가는 걸 좋아하는데, 어느 날 밤에 갔던 레스토랑은 절대 추천하고 싶지 않아요. 거기서 생쥐 한 마리를 봤거든요".

3. 당신의 시간과 담당자의 시간을 효율적으로 사용하라. 약속 시간보다 몇 분 일찍 도착하는 걸 추천한다. 그렇게 해야 정해진 시간에 미팅을 시작할 수 있다. 미팅에 할당된 시간을 분명히 인지해야 한다. 주어진 시간 안에 최종 질문을 마치고 깔끔한 마무리를 지어야 하니까. 나는 때에 따라 대화가 즐겁다는 생각이 들면 항상 미팅 시간을 연장한다. 하지만 어떤 담당자는 당신과의 미팅이 끝나자마자 다음 미팅이 잡혀 있을 수 있다는 사실을 염두에 두어야 한다.

어디서나 가장 강한 여성은 이메일을 보내거나 미팅을 하거나 전화를 걸기 전, 미리 숙제를 한다. 인적 네트워크를 통해서, 접촉하려는 회사와 담당자를 가능한 많이 알아 두고, 사전 만남이 없을 미팅에 대비해 확실한 의제를 설정해야 한다. 그러면 담당자는 당신이 항상 준비된 효율적인 사람이며, 다른 사람의 의견을 존중한다는 인상을 받는다.

운 좋게도 동문회 등의 프로그램이 활발히 운영되는 학교에 다닌다면, 그 프로그램을 적극적으로 활용하라. 그런 프로그램이 따로 없다면 인터넷에서 다른 소스(예를 들어 링크트인이나 페이스북의 동문 그룹)를 활용하라. 근무하고 싶은 지역, 직종, 회사를 찾은 뒤 그곳에서 일하는 동문 모두에게 연락을 취하고 약속을 잡아라. 커피를 마시며 대화할 수도 있지만, 시간이 부족하거나 상황의 여의치 않다면 담당자가 미팅을 끝내고 다른 미팅 장소로 이동하는 '사이'에 대화를 나누자고 제안하라. 내 말은 문자를 보내라는 게 아니다. 트위터 메시지를 보내거나 스냅챗 필터를 씌워 강아지 귀나 코가 달린 사진을 보내라는 게 아니다. 무슨 일이 있어도 '직접' 만나야 한다. 단 15분 만이라도 직접 만나라. 직접 얼굴을 마주하고 통성명을 한다는 건 이메일을 쉽게 무시해 버리기 일쑤인 요즘 세상에서 특히 유용하다. 이는 상대가 당신이 관심 있는 분야의 종사자가 아닐 경우에도 마찬가지다. 누구든 제 분야에서 성공한 사람이라면, 자신만의 강력한 인적 네트워크를 형성할 기회를 얻는다. 당신이 상대에게 좋은 인상을 심어 줄수록 그들은 자신의 인적 네트워크에 소속된 다른 이에게 당신을 소개해 줄 수도 있고, 당신은 간절히 원하던 직종의 사람과 만날 수 있다. 당신만의 인적 네트워크를 확장할수록 상황은 더욱 좋아지리라. '인맥 아니면 죽음' 정신을 항상 유념하고 있으면, 인적 네트워크를 확대할 기회가 예상보다 빨리 찾아올 것이다. 스스로 인적 네트워크를 구축하는 것보다, 이미 굉장한 인적 네트워크를 보유한 사람에게 깊은 인상을 주는 게 더 나은 방법이다. 그의 인적 네트워크를 당신에게 활짝 열도록 만들어라. 그렇게 하면 당신의 인맥은 하룻밤 사이에 두 배로 커질 것이다. 동창과의 관계가 좋아지면 당신은 이미 모교와 정서적인 유대 관계를 이룬 것이다. 고등학교, 대학교, 경영대학원 시절 회포를 풀자는데 마다할 사람이 누가 있겠는가.

가족의 지인 중 당신이 관심 있는 분야의 종사자와 연이 닿는 사람이 있는가? 그렇다면 그 종사자를 소개해 달라고 부탁하고 향후 일정을 잡아라. 이때 가장 강한 여성은 소심하게 끙끙 앓느라 시간을 낭비하지 않는다. 절대 그러지 말라. 나처럼 경력이 일정 수준에 오른 사람은 이런 부탁을 받는 데 익숙하다. 연락을 받거나 미팅을 하거나 커피 한잔하는 만남은 '당연히 해야 할 일'이라 생각한다. 우리는 다음 조수를 찾고 있을 수도 있고, 지원자와의 만남으로 새로운 것을 배울 수도 있고, 단순히 우리 업계에 열정을 가진 사람과 소통하면서 새로운 활력을 얻을 수도 있다. 중요한 것은 연락이 닿아 면담을 하든, 반대로 만남이 성사되지 않든, 소개해 준 가족의 지인에게 연락해 결과를 알려 줘야 한다. 인적 네트워크 구축의 핵심은 끊임없는 의사소통이다. 당신이 어떤 상황이며, 어떤 과정에 있는지 많은 사람이 알면 알수록 그만큼 당신이 다음 단계로 나가는 데 필요한 도움을 받을 수 있다.

나는 새 직업을 찾는 친구나 동료의 부탁을 받으면, 그에게 먼저 나의 링크트인 프로필을 살펴보고 친구 목록에서 도움 될 만한 사람을 찾아보라고 권한다. 만약 내가 당신과 아는 사이고 당신에게 호의적인 인상을 받았다면, 당신을 소개하기 위해 내 인적 네트워크 속 누군가에게 연락할 것이다. 당신을 돕는 것은 나를 매우 행복하게 하니까. 지난 몇 년간 링크트인에서 다른 이에게 친구 신청을 한 적은 없지만, 여전히 내 링크트인에는 수천 명의 친구들이 있다. 친구 신청을 하는 사람은 거의 받아 준다. 내게 친구 요청을 하고 다가오는 이들은 내가 언젠가 자신에게 도움 되리라 생각하거나, 그들이 아는 누군가와 내가 아는 사이일지 모른다는 기대감을 품고 있다. 그런 이유라면, 나 역시 장차 그들의 도움을 받거나 그들로부터 지혜를 얻을 가능성이 상당히 높다.

자, 이런 꿈같은 시나리오가 제대로 전개되고 모든 게 잘 풀렸다면, 당신은 드디어 꿈꾸던 직업을 얻고 원하던 회사에 안착할 것이다. 그러나 이게 끝이 아니다. 입문 단계에 불과하다.

차근차근 단계를 밟아 올라가기 위해서는 어떻게 해야 할까?

존재감과 성과를 향상시키고 인적 네트워크에 기꺼이 참여해 줄 든든한 인맥을 확보하기 위해서는 어떻게 해야 할까?

우선 사람들을 만날 기회가 생기면 절대 놓치지 말고, 누군가가 더 많은 사람을 만날 수 있게 초대해 준다면 무조건 응하라.

인턴 시절 내가 맡은 업무는 문서를 파쇄하고 점심 식사를 마친 테이블을 깨끗이 닦아 다음 업무—예를 들어 선물 가방에 물건을 넣고 포장하는 일—를 준비하는 것이었다. 두 번째 인턴 시절은 특별행사부에서 보냈는데, 그때는 차라리 사무실에 매트리스를 깔고 숙식을 해결하는 게 더 낫지 않을까 싶을 정도로 바쁘게 지냈다. 경매업계는 성수기가 되면 숨을 돌릴 틈도 없이 일이 밀려든다. 특별행사부에서는 행사를 하루 종일, 날마다, 매일 저녁 개최했다. 그래도 특별행사부 팀원 3명은 업무량을 균등하게 나누었기에 매일 야근을 하며 모든 행사를 처리할 필요는 없었다.

그러나 앞에서 말한 것을 기억하자. 나는 '경력'이라는 가파른 사다리의 가장 아랫단에, 간당간당 매달린 상태였기에 남들과는 다르고 강렬한 인상을 줄 접근법을 사용해야만 했다. 게다가 직장 생활을 시작한 지 얼마 안 되어 '내 경력이 앞으로 어떻게 뻗어 나가지?'라며 불안해했어도, 남들과는 다른 곳으로 전진하겠다고 마음먹은 이상 인적 네트워크는 반드시 필요하리라 확신했다.

내가 세운 전략은 두 가지.

죽기 살기로 일하기와 인맥, 아니면 죽음이라는 정신이었다. 나는 우리 팀에 아주 유용하고 완벽한 인턴이었다. 매일 밤늦게까지 남아 손님을 맞이하고, 테이블 인원을 체크하고, 구역을 이동하는 손님에게 방향을 안내하는 조수로서 모든 행사를 도왔다.

많은 손님들이 한번에 도착할 때면 재빨리 코트 보관소에 달려가 옷을 받아 들고 걸면서 선배를 도왔다. 긴긴 하루를 사무실에서 보내다 결국 와인 한 잔을 하며 휴식하는 선배들이나, 회사 고객들과 시간을 보낼 수 있다면, 어떤 업무든 가리지 않고 뛰어들었다. 사람들의 이름과 얼굴을 외우고, 그들이 내게 건넨 인사와 그들의 옷차림을 기억하려 노력했다. 그래야 다음번에 마주치면 한마디라도 더 걸어 볼 수 있으니까.

디너파티에 참석한 손님들의 맞이하던 21살의 인턴 시절부터 구축한 나의 인적 네트워크는 몇 년 뒤, 행사를 주관하는 담당자가 되었을 때 매우 유용한 인맥이 되었다.

만약 이 책을 읽는 당신이 현재 대학생이고, 처음으로 인턴이 되어 막 입사한 상황이라면 명심하길 바란다. 무슨 일이 주어지든지 긍정적이고 열정적인 자세로 임하라. 비록 당신이 맡은 업무가 시간 낭비처럼 느껴져도, 지금 축적하는 인적 네트워크와 인간관계는 앞으로 경력을 쌓아 가는 한 평생 유용하게 쓸 수 있다. 비록 당신이 자질구레한 업무만 맡고 있다 할지라도, 그 회사의 출입증이 있다는 것은 당신이 회사 사람들 전체와 마주칠 기회라는 뜻이다. 어디서나 가장 강한 여성은 입사 첫날부터 원하는 것을 얻는 그 순간까지, 경력을 위한 로드맵을 짤 것이다.

그런데 당신이 이미 회사에서 몇 년간 일하고 있는 상황이라면, 인적 네트워크를 어떻게 성장시켜야 할까?

경력을 쌓는 방법은 바로 사람들—능력 있는 사람들—을 알고, 그들에게 좋은 인상을 주는 것이다. 대부분의 회사에서는 인적 네트워크를 구축할 내부적인 기회가 수없이 많다. 그러니 어떤 형태의 친목 모임이든 인적 네트워크를 형성할 기회로 적극 활용하여, 가능한 한 많은 회사 동료들을 만나라. 일터에서 개인적인 유대 관계를 맺는 것은 매우 중요하다. 특히 대화를 나누거나 의견을 주장할 때, 심지어 비판적인 입장을 표명할 때도 이메일을 쓰는 요즘에는 이런 유대 관계가 더 빛을 발한다.

어떤 논쟁이 이메일을 거침으로써 얼마나 왜곡되는지를 볼 때마다 놀란다. 당사자들이 직접 마주 앉아 이야기를 나누었다면 애초에 그런 불편한 상황은 일어나지 않았으리라. 팀원이 시간을 절약하는 방법을 묻기에, 이렇게 조언했다. "키보드에서 물러나 이메일 창을 끄고, 전화를 걸어 당사자와 이야기하거나, 당사자의 자리로 직접 가세요." 그 사람의 자리에 찾아가 대화를 해도 될 것 같으면, 함께 와인을 마셔도 좋다. 회사 동료는 외부에서 형성한 인적 네트워크만큼 중요하니까. 매일 출근해야 하는 회사가 마음 편하고 쾌적한 환경이길 바라지 않는 사람이 누가 있겠는가. 동료 중 일부는 회사를 떠나 다른 곳으로 이직할 테고, 당신도 이직하고 싶은 순간이 찾아올 것이다. 당신이 다른 회사의 면접을 보거나 새로운 직위에 오르려 할 때, 이전에 함께 일한 직장 동료들이 바로 그 회사에서 상당한 직급에 올라 부정적인 피드백을 줄 수도 있다. 반대로 평소 좋은 관계를 유지해 온 사람이 새로 이직해 온다면, 당신은 새로운 사람들로 구성된 인적 네트워크를 활용할 수 있다.

회사의 고위 직급까지 오를 만큼 재능 있는 사람들을 위해,

나는 인턴과 부하 직원들에게 늘 '관심'을 가지라 조언한다. 여러 면에서 우수한 인재를 발굴하고, 그들이 내외적으로 제 역할을 잘 수행할 수 있도록 이끌어 주는 것은 인적 네트워크의 궁극의 가치다. "밀물이 모든 배를 띄운다"라는 말을 들어 본 적 있는가? 물론 이 말이 부하 직원들과 인적 네트워크를 정확히 묘사하는 건 아니지만, 분명 효과가 있다. 장담한다.

크리스티에서 오랫동안 일하며 굉장히 뛰어난 인턴, 조수, 부하 직원들과 일할 기회가 많았다. 열심히 일하는 그들에게 늘 긍정적인 인상을 받았다. 그들은 모든 일에 기꺼이 동참하고 도전을 두려워하지 않았다. 그래서 그들이 다음 단계로 나아가려 할 때면 나는 행복한 마음으로 열렬히 지지했다. 당신은 인적 네트워크가 직장 동료와 상사만으로 구성된다고 생각할 수도 있다. 하지만 시간이 지날수록 당신이 직장 생활을 시작하면서부터 만나 온 사람들과의 관계가 더욱 중요해진다. 막 정직원이 되었을 때 만난 인턴 직원 중 몇몇은 현재 각자 분야에서 슈퍼스타가 되었다. 그들은 골드만삭스Goldman Sachs와 펜디Fendi 같은 유수 기업에서 일하거나, 세계 각국에서 갤러리를 운영하거나, 자회사를 출범시켰다. 그들과 같은 팀에서 일할 때, 나는 시간을 들여 친교를 맺고, 여러 해 동안 계속 연락했다. 덕분에 아직도 내게 익숙하지 않은 분야의 정보가 필요하면 그들에게 연락한다. 나의 인적 네트워크를 확장시켜 주는 그들을 위해, 내게 걸려 오는 전화를 받고, 커피 잔을 쥐고, 연락을 이어 갈 것이다. 나는 그들이 성공하는 모습을 보는 것이 정말로 즐겁다. 실제로 이 책의 각 장 끝에 실릴 조언이나 사연이 담긴 기고문을 부탁하려고 사람들에게 연락했을 때, 예전에 내 팀에서 인턴으로 일했던 이들과도 연락했다. 그리고 그들의 인적 네트워크에서 몇몇 사람을 소개 받았다.

올해 초 나의 인적 네트워크에서 가장 영향력 있는 여성에게서 전화가 걸려 왔다. 『포브스』지에 글을 쓰는 친구에게 나를 인터뷰해 보라고 추천했다는 것이다. 나는 판매 기법에 관한 인터뷰를 진행했다. 이는 바로 '나'의 인적 네트워크에 속한 사람이, 나를 돕고자 '그'의 인적 네트워크를 개방한 완벽한 사례. 인터뷰를 하고 몇 주 지나자 『포브스』지에 「당신의 비전을 팔아라—크리스티 최고 경매사의 여러 가지 조언」 인터뷰가 실렸다. 인터뷰에서 말한 세 번째 조언에서 나는 이렇게 말했다. "인적 네트워크는 당신 자신, 당신의 비전, 당신의 사업을 파는 데 가장 중요한 요소다."

얼마 후 『포브스』지의 인스타그램 계정에 이 구절이 올라왔고, 이틀 만에 3만 7천 개의 '좋아요'를 받았다. 인적 네트워크의 가치를 이해하는 사람이 나뿐만이 아니라는 게 이로써 분명해졌다! 내 말의 요점은 당신이 누군가의 인적 네트워크에 포함되는 순간, 동시에 당신의 인적 네트워크가 얼마나 성장하는지 깨달아야 한다는 것이다. 기억하라. 『포브스』지 직원 중에 내 지인은 한 명도 없었다. 강한 인적 네트워크를 가진 여성이 『포브스』지에서 일하는 사람을 알았을 뿐이다.

어디서나 가장 강한 여성은 인적 네트워크의 성장이 삶과 비즈니스의 성공에서 가장 중요한 요소인 점을 알고 있다. 지금 이 순간만큼 좋은 때는 없다. 당장 오늘부터 인적 네트워크를 꾸려 나가기를 권한다. 현실적으로 성취할 수 있는 목표를 설정하라. 새로 입사한 사람에게 연락해서, 2주마다 한 번씩 점심 식사를 하거나 커피를 마셔라. 링크트인으로 알게 된 사람과 한 달에 한 번은 전화를 하거나 미팅을 가져서, 서로의 인생 여정을 공유하라. 놀이터에서 아이들과 놀아 주다가, 학교에 데려다주다가 알게 된 사람과 계속 연락하고 학기에 한 번은 모임을 가져라. 인적 네트워크의 구축은 오직 일을 위해서 필요한 게 아니라, 당신이라는 개인이 누군가를 알아 가는 과정이다. 당신의 인적 네트워크가 다양하고 광범위해질수록 그만큼 당신의 아이디어와 비전을 판매하기 수월하다.

모든 것은 당신의 인적 네트워크에 달렸다.

혹은 내 아버지의 말씀처럼 "인맥, 아니면 죽음"이다.

알렉산드라 레벤샬
Alexandra Lebenthal

『포천』지에서 '월스트리트의 여왕'이라 명명한 인물

인적 네트워크를 어디서부터 구축해야 할지 모르는 여성이 많다. 내가 말하고 싶은 것은 일단 동참하라는 것이다. 회사 내 그룹이든 다른 조직이든 자선단체든 상관없다. 사람을 만날 기회와 장소는 결코 부족하지 않다. 인적 네트워크를 구축하는 최고의 방법으로 그중 자선단체 가입을 강력히 추천한다. 자선단체에 가입하고 활동하면서 당신은 다양한 계층의 사람들과 만나고 자신을 드러낼 기회를 가질뿐더러, 함께 모여 선행을 베풀려는 열정도 나눌 수 있다.

인적 네트워크 구축의 진정한 의미는 당신에게 중요한 사람들이 모인 그룹을 양성하고 동시에 당신도 그들에게 중요한 사람이 되는 것이다. 만약 누군가를 만나 어떤 종류든 의미 있는 대화를 나눈다면, 상대는 내 마음속 명함첩에 한 자리를 차지한다. 인적 네트워크를 구축할 때 유의할 점도 있다. 당신이 상대에게 두 번째 연락을 취할 때는 절대 무언가를 부탁하지 말라는 것이다. 그것은 관계를 당장 끊어 버릴 수도 있다. 당신이 연락을 취하고 노력하는 데도 상대가 반응이 없을 때가 있다. 그렇다고 해도 절대 조급하게 밀어붙여서는 안 된다. 상대방의 마음은 순리에 맡겨라.

애슐리 마일스
Ashley Miles

리파이너리29 최고고객담당책임자 겸 광고팀 수석책임자

인적 네트워크 구축은 물론 성공을 위한 필수 요소지만, 상호 간의 투자를 통한 진실된 관계는 비즈니스 경력과 개인의 세계를 성장시키는 중요한 방법이다. 나는 모두가 그 관계 속에서 즐거움을 찾으리라 믿는다. 나는 매일 나보다 먼저 엄청난 성공을 거둔 놀라운 여성들(예전 상사들, 업계의 거장들, 멘토들)과 끊임없이 접촉하며 그들의 삶에서 승리와 실수를 배운다. 또한 젊은 여성들과도 관계를 유지하고 있는데, 그들 덕분에 나는 젊은 사람들이 멋지고 중요하다고 여기는 최신 유행에 대해 날카로운 감각을 유지한다. 나의 사고방식과 마음가짐을 확장하기 위해 업계 안팎의 창의적인 선구자들과 기업가들로부터 영감을 찾는 데 많은 시간을 투자한다. 리파이너리29가 가지고 있는 창의적인 재능은 내 영혼을 치유해 주는 역할을 한다. 그리고 29룸스처럼 수상 경력이 있는 부서를 통해 세상에서 가장 영향력 있는 브랜드, 에이전시와 협력하며 끊임없이 영감을 얻고 직업적 인맥과 개인적 인맥을 모두 확장한다.

티핀 전스테트
Tiffin Jernstedt

필립스 반 휴센PVH Corp 커뮤니케이션 수석부사장

인적 네트워크 구축을 통해 우리는 다른 역할, 책임, 구조, 회사를 배울 수 있다. 내가 맡은 역할이나 회사 생활이 힘들다고 느낄 때, 인적 네트워크 구축을 통해 나뿐만 아니라 많은 사람들이 업계, 회사, 각자 맡은 역할을 막론하고 같은 어려움을 겪고 있다는 점을 깨닫는다. 인적 네트워크 구축은 당신이 적절한 위치에 있다는 것을 재확인하는 데 도움을 준다. 혹은 더 제대로 된 역할을 성취하고자 계속 투쟁하거나, 더 잘 어울리는 역할을 찾아 회사를 바꾸도록 영감을 주기도 한다.

나는 인적 네트워크 구축을 통해 당신이 정보에 정통한 전문가이자 매니저가 될 수 있다고 믿는다. 정보는 매우 귀중하다. 다른 업계에 있는 사람들과 커뮤니케이션하면서 그들이 도전을 감행하는 이야기를 듣는 것은 믿을 수 없을 만큼 유익한 학습경험이다. 당신은 이런 경험을 가지고 팀으로 돌아가 당신 회사에 적용시킬 수 있을 것이다. 그리고 무엇보다도, 사람들과 사교적으로 관계를 맺으며 배우고 성장하는 과정은 그 자체로 아주 재미있다!

7

완벽한 스피치로
청중을
사로잡아라

어디서나 가장 강한 여성은 바로 당신이다

66

자선경매든 인생이든 테이블 위에
남겨 둔 것이 있다면 아무것도 얻을 수 없다.
그러니 모든 것을 쏟아부어야 한다.
언제, 어디서나.

99

당신이 남들 앞에서 처음으로 스피치한 때가 언제인지 기억하는가? 곰곰이 생각해 보면 부모님 앞에서 몇 마디 말을 처음 옹알거린 그 순간부터, 우리는 스피치를 연습한 셈이다.

유치원에 등원한 첫날 선생님의 질문에 대답하기 위해 풀로 범벅된 통통한 손가락을 드는 순간, 초등학교 4학년 학급 연극에서 무대 뒤쪽에 일렬로 늘어선 나무 역할을 맡아 초조한 심정으로 연기한 것 모두, 대중 앞에서 스피치를 한 것이다. 절친의 결혼식에서 와인을 과하게 마신 상태로 두서없이 한 축하 인사도 잊지 말자. 그것 역시 스피치니까. 심지어 4명밖에 없는 회의실에서 조금이라도 발언한 것 역시 스피치 기술을 선보인 셈이다. 사실 누군가 당신에게 일어나서 의견을 말해 달라 부탁하거나, 12명이 모인 자리에서 프레젠테이션을 해달라고 요청하는 게 그리 대단한 일은 아니지 않는가?

지금부터 내가 하는 말이 거짓처럼 느껴진다면 말해 달라.

누군가 당신에게 스피치를 부탁한다. 당신은 좋은 생각이라며 승낙한다. 그러고는 그 직후부터 무슨 말을 해야 할지 고민하기 시작한다. 원고를 작성해 놓기는 하지만, 스피치를 하기로 한 날이 다가오자 잠을 설친다. 전날 밤, '잠을 못 자면 너무 피곤해서 스피치를 제대로 못 할 것 같다'는 걱정이 들기 시작한다. 밤새 몸을 뒤치락거리다가 결국 날이 밝아 온다. 하루 종일 버겁고 약간은 메스꺼운 느낌에 휩싸여 지낸다. 드디어 스피치를 해야 할 순간이 온다. 당신은 자리에서 일어나 스피치를 한다— 아드레날린이 몰려오고, 무릎과 다리는 젤리가 된 것처럼 흐물거린다. 스피치 내용이 적힌 노트를 꽉 움켜잡는다. 당신은 노트에 적힌 내용이 리한나의 미발표곡 가사라도 되는 듯 제대로 말을 해보려 발버둥 치지만, 목소리는 입을 여는 즉시 갈라진다. 연설을 마친 뒤 "감사합니다"라고 말할 때 드는 안도감만한 것이 없다는 생각이 당신의 뇌리를 엄습한다.

나는 약 15년간 경매를 진행해 왔고, 1년에 대략 칠십 회에서 백 회는 진행했다. 그러니까 평균적으로 계산하면 나는 일생 동안 무대에 천 회에서 천오백 회는 오른 셈이다. 자선경매의 흥미로운 점은 바로 위에서 묘사한 악몽 같은 시나리오에 휘말리게 된다 해도 스피치는 적어도 미리 준비할 기회가 있다는 점이다. 스피치를 앞두고 초조해진 당신에게 나는 단언한다. 자선경매는 그보다 훨씬 지옥 같은 경험일 것이라고. 나는 무대에 오를 때면 청중이 예상하는 경매 시간을 파악하고(일반적으로 30분 정도다), 쉬지 않고 읽으면 2분쯤은 채울 수 있는 분량이 적힌 종이 한 장을 들고 올라간다. 그렇기에 나머지 28분은 청중들을 계속 즐겁게 만들며 가능한 많은 돈을 모을 수 있도록 흥미로운 소재를 얼마나 생각해 내는지에 달렸다. 이것은 고속도로를 따라 평탄한 길을 달리다가 갑자기 방향을 틀어 아마존의 밀림 속으로 달려드는 것과 같다. 나는 대중에게 하는 스피치를 누군가 내 얼굴에 테니스공을 던지는 것으로 비유한다.

일단 경매가 시작되고 5분쯤 지나면 자기 자신에 대한 맹신으로 똘똘 뭉친 손님이 고래고래 소리를 치며 혼잣말을 하거나 내게 야유를 퍼붓기 시작한다. 이곳은 검은색 나비넥타이 차림의 사람들이 우아하게 디너를 즐기는 파티장이 아니라, 떠들썩한 스포츠 경기장 같다. 경매가 시작되고 10분쯤 지나면 행사 주최자 중한 사람이 나를 향해 미친 듯이 손을 흔들기 시작한다. 행사 전에 말해 줬어야 하는 걸 깜빡했다는 사실을, 그제야 깨달은 것이다. 팬터마임을 하듯 손짓 발짓을 해대는 그가 대체 무얼 얘기하려는 건지 골똘히 고심함과 동시에, 응찰자들과 그들이 든 번호판과 꼬리를 물고 이어지는 생각을 놓지 않으려 애써야 한다. 경매가 끝날 무렵이 되면, 웨이터가 잔을 떨어뜨리는 바람에 산산조각 난 유리 조각이 무대 앞에 흩어지고, 누군가의 스마트폰 벨소리가 우렁차게 울리고, 깜짝 경매 품목으로 준비한 강아지가 무대 위로 뛰쳐나오고, 청중은 이런 광경을 보며 즐거워한다. 막 경매사가 되었을 무렵에는 무대로 걸어 나가면서 무슨 일이 일어날지 몰라 불안에 휩싸이기도 했다. 하지만 수년간의 연습 끝에 나는 각각의 청중이 경계가 명확하지 않은 퍼즐 조각이라는 것을 깨달았다. 그 흩어진 모든 조각을 한데 모아 매력적인 방법으로 그들을 경매에 참여시키는 게 바로 나의 역할이다.

스피치 자리에서 떨지 않기 위해, 나처럼 앞으로 15년간 천여 번의 무대 경험을 쌓으라는 말은 하지 않겠다. 대신 앞으로 당신이 스피치를 하게 되었을 때, 좌중을 온통 뒤흔들어 놓을 수 있도록 내가 무대 경험을 통해 배운 핵심적인 교훈 몇 가지를 공유하고자 한다. 나는 당신이 스피치를 끝내고 화장실에 갔다가 "내가 들었던 연설 중에서 단연 최고였어" 또는 "울고 웃느라 정신이 없었다니까. 저 여자는 왜 아직 단독 토크쇼를 안 하는 거지"라는 말을 우연히 듣게 되길 바란다. 당신의 스피치가 대학 강의실에서 하는 프레젠테이션이든, 회사를 팔기 위한 막판 미팅에서 투자자를 향해 던진 멘트든, 절친의 결혼식 전날 만찬 자리에서 너무 취하는 바람에 센스라고는 눈곱만큼도 없는 소리를 하고 결혼식 당일에 만회하려는 것이든 상관없다. 훌륭한 스피치는 어디서나 가장 강한 여성이 되기 위한 여정에서 대단히 중요한 요소다.

자선경매사가 될 잠재력 있는 인재를 찾기 위해 크리스티에서는 매년 두 차례 시험을 주최한다. 시험은 사흘에서 나흘간 진행되며 크리스티의 직원이라면 누구나 참가할 수 있다. 보통 후보는 15명에서 20명 정도 모인 상태로 시작되는데, 이 시험을 통해 궁극적으로는 미국 전역의 자선경매장에서 크리스티를 대표할 인재를 찾고자 한다. 이 과정은 황금시간대에 방영되는 서바이벌 리얼리티쇼와 비슷하다. 나는 20명 가까이 되는 후보들 중 최종적으로는 서너 명만 추려 낸다. 다행히도 크리스티 시험은 서바이벌 리얼리티쇼처럼 어디 멀리 여행을 갈 필요도 없고, 열 번도 안 만난 사람과 약혼을 해야 할 필요도 없다. 그 대신 100만 달러나 자동차나 솔메이트가 보상으로 주어지는 일도 없다. 이 시험을 최종적으로 통과한 사람에게 주어지는 것은 크리스티를 대표해 전 세계를 돌며 무수히 많은 자선경매 무대에 오를 기회다. 이 기회는 갓 입사한 신참부터 최고위급 임원까지 누구에게나 열려 있다. 크리스티에서 자선경매사로 큰 성공을 거둔 사람들은 단지 높은 연공서열 덕분에 그런 지위를 얻은 것이 아니라는 걸 알아 두길 바란다. 그들이 성공한 이유는 최대한 많은 무대에 섰기 때문이다. 그들은 매주, 매일 밤 경매에 임한다. 휴일도 마다하지 않는다. 전국을 여행하고, 어떤 경우에는 전 세계를 돈다. 그렇게 해서 더는 감당할 수 없을 만큼 큰 무대나 너무 적은 청중이란 게 문제되지 않을 때까지 기술을 연마한다. 물론 당신은 경매사 같은 기술이 필요하지 않은 회사에서 근무할 수도 있지만, 지금 일하는 회사에서도 남들 앞에서 스피치를 해야 하는 순간은 매일 존재할 것이다.

인생의 모든 일이 그렇듯 실력은 연습 없이는 쌓이지 않는다. 그것도 아주 많은 연습 말이다.

그러니 두 눈을 감고 당신이 제일 좋아하는 옷을 입었다고 생각하라─마치 100만 달러짜리 드레스를 입은 듯한 기분에 빠져라. 그리고 나와 함께 뉴욕시에 있는 크리스티 옥션 하우스의 메인 경매장에 들어간다고 생각해 보자.

나는 세계를 선도하는 경매장에서 활약하는 자선경매사가 되기 위해선 어떤 센스가 필요한지 알려 줄 것이다. 그리고 이 업계에서 어떻게 최고의 인력을 발굴하여 훈련하고 활용하는지, 그 과정을 보여 주고자 한다. 당신이 크리스티에 입사하기 위해 뉴욕으로 이사할 의도가 없다 하더라도, 남들 앞에서 스피치를 할 때마다 내가 알려 줄 이 과정을 활용한다면 어디서나 가장 강한 여성이 될 수 있다. 내가 왜 그런 결정을 내리고 왜 그 후보를 선택했는지 설명함으로써 당신은 앞으로 스피치할 때 좌중을 휘어잡기 위해서는 어떤 것에 집중해야 하는지 이해할 수 있을 것이다.

자선경매사 선발 시험 첫날, 모든 후보는 마치 실제 경매에 참석하기라도 한 듯 메인 경매장에 마련된 의자에 앉는다. 그들 앞에는 경매봉이 놓인 나무 연단이 설치되어 있다. 대략 스무 석 정도가 연단을 향해 놓여 있고, 뒤쪽에는 비디오카메라가 설치되어 있다. 이 카메라로 각 후보가 시험에 임하는 모습을 녹화한다.

대부분 후보들은 선발 시험에 앞서 미리 검토하라고 일러 준 경매품 리스트를 초조하게 넘기며 소곤거린다. 나는 처음 30분 동안후보들에게 선발 시험의 기본 규칙을 알려 준다. 자선경매사 선발과정이 어떻게 진행되는지 설명하면서 회사 측이 원하는 인재는어떤 모습인지 자세히 밝힌다. 여기까지는 아주 교양이 넘치고 우아해 보일 것이다.

그런 다음 나는 냅다 변화구를 던진다.

"이제부터 모두 일어나 연단 앞에 서서 이야기를 하나 들려주세요. 농담도 좋고 여기 계신 분들과 공유하고 싶은 이야기도좋습니다. 이야기는 2,3분 안에 끝내 주시길 바랍니다. 생각하실시간을 몇 분 드릴게요. 첫 번째로 이야기하실 분이 계시다면 말씀해 주세요." 후보들의 입장이 되어 한번 생각해 보자. 심장이 점점 빨리 뛰기 시작하고 맥박이 달음질치는 게 느껴지는가? 내가이 선발 시험에 도전했을 때도 코치는 똑같은 말을 했다. 이 말을들자마자 위장이 뻣뻣해지기 시작하면서 정맥이 얼어붙어 차갑게 식는 느낌에 사로잡힌 기억이 아직도 생생하다.

나는 연단에 서 있으므로 내 말을 들은 후보들의 얼굴에 떠오르는 감정을 바로 파악할 수 있다.

혼란, 공포, 두려움, 그리고 두려움, 두려움…… 두려움이다.후보들의 얼굴에 비친 이런 감정을 지켜보면서 나를 응시하는 순간 그들의 얼굴에 퍼지는 기색도 살핀다. 지금 선발 시험의 과제로 판단을 내리려 하는 한 사람 한 사람과 내가 함께 일해 왔다는 것을 기억하기 위해 노력한다. 내가 그들과 함께 회의를 했거나 복도를 걸어가다 마주쳤다면 우리는 우호적이고 쾌활한 대화를 나누었으리라. 어쩌면 그들은 자신이 선발 시험 중에 갑자기 남들 앞에서 이야기를 해야 했다는 에피소드를 내게 들려줬을지도 모른다. 그러나 여러 가지 이유로, 이 자리에 있는 누구든 자리에서 일어나 20명의 사람들 앞에서 이야기를 들려줘야 한다는 생각이 들면 문을 박차고 나가 다시는 돌아오고 싶지 않다는 마음이 생겨버린다. 고맙게도, 그들은 시험 시간 대부분을 뛰쳐나가지 않고 잘 버텨 준다─비록 지금까지 선발 시험을 진행하며 몇 사람을 잃기는 했지만.

후보들에게 생각할 시간을 5분 정도 준 후, 먼저 나서서 이야기할 사람이 없는지 묻는다. 내가 자선경매사 선발 시험에 지원했을 때는 내가 첫 자원자였다고 99퍼센트 확신한다. 그리고 이렇게 가장 먼저 자원하고 나선 후보는 십중팔구 시험에 합격한다. 이런 부류의 사람은 영업 자질을 타고났고 DNA에 달변 기질이 아예 장착되어 있기 때문이다. 솔직히 말하자면, 이렇게 누군가가 나서 주면 자신이 할 이야기를 가다듬을 시간을 벌 수 있으니 나머지 후보 19명은 안도의 숨을 쉴 수 있게 된다. 그 사람의 타고난 재능이 얄미울 수도 있지만, 시간을 벌어 주니 고마울 수밖에 없다. 첫 번째로 나선 후보는 믿기 힘들 정도로 놀라운 이야기를 들려주며 모두의 정신을 혼미하게 만든다─이 사람은 유머, 시선 처리, 느긋한 몸짓, 죽여주는 핵심 구절을 노련하게 구사한다. 그다음 나머지 후보들이 말할 차례가 온다. 그리고 지극히 내 입장에서, 바로 이 지점부터 재미있는 상황이 시작된다.

이후 시간은 후보들이 각각 자기 이야기나 농담, 또는 순간순간 떠오르는 아무 이야기나 하는 모습을 관찰하며 그들을 평가하는데, 이때 나는 앞으로 사흘간 진행될 선발 시험에 누가 남게 될지에 대한 것뿐만 아니라, 한 달 내에 열릴 소규모 자선경매 무대에 누구를 세우면 좋을지도 염두에 둔다.

각 후보가 이야기하는 모습을 지켜보면서, 나는 선발 시험이 진행되는 동안 참고할 것들을 메모한다. 어마어마한 양의 메모 속에서 내가 주목하는 점을 간추리자면 다음과 같다.

1. 판단과 대응이 재빠른가?

   생각만 하다가 적절한 행동을 취할 기회를 놓치지는 않는가?

   청중이 계속 주목할 수 있도록 이야기를 풀어 나갈 줄 아는가?

2. 무대에 서도 편안해 보이는가? 아니면 긴장해서 떠는 모습이 청중에게도 적나라하게 보이는가?

   열린 자세로 이야기하고 있는가?

   청중과 눈을 마주치며 이야기하는가? 아니면 바닥을 내려다보고 있는가?

3. 어떤 종류의 이야기를 선택했는가?

유머러스하거나 진심이 담겨 있거나 진실한 이야기를 골랐는가?

기승전결을 지켜 청중의 긴장감을 고조시키는가? 아니면 이야기를 흐지부지 마무리하는가?

열거한 세 가지 사항에 부합하는지의 여부만으로 당락을 결정하지는 않는다. 그러나 각각의 후보들을 어떻게 훈련시킬 것인지 생각하기 위해, 당장 고려하고 해결해야 할 사안이 무엇인지 파악할 필요가 있다. 그렇기에 선발 시험 기간 내내 하루도 빠짐없이 각 사안별로 공을 들여 생각한다.

첫날 탈락한 후보들은 시험이 끝나고 몇 주에서 몇 달 뒤 반드시 내 사무실을 방문해 피드백을 받는다. 내 피드백은 예나 지금이나 거의 변함없다. 남들 앞에서 연설하는 재능을 타고난 게 아니라면 체육관에 가서 근육을 키우듯 훈련할 필요가 있다. 그리고 진심으로 능숙한 스피치를 하고 싶다면 기네스 펠트로가 트레이너와 훈련했던 방식을 그대로 따라 연습할 필요가 있다. 연습을 아주 많이 하는 것 말이다. 연습을 하면 할수록 당신의 스피치 스킬은 강해질 것이다. 이 책을 읽고 있을 상당수의 독자가 여러 사람을 앞에 두고 스피치를 연습할 사무실이나 공간이 없다고 생각한다는 걸 잘 안다. 그러나 그런 생각에 이의를 제기하고 싶다. 누구나 살면서 청중 앞에 설 순간을 마주하게 된다. 올해만 해도 나는 아이들이 다니는 학교에서 자그마치 아홉 번이나 학부모 모임을 가졌고, 매번 한두 가지 질문을 했다. 일터에서는 매일같이 많은 직원들과 회의를 한다. 그 자리에서 의견을 내기도 하고, 그에 대해 상세히 설명하기도 한다. 경매가 있는 날이면 거의 하루 종일 무대에 오를 준비를 한다. 사무실에서 사람들과 가벼운 농담을 주고받는 연습을 하고, 점심을 먹으려고 줄을 서 있다가 낯선 사람들과 대화를 트고, 내 앞에 서 있는 사람에게 계산대 근처에 놓인 상품(대부분 전략적으로 판매하기 위해 배치한 것들이다)을 더 많이 팔 수 있는 판매 기술을 연습해 본다. 친구나 조수, 처음 보는 사람이나 몇 번 만난 적 없는 사람과도 대화 연습을 하는데, 그들은 내가 연습하고 있다는 사실을 절대 알아차리지 못한다. 하지만 나는 농담이나 그날 저녁 경매에서 쓸 수 있을 법한, 그 당일의 적절한 화젯거리를 이야기하면서 테스트를 한다.

연습을 많이 할수록 점점 더 좋은 결과를 얻을 수 있다. 최고는 아닐지 모르지만 최선의 성과를 거두기가 더 수월해진다. 남들 앞에서 스피치를 할 때 직면하는 큰 문제를 해결하는 가장 쉬운 방법은 바로 준비다. 이건 욕실 거울 앞에서 원고를 한번 읽어 보라는 뜻이 아니다. 스피치 내용을 여러 사람에게 거듭 말하고, 머릿속에서 계속 굴려 보고, 그런 다음에 찾을 수 있는 모든 거울이며 반사되는 물건 앞에서 연습하라는 뜻이다. 자선경매사 선발 시험에서 나는 후보자들이 헤엄을 칠 수 있는지, 아니면 그대로 가라앉는지 살펴보기 위해 그들을 수심 깊은 곳으로 던져 버리는 역할을 한다. 당신은 적어도 이 후보자들 같은 상황에 놓일 일은 없을 것이다—그러니 안도의 숨을 내쉬기 바란다. 내가 이런 말을 하는 이유는, 당신에게는 준비할 시간이 얼마든지 있다는 점을 강조하고 싶기 때문이다.

청중을 앞두고 스피치할 때 맞닥뜨리는 가장 큰 장애물은 무대공포증이나 긴장감이다. 무대에 오르기 전 이런 문제를 극복할 수 있는 방법에 대해 논의해 보자. 앞서 언급했듯이, 가장 결정적이면서 핵심적인 방안은 바로 준비다. 당신의 긴장감이 머릿속에서 스피치 내용을 지워 버리려 해도 절대 떨쳐 낼 수 없을 만큼 뿌리 깊게 박혀 있어야 한다. 노련하고 경험이 많은 연주자라도 무대에 오르는 순간까지 몇 분간은 긴장감에 사로잡힌다는 것을 꼭 말해 주고 싶다. 믿어 달라. 나는 세계 최고의 거물급 유명 인사들과 함께 무대 뒤쪽에서 대기한 적이 많았다. 그들 역시 내가 무대에 오르기 전 아드레날린이 과다 분출되는 모습과 똑같이 행동하는 걸 볼 수 있다. 그들도 안절부절 어쩔 줄 몰라 하며 초조한 기색으로 이리저리 서성이고, 쪽지 시험에 대비해 벼락치기를 하는 고등학생처럼 스피치 내용이 적힌 노트를 부랴부랴 훑어본다. 그리고 엄청난 속도로 볼펜을 똑딱거린다.

보통 무대에 오르기 약 5분 전부터 시속 100킬로미터 속도제한구간에서 시속 150킬로미터로 달려 경찰차를 추월하는 기분이 들기 시작한다. 경매를 막 시작했을 무렵에는 그런 기분이 들면 토하고 싶고, 기절하고 싶고, 도망가고 싶었다. 그러나 이 모든 세월이 지나자 그런 기분을 잘 이해하고 받아들일 수 있게 됐으며,

그 긴장감과 넘치는 에너지를 무대에서 활용할 수 있다는 것도 깨달았다. 당부하고 싶은 말이 있다. 앞으로 아드레날린이 흘러넘칠 것만 같은 느낌이 들면, 절대 회피하거나 괴로워하지 말고 그 증상 자체를 받아들이기 바란다. 그것은 당신을 보다 큰 존재로 띄워 주고 바로 앞에 있는 청중을 뒤흔들 준비를 마치도록 도와줄 무기다. 아드레날린은 당신에게 에너지를 주고 신경을 날카롭게 유지하도록 만들며, 자칫 따분해 보일 수 있는 무대를 활력 있고 생기 넘치게 만들어 준다. 그러니 심호흡을 하고, 무릎이 잘 구부러지는지 확인하고, 손가락과 발가락을 꼼지락거려라. 실제로 무서운 것은 스피치를 하거나 경매를 진행하는 게 아니다. 스피치나 무대에 선다는 생각으로 신경이 곤두서는 것이다. 경매가 시작되기 전 내가 얼마나 긴장했는지는 중요하지 않다. 경매봉으로 연단을 스트라이크하고 경매를 시작하는 첫 멘트를 입에 올리는 순간, 긴장감은 즉시 사라지리라는 것을 알고 있으니까. 자리에서 일어나 프레젠테이션을 하기 위해 대기 중일 때면 다음과 같은 사항을 떠올리려 노력하라. 시작하기 '직전'이 제일 힘들다는 걸. 일단 말하기 시작하면 매 초가 지날 때마다 점점 수월해질 것이다.

긴장감을 이겨 내는 데 내게 가장 도움이 되는 것은 바로 스트라이크다. 이제 당신은 종류에 상관없이 남들 앞에서 스피치를 하기 직전에는 신경이 과민해진다는 사실을 알았으니, 무대에 오르는 그 순간부터 스트라이크를 준비하는 것이 얼마나 중요한지 이해할 수 있을 것이다. 두려움을 극복하는 가장 좋은 방법은 첫 번째 멘트를 외우는 것이다. 어느 정도 대충 외우라는 말이 아니다. 정교한 조각을 하듯 머릿속에 확실히 새겨서, 무대에서 아무리 초조하고 긴장되더라도 자동 응답기의 인사말처럼 곧장 문장이 입 밖으로 튀어나오게 하라는 뜻이다. 청중에게 질문을 던지는 형태로 첫 멘트를 시작하는 것도 하나의 방법이다. "여러분 모두 어떤 하루를 보내셨나요?" 여기서 조금 더 발전한다면 당신의 개성을 뽐내거나 연단에 선 사람으로서 당신이 어떤 사람인지 파악할 만한 문장을 구사할 수도 있을 것이다. 당신이 자리에서 일어나 스피치를 시작하면, 청중은 기대에 가득 차 당신을 주시한다. 무슨 내용의 연설을 하든 청중은 열린 자세로, 적극적으로, 주의 깊게 들을 준비를 마친다. 그때 당신이 바로 스피치 내용을 적어 둔 노트를 내려다본다면, 그건 스피치를 시작하기도 전에 청중과 당신 사이에 차단막을 내리는 셈이다. 스피치의 첫 문장을 암기해 두면, 고개를 들고 청중을 바라본 채 적재적소에 미소를 지을 수 있다. 이렇게 하면 스피치를 시작하자마자 청중과 연결되는 순간을 만들 수 있는데, 이는 또한 프레젠테이션을 이끌면서 느낄 긴장감이나 초조함을 잠재우는 데도 도움이 된다.

남들 앞에서 스피치하는 것이 별로 어렵지 않은 사람도 있을 것이다. 그런 사람들을 위해 더욱 전문적인 팁을 하나 알려 주고자 한다. 스피치 내용을 적어 둔 노트를 내던져 버리라는 것이다. 몇 년 전 어느 여성 콘퍼런스에 참여해 '판매의 기술'이라는 제목의 강연을 하고 다른 참가자의 충고를 듣기 전까지, 나는 스피치 내용을 적어 둔 노트를 들고 무대에 올랐다. 처음에는 내 스피치에 대해 칭찬만 늘어놓던 그 참가자는 와인을 몇 잔 마시고 나자 솔직한 충고를 하기 시작했다. 지금까지도 이 충고를 생생하게 기억한다.

"당신은 말을 정말 잘하더군요. 그러니 더욱 그 노트를 없애 버려야 해요. 당신이 무슨 말을 할지 아는 사람은 아무도 없잖아요. 노트를 보지 않고 스피치를 해봐요. 그러면 청중의 반응이 훨씬 좋을 거예요." 거의 12년 가까이 정해진 대본 없이 경매를 진행해 왔다지만, 아무것도 보지 않고서 스피치한다는 생각은 한 번도 해본 적이 없었다. 나는 그다음 강연을 할 기회가 생겼을 때 도전해 보기로 결심했다. 원고를 보지 않고 스피치를 해보니, 그녀의 충고가 옳았다. 나를 옭아매던 것에서 완전히 해방될 수 있었다. 하고 싶었던 말을 한 마디도 빠뜨리지 않은 것은 아니나, 대본을 읽는 데 얽매이지 않음으로써, 오랫동안 자선경매를 진행하며 습득한 기술을 활용할 수 있었다. 덕분에 청중 가운데 누군가가 내 말을 듣지 않고 스마트폰 문자를 보내고 있다는 것을 알아차리면 그 사람을 지명할 수도 있었고, 청중에게 질문을 던져 손을 든 사람과 잠시 농담을 주고받을 수도 있었다. 처음에는 긴장도 되고 조금 떨리기도 했지만, 결국 자연스럽게 재미를 느꼈다.

또 하나 알려 주고 싶은 것은 스피치나 프레젠테이션을 하는 동안, 언제든 시간을 거슬러 올라갈 수 있는 주제를 준비하라는 것이다. 그렇게 하면 생각의 흐름을 놓치더라도 필요에 따라 얼마든지 되돌아 올 수 있는 정신의 닻을 얻는다. 정신의 닻을 확보할 또 다른 굉장한 방법으로는 뒤편 스크린에 이미지나 파워포인트 화면을 띄운 채 말하는 것이다. 다시 말하지만, 슬라이드로 띄우는 화면에는 텍스트를 가득 채워선 안 된다. 기호를 활용해 당신이 말하고자 하는 바를 명확하고 간결하게 표시해야 한다. 청중이 당신의 스피치에 적극적으로 참여하게 만들어야지, 당신 뒤쪽에 있는, 책을 방불케 하는 텍스트 가득한 화면에게 시선을 빼앗겨서는 안 된다. 끝으로 스피치를 마무리 짓는 멋진 멘트도 확실히 준비해 두어야 한다. 스피치나 프레젠테이션을 두서없이 했더라도, 마무리가 훌륭하다면 당신의 무대는 모두의 기억에 좋게 남을 것이다.

이 책을 쓰는 동안, 나는 '허드슨강 공원의 친구들The Friends of Hudson River Park Gala' 행사에 경매사로 참여해 수십만 달러를 모금한 일로 상을 받았다. 그 상은 놀이터 위원회the Playground Committee가 제정했는데 마사 스튜어트가 직접 시상했다. 놀이터 위원회는 허드슨강 공원과 그 놀이터를 위해 모인 여성단체다. 나는 수상 소감에 평소 마음에 두던 몇 가지 주제를 꼭 포함시켜 말하고 싶었다. 바로 허드슨강 공원이 콘크리트 정글에 사는 뉴욕 시민들에게 얼마나 훌륭한 휴식을 제공하고 영감의 장소가 되어 왔는지, 20년간 뉴욕에 살면서 내가 얼마나 다양한 방식으로 이 공원을 사용해 왔는지, 그리고 이 시상식장에 있는 여성 공동체가 공원을 관리하기 위해 그들의 시간과 자원을 얼마나 아낌없이 투자했는지 말하고 싶었다. 수상 소감에 관해 곰곰이 궁리하면서 나와 공원의 가장 큰 연관성이 무엇일까 생각하다가, 내가 이 공원의 달리기 전용도로를 얼마나 소중히 여기는지 깨달았다.

허드슨강 공원의 달리기 전용도로는 내 구세주이자 나의 위로며 뉴욕 생활에서 빼놓을 수 없는 즐거움이다. 일단 수상 소감의 주제를 확정하고 나자 세부 내용은 술술 진행됐다. 달리기 전용도로는 물론 이 길을 달리며 경험한 모든 것을 떠올렸다. 20대의 내가 대학을 막 졸업하고 뉴욕에 와서 아직 결혼은커녕 주말을 함께 보낼 친구도 없었던 때 이 공원을 발견한 이야기를 썼다. 그리고 매번 공원을 달리는 순간을 얼마나 기대했는지도 적었다. 달리기를 하며 시간을 보내지 않았다면 나는 매일 아주 외로웠을 것이다. 9·11 테러 사건이 일어났을 때, 테러 공격으로 심하게 훼손된 공원에서 구조대원에게 샌드위치를 나눠 주던 이야기도 썼다. 그 충격적인 날들이 지나고 뉴욕이 서서히 회복되면서 공원이 어떻게 다시 태어나 활기를 되찾았는지에 대한 이야기도 넣었다. 세월이 지나 뉴욕에서 사귄 친구들과 달리기 전용도로를 뛰다가, 돗자리를 펴고 앉아 소풍을 즐기는 가족들의 모습을 본 이야기도 언급했다. 공원 호수의 잔교에 설치된 미니 골프장에서 남편과 첫 데이트한 이야기며, 친구들과 달리며 봤던 가족들처럼 이제 내가 가족, 친구들과 함께 이 공원에서 함께 소풍을 즐기게 됐다는 이야기도 했다. 허드슨강 공원은 마치 우리 가족의 뒷마당처럼 친숙한 곳이 됐으며, 북적거리는 이 뉴욕이라는 도시에서 우리가 유일하게 한숨 돌릴 수 있는 휴식 장소라는 이야기도 썼다.

수상 소감을 말하기로 한 날 아침, 나는 생각에 집중하고 해결책을 찾아내야 할 때 항상 하는 행동을 했다. 달리기를 하러 간 것이다. 달리는 동안 길에 설치된 각각의 표지판을 떠올리고 그것과 내 삶의 연관성을 생각하며 소감문을 크게 외쳤다. 나를 소개하는 마사 스튜어트의 목소리를 듣고 무대에 올랐을 때(이때는 전혀 겁먹지 않았다, 정말로), 내가 달리기 전용도로로 돌아가 있다는 상상을 했다. 어느 때고 헤매는 듯한 느낌이 들기 시작하면 마음속으로 그 길을 떠올렸다. 뉴욕에서 보낸 내 삶의 궤적을 달리기 전용도로를 따라 추적했다. 공원에 관한 이야기를 끝낸 뒤, 이어서 이웃집에 사는 여성들이 함께 모여 만들어 낸 믿을 수 없는 특별한 결과와 맨해튼 시내를 우리 집이라 부르는 것이 얼마나 자랑스러운지 이야기했다. 마지막으로 남편에게 감사하며, 그와 세 아이 없이는 놀이터에 가고 싶지 않다는 말로 끝맺었다. 그러나 감정이 잔뜩 묻어나는 내용으로 소감을 끝냈더니, 유머를 살짝 더 하고 싶은 마음을 억누를 수가 없었다. "…… 마사 스튜어트 씨도 놀이터에 오셔도 돼요." 이 수상 소감을 몇 달 동안 머릿속으로 연습했고, 무대 위에서는 메모 한 장 없이 모든 내용을 청중에게 전달했다. 또한 거울 앞에서, 생후 10개월인 아이 앞에서, 달리기를 하며, 샤워를 하는 동안에도, 가장 친한 친구 메리 앞에서도 연습했다. 연습하면 완벽해진다고? 당연하다!

이쯤에서 당신은 내가 알려 준 이런 방법들이 스피치를 하는 중에 발생하기 쉬운 공황 상태에서 벗어나는 데 얼마나 도움이 될지 고민하길 바란다. 이 방법들을 이용하면 당신은 최소한 스피치를 중간에 끊지 않고 계속 이어 나갈 수 있을 것이다. 그래서 이제부터는 실제로 당신이 청중 앞에서 발표한다고 가정하고, 외적으로 나타날 모습에 대해 말해 보기로 하자. 선발 시험동안 후보들이 연단에서 스피치할 때, 긴장한 나머지 어떤 행동을 보이는지 알아내고자 노력한다. 그런 행동을 보면 대부분 청중들은 무대에 선 사람이 긴장하고 있다는 걸 즉각적으로 알아차린다. 그러나 무대에 선 사람은 누가 지적하기 전까지는 자신이 그런 행동을 보인다는 걸 절대 깨닫지 못한다,

긴장감에 사로잡힌 사람은 몇 초에 한 번씩 "음……, 음……, 음……"하며 더듬기도 하고 저주스러운 얼룩을 없애려는 맥베스 부인처럼 손을 미친 듯이 비벼 대기도 한다. 또 목소리를 속삭이는 수준까지 작게 내는 사람도 있고, 옆방 유리창이 깨질 정도로 아주 크게 외치는 사람도 있다. 내가 선발 시험을 치렀을 때는 긴장한 나머지 매번 새 품목을 경매에 올릴 때마다 긴 머리카락을 이리저리 넘겨 댔다. 경매 코치는 내가 머리카락을 넘기려 할 때마다 "손 내려요"라며 지적해 줬고, 덕분에 그 버릇을 고칠 수 있었다. 이후 사흘 동안은 머리를 하나로 높게 올려 묶고 시험을 치러서, 머리카락을 넘기는 행동은 더 이상 하지 않게 됐다. 긴장을 해 무의식적으로 한 행동을 지적받으면 그걸 고치려다가 주의가

산만해질 때도 있지만, 노력하면 하루 이틀 안에 그 행동을 고칠 수 있다. 이것은 목소리의 높이와 성량이 달라질 때도 마찬가지다. 몇 년 전 자선경매사 시험을 주최했을 때 이런 후보가 한 명 있었다. 평소 그녀는 남들과 다를 바 없는 평범한 목소리 톤으로 말했지만, 유독 경매품을 소개하기 시작할 때가 되면 깜짝 놀랄 정도로 목소리가 커져서 거의 꽥꽥거리는 수준이 되었다. 그녀의 평소 목소리와 경매 시 바뀌는 목소리에 어떤 차이가 있는지 열심히 설명했지만, 그녀는 내가 녹화한 영상을 보여 주기 전까지는 귓등으로도 듣지 않았다. 영상을 중간까지 본 그녀가 꺄악, 하고 비명을 지르며 웃음을 터뜨리고는 이렇게 말했다. "세상에, 그것 좀 꺼주세요. 1초도 더는 못 보겠어요." 솔직히 말하면 우리 모두 같은 심정이었다. 자신이 긴장할 때 어떤 행동을 하는지 알아보는 가장 좋은 방법은 바로 친구 두어 명 앞에서 스피치를 해보고, 그 모습을 스마트폰으로 찍는 것이다. 그렇게 찍은 영상을 보면 내가 긴장할 때 이런 식으로 행동하는구나, 하고 놀랄 것이다. 카메라로 담기 전까지는 알아차리기가 쉽지 않다. 그리고 당신이 긴장해서 하는 무의식적인 행동을 고치면, 청중이 당신을 지켜보는 것도 훨씬 편해질 것이다. 머리카락을 이리저리 넘기거나 다리를 떠는 당신의 행동에 방해를 받지 않아도 되고, 찢어지는 듯한 당신의 목소리를 듣지 않으려고 손가락으로 귀를 틀어막지 않아도 될 테니까 말이다.

후보들의 이야기를 들으며 마지막으로 면밀히 살피는 부분은 그들이 어떤 종류의 이야기를 선택했는지다. 어떤 이야기를 했는지가 스피치의 성공 여부를 판가름한다고 해도 과언이 아닌 만큼, 이것은 선발 시험에서 아주 중요한 요소다. 내가 선발 시험을 치렀을 때는 어린 시절 이야기를 했었다. 살면서 유난히 까다롭거나 도전 의식을 불러일으키는 사안에 직면할 때마다 거듭 되새기는 이야기기도 하다. 부모님이 말해 준 바에 따르자면…… 부모님은 내가 5살 때 나와 형제 둘을 스키 강습소에 맡겨 버리고 둘이서만 스키를 타러 리프트로 향했다. 두 사람은 몇 번을 폴짝거린 끝에 겨우 리프트를 타는 데 성공하고 산 정상까지 올라갔다. 그랬더니 거기 있는 화이트보드에 쪽지 하나가 붙어 있었다고 한다. 스키 강습소로 돌아와 나를 데리고 가라는 내용의 쪽지였다. 무슨 일이 일어난 건 아닐까 걱정하며 부랴부랴 스키 강습소로 달려갔지만, 부모님이 발견한 것은 스키를 타기 싫다며 구석에 앉아 눈을 한 주먹씩 퍼먹고 있는 내 모습이었다. 무슨 일이냐고 묻는 어머니에게 나는 가련한 표정으로 스키 선생님들이 계속 "타고 타고 또 타라(work, work, work)"고만 했다며 일러바쳤다. 이야기가 나왔으니 말인데, 내 남편도 내가 뭔가에 불평할 때마다 "하고 하고 또 하라(work, work, work)"며 농담을 한다. 그 말을 들으면 나는 아직도 큰 소리로 웃음을 터트린다.

　이런 이야기를 다른 사람과 공유한다는 것은 그만큼 내가 어떤 사람인지 많이 드러낸다는 의미다. 내 삶은 오픈된 책과 다름없다. 그래서 나는 사적인 이야기를 가까운 친구들은 물론 낯선

이들과도 자주 공유한다. 무대에서 강연을 할 때나 경매를 진행할 때나 상관없이 내 개인적인 일화를 소개하는데, 이런 내 이야기는 나라는 사람이 누구인지 직설적으로 드러낸다. 이야기를 잘 전달하는 사람은 며칠이고 청중을 웃게 만드는 핵심 구절로 정확히 이끈다. 후보들이 연단에 서서 하는 이야기를 들으면 그들이 무대에서 자신의 개성을 어떻게 드러내는지, 그들의 개성을 드러내는 데 가장 효과적인 도구는 무엇인지 파악하기 수월해진다. 유머러스한 이야기를 하는 후보를 보면, 나중에 그가 무대에서 유머라는 무기를 효과적으로 활용할 수 있게 도와줘야겠다는 생각이 든다. 또 유난히 감동적이거나 진실한 이야기를 고른 후보를 보면 훗날 청중은 그의 인간성과 진지한 면모를 높이 평가하리란 판단을 내린다. 후보들의 개성은 각기 다르지만 모두 효과적이며, 가장 뛰어난 이야기꾼은 이런 자질을 모조리 활용해서 매번 사람의 마음을 뒤흔드는 연설을 한다.

이야기를 마무리 짓는 방법도 중요하다. 최종 후보자를 선택하는 과정에서 그들이 재치 있는 농담으로 이야기를 마무리하며 스피치를 끝냈는지, 그냥 속삭이다가 무대에서 내려왔는지 면밀히 따져 본다. 만일 당신이 스피치를 얼마나 잘하는지 평가받는 상황에서 준비할 시간이 주어진다면 다른 무엇보다 '어떤 종류의 이야기'를 할지 미리 생각해 두어야 한다. 당신이라면 어떤 이야기를 하겠는가? 유머러스한 이야기? 공감을 불러일으키는 이야기? 당신이 관찰한 다른 사람의 인생?

각 후보는 경매가 시작되기 전에 선배 경매사들이 판매한 품목이 빼곡히 적힌 책자를 받는다. 그리고 각 후보는 그 책자에서 자신이 팔 품목을 정해 준비를 해야 한다. 각 후보의 장점을 미리 파악하고, 한 사람씩 무대에 오를 때마다 각자 가진 자질을 믿고 의지하라는 용기를 북돋아 준다. 자선경매사는 비영리단체를 위해 기금을 모으기에, 진지하고 공감을 잘하는 사람이라면 그런 자질을 이용해 청중과 좋은 관계를 맺을 수 있다. 유머를 무기로 선택한 후보에게는 재미있는 이야기를 가장 효과적으로 활용할 수 있는 시간을 노리라고 말한다. 아무리 대단한 스피치 시간이라고 해도 청중이 모두 흐리멍덩한 눈으로 바라보는 시간이 찾아온다. 연단에 설 준비를 할 때 유머를 이야기의 적재적소에 배치해 두면 스피치 내내 청중을 사로잡을 수 있다. 유머를 활용하기 어렵다면 청중과 정서적인 유대를 계획하라. 이 방법 또한 전략적으로 잘 배치해 두면 강연이나 프레젠테이션을 하는 동안 유머 못지않은 효과를 발휘할 수 있다.

　　지금까지의 내용들을 모두 파악하고 실행에 옮길 기회가 생겼다면, 이제 판매에서 가장 중요한 부분을 알아야 한다. 즉 청중에게 '어떻게' 팔 것인가, 하는 점이다. 양로원에서 어르신 열 분을 모셔 놓고 이야기를 하든, 유명한 강연자와 함께 무대에 올라 이야기를 하든 상관없다. 당신의 활약상이 청중의 기억에 남길 바란다면, 이제부터 내가 언급하는 것들을 잊지 말아야 한다.

1. 청중에게서 에너지를 끌어오라

열정은 전염된다. 스피치에서 열정은 '대단히' 중요하다.

밤에 진행되는 자선경매 파티 때마다 무대에 오르면서 조금 난처한 기분을 느끼고는 한다. 자선경매는 보통 2시간 이상 이어지는 만찬이 끝난 뒤에 시작되기 때문이다. 파티에 참가한 사람들의 눈에는 내키지 않아 하는 기색이 역력하다. 사람들은 지금이 몇 시인지 시계를 자꾸 확인하고, 지금이 평일 밤이라는 것을 떠올린다. 배 속을 가득 채운 만찬 요리 때문에 술도 깨고 슬슬 피곤해지기 시작한 데다, 쉬지 않고 이어지는 스피치가 처음에는 흥미로웠을지 몰라도 이제는 조금 따분하게 들린다. 내가 무대에 오를 즈음이면 파티장에 있는 사람 중 절반 이상이 곧 죽을 것 같은 표정으로 나를 쳐다본다. 하지만 내가 활짝 미소를 지은 채 위풍당당한 존재감을 과시하며 무대로 걸어 나가 경매봉으로 굳건하게 연단을 내리치는 순간, 이런 기세는 청중의 얼굴에 바로 반영된다.

나는 청중에게서 에너지를 끌어온다. 그리고 장담하는데, 내가 연단을 내리치는 순간 청중도 그것을 알아차린다. 경매가 진행되는 동안에도 경매에 오른 품목이 몇 개 낙찰되고 사람들의 주목도가 약해지기 시작하면 바로 청중에게 도전 의식을 심어 주고, 내게 계속 관심을 보이도록 만든다. 그렇게 내 에너지와 무대 장악력은 높은 수준으로 계속 유지된다. 유머는 나의 좋은 도구다.

청중의 기운이 빠졌다 싶으면 농담을 던진다. 당신도 앞으로 프레젠테이션을 할 때 내가 하는 방식을 활용할 수 있을 것이다. 청중 가운데 하품하는 사람이 보이면 활짝 웃으며 농담을 던져라. "선생님, 하품하시는 거 다 봤습니다. 제게 계속 관심을 보이실 수 있도록 좀 더 재미있게 진행할게요." 이런 농담은 언제나 제대로 먹힌다. 진행자로서 호감을 주는 것이 승리 전략인 셈이다.

무대에서 내려오면 항상 받는 질문이 또 하나 있다. "아침이면 아이들을 깨워 학교에 보내고 사무실에서 풀타임 근무를 한 뒤에 밤에는 아이들을 재우고 경매장으로 돌아와 자선경매를 진행하잖아요. 어떻게 이 모든 일을 다 해낼 수 있는 거죠?"

경매를 24살에 시작했으니 당신은 내가 지난 15년간 경매사로 일하는 내내 피곤에 지치고 아프고 약간의 숙취에 시달리는 밤을 보냈다는 걸 쉽게 상상할 수 있을 것이다. 30대가 된 이후, 4년 6개월 동안 아이 셋을 낳았더니 예전에는 경험해 본 적도 없는 심각한 탈진과 고통을 겪었다. 세 번의 임신 중 아이들이 모두 9개월이 될 때까지 경매 무대에 섰다고 언급했던가? 그 무렵에는 운전을 할 수가 없어서 택시를 타고 가곤 했는데, 택시가 출발하면 말 그대로 곯아떨어져서 행사장에 도착해서야 겨우 깨어났다. 평소 정신을 바짝 차리고 저녁 일정에 집중하기 위해 각양각색의 도구를 활용하는데, 경매 시즌에는 특히 운동 시간을 마련하려고 노력한다. 달리기(나는 출장을 갈 때 운동화를 빼놓은 적이 없다. 비행기에서 내리면 경매가 시작되기 전에 꼭 달리기를 한다)나 자전거 타기 등으로 체력을 단련하고, 그게 힘들 때는 지하철을 두 정거장 정도 일찍 내려서 집까지 걸어가며 신선한 공기를 마시고 머리를 식힌다. 특별한 경우가 아니라면 나는 행사장으로 향하는 길에 헤드폰을 쓰고 신나는 멜로디의 노래를 들으며 내 기분과 아드레날린 수치를 재빨리 끌어 올린다(이때는 인기 차트 속 노래뿐만 아니라 나를 춤추고 싶게 만드는 노래라면 다 좋다). 커피는 최악의 상황이 아니라면 잘 마시지 않는다. 경매를 진행하는 데는 좋지만 행사가 끝난 후에 잠들기가 어렵기 때문이다.

그러나 가끔은 음악이나 운동이 아니라, 그냥 내가 왜 그곳에 있는지 그 이유를 생각하는 것만으로 동기 부여가 될 때가 있다. 20대 초반의 일이다. 행사장에 도착했더니 주최 측이 순서를 바꾸는 바람에 경매가 원래 스케줄보다 한 시간 가까이 뒤로 밀려났다는 사실을 알게 되었다. 행사가 시작되자 상황은 더욱 악화되어 모든 일정이 스케줄대로 이루어지지 않았고, 자선경매는 원래 논의된 시간보다 2시간은 더 늦춰질 게 분명해 보였다. 나는 만찬 시간 내내 주최 측 개발 담당 이사 옆에 앉아 있었다. 마침내 경매가 시작될 순서가 다가오자 그는 조직 운영예산에 대한 이야기를 꺼냈다. 솔직히 말하면 이때는 신경이 날카로워져서 집중력이 평소의 절반밖에 되지 않았다. 그래서 다시 물을 수밖에 없었다. "운영예산이 얼마라고요?" 이사는 짜증스럽지만 그래도 재미있다는 듯 미소 지으며 말했다. "당신이 한번 말해 봐요." 그는 내 배짱을 체크하려 들었다. 비영리단체의 전체 운영예산은 그날 저녁 내가 얼마나 청중을 잘 구슬릴 수 있느냐에 달려 있으니까. 그날의 대화를 절대 잊은 적이 없다. 그리고 기회가 있을 때마다 경매사 수업에 참가한 이들에게 이 일화를 전한다. 늦은 시간 무대에 서서, 청중이 단돈 1달러라도 낼 여유가 있다면 그의 호주머니를 탈탈 털어, 그 돈이 필요한 사람에게 전달되게 만드는 것이 바로 내 일이다. 그날 경매는 내가 얼마나 모금을 하느냐에 따라, 위험하고 열악한 환경에 놓인 아이들의 방과 후 프로그램 참석 여부가 결정되었다. 이것은 엄청난 차이를 만들어 낸다. 이날의 대화는 내가 무대에 선 이상 아무리 피곤해도 정신을 똑바로 차리고 집중해야 하는 동기를 부여해 줬다. 나는 청중이 내게 몰입할 수 있도록 내 몸속에 비축해 둔 에너지를 마지막까지 활용한다. 자선경매든 인생이든 테이블 위에 남겨 둔 것이 있다면 아무것도 얻을 수 없다. 그러니 모든 것을 쏟아부어야 한다. 언제, 어디서나.

앞으로 스피치를 능숙하게 하는 사람의 강연을 듣게 된다면, 그 사람이 강사든 전문 강연가든 동료든 상관없이, 그들의 스피치 스타일 중 마음에 드는 요소가 무엇인지 주목하라. 개방적이고 뛰어난 존재감을 발휘하며 열정적으로 이야기의 주제를 펼치는가? 만약 스스로를 열정적이고 재미있고 즐거움을 주는 사람이라 확신한다면, 당신도 분명 그들이 연단에서 발산하는 에너지와 열정을 적극적으로 취해 자양분으로 삼을 것이라 장담한다.

2. 청중은 당신의 성공을 응원한다

경매사로 일하면서 뉴욕시에서 개최된 자선 행사에 천 번 이상 참석했다. 그리고 행사 무대에 오르기 전 수천 명이 연설하는 모습을 즐겁게 지켜보기도 했다. 연설 중 무언가가 잘못되었을 때, 연단에 오른 사람의 반응을 보면 그가 노련한 연설가인지 아닌지 확실히 알 수 있다. 누군가가 무대에 처음 나섰는데 불편해 보이고 또 연설 중간에 예기치 못한 일이 발생하면 청중은 고통을 느낀다. 예를 들어, 수상자로 무대에 올랐는데 텔레프롬프터에 잘못된 연설 내용이 뜨는 바람에 당황해서 "텔레프롬프터가 뭔가 잘못됐는데요"라는 말만 반복하며 서 있는 사이, 음향 담당이 올라와 당신을 무대 아래로 데려가는 상황이 벌어졌다고 가정해 보자. 또 무대에 올라가 상을 받았는데, 유명 진행자(여기서 이름은 밝히지 않겠다)가 술을 너무 마신 나머지 수상자에게 마이크를 건넬 생각은 하지 않고 15분 동안 자선 행사와 관련된 자기 경험담만 장황하게 떠들고 있다고 가정하자. 당신은 어디서나 가장 강한 여성이 되는 훈련을 받는 중이니, 텔레프롬프터에 문제가 생긴 것 같다고 한번 언급한 다음에는 활짝 미소 짓고 주최 측에 감사드린다는 등의 농담을 즉흥적으로 몇 마디 한 후 무대에서 내려갈 수 있을 것이다. 그럼 횡설수설 떠드는 유명 진행자는? 이 경우 당신은 그 사람 허리에 팔을 두를 순간을 포착하고 자연스럽게 마이크를 가져온 다음 다정한 목소리로 그 진행자에 대해 언급한 뒤, 그를 무대 밖으로 나가게 안내할 수 있을 것이다. 그러나 보통 이런 상황이 발생하면 대다수의 사람들은 무대 끝에 가서 숨을 생각밖에 하지 못한다. 다른 대처 방안은 생각할 엄두도 내지 못한다. 그들은 남들 앞에서 하는 스피치 자체를 자신이 상상할 수 있는 최악의 행위라 여기기 때문이다.

사람들은 프레젠테이션이나 스피치를 하려고 무대에 서자마자, 청중도 인간이라는 사실을 깡그리 잊어버리는 것 같다. 청중은 당신이 말을 더듬거나 말문이 막힐 때마다 당신과 마찬가지로 불편함을 느낀다. 그렇기에 청중 역시 당신이 스피치를 잘 해내기를 응원하고 있다. 두려움이라는 색안경을 끼고 청중을 바라보는 대신, 당신을 응원하는 사람들이 모였다고 생각하자, 당신이 개인적으로 고용한 응원단이라 생각해도 좋을 것이다.

샌프란시스코에서 성소수자 연맹이 주관하는 경매 행사에 참석했을 때의 일이다. 유명한 여성 싱어송라이터가 무대에 나와 노래를 한 곡 불렀다. 인기 차트에서 몇 달이나 정상을 차지했던 히트곡이었다. 그런데 그녀가 노래를 부르기 시작하자 마이크가 고장 난 게 아닐까 하는 생각이 들었다. 목소리는 갈라지고 가사도 드문드문 제대로 들리지 않았다. 솔직히 말해 사운드가 완전히 엉망진창이었다. 그녀는 1절과 2절 사이 후렴구를 부르다가 가련한 목소리로 청중에게 말했다. "죄송합니다, 여러분. 저는 요즘 무대공포증으로 고생하고 있어요." 이때 청중이 자리에서 일어나 야유를 퍼붓거나 무언가를 무대로 던져 그녀를 무대에서 떠나게 했을까? 당연히 그러지 않았다. 동료 가수는 무대 위로 뛰어올라가 그녀와 어깨동무를 하고는 노래를 이어 부를 수 있도록 도왔다. 곧 청중이 전부 자리에서 일어나 노래를 따라 불렀다. 힘들어도 끝까지 노래를 부르려는 그녀를 지지한다는 의미였다. 사운드는 좋았을까? 끔찍할 정도로 엉망이었다. 그러나 그녀가 노래를 마치자 청중은 열광적인 반응을 보여 모두가 그녀의 편이라는 걸 보여 줬다. 덕분에 그녀는 두려움을 극복하고 공연을 마칠 수 있었다.

사람들은 남들 앞에 서서 스피치를 한다는 게 힘든 일이라는 걸 이해하고, 때문에 연단에 선 사람이 실수를 해도 동정을 아끼지 않는다. 만약 스피치를 하는데 긴장이 멈추지 않는다면 청중에게 당신이 지금 떨고 있다는 것을 감추지 말고 드러내라. 청중은 당신이 자기 자신과 투쟁한다는 사실을 너무나 잘 이해하고 있다. 사람들은 약자를, 특히 도움을 요청하는 약자를 외면하지 않는다.

올해 초에 있던 일이다. 경매 진행을 위해 무대에 등장해서 평소처럼 경매봉으로 연단을 힘차게 내려쳤다. 그다음 바로 마이크에 대고 내 소개를 하는데, 마이크가 고장 났다는 사실을 알아차렸다. 작동했다 안 했다 하는 수준이 아니라, 아예 먹통이 되어 버렸다. 350명이나 되는 청중 앞에 섰는데 마이크가 고장이라니, 분명 이상적인 상황은 아니었다.

비행기의 조종사처럼 탈출 버튼을 누르고 자리에서 도망치는 대신(이 행사는 주최 측이 비상시 대책을 따로 마련해 두지 않았지만, 이런 경우를 확실히 대비해 둔 행사도 꽤 많았다), 연단 앞으로 나와 청중에게 가까이 다가갔다. 그러고는 이제 나를 빼고 여러분끼리 이야기를 나누면 내가 아주 불쌍해진다는 걸 모두 알게 되었으니, 마이크가 먹통되어도 기쁘다고 했다. 나는 미소를 지으며 설명했다. 지금 마땅한 대안이 없으니 음향과 영상팀이 제대로 작동하는 마이크를 가져다줄 때까지, 여러분이 조용히 해주셔야 한다고 말이다. 청중은 내 요청에 따랐고, 경매가 절반쯤 진행됐을 무렵, 음향 담당 직원이 달려와 제대로 작동하는 마이크를 건네줬다. 악을 쓰던 목소리가 마이크를 통한 목소리로 변하자 청중이 환호성을 질렀다. 내가 마이크 없이 무대에 서고 싶지 않았던 것만큼, 청중도 내가 마이크 없이 그곳에 서는 걸 바라지 않았으니까. 청중을 내 편으로 만들자, 그들은 스스로를 이번 행사에 투입된 지원군처럼 느끼기 시작했다. 무대를 성공적으로 마치기 위한 도구를 가지게 되자, 청중은 나를 지지하는 내 편이 되어 주었다.

3. 청중을 당신 공연의 일부로 만들어라

내가 10살이었을 때, 우리 가족은 제이 레노의 쇼를 보러 갔다. 당시 그는 심야 토크쇼인 「투나잇 쇼」를 진행하고 있었다. 이 책의 독자 대부분은 「지미 팰론과 함께하는 투나잇 쇼」로 알고 있을 그 방송 말이다. 내가 어렸을 때는 제이 레노가 그 토크쇼의 진행자였다. 그가 루이지애나주의 작은 마을에 와서 쇼를 한다는 건 꽤나 큰 사건이었다. 쇼는 대형 스타디움인 시민회관에서 열렸다. 거기에서는 평소 대형 뮤지컬 공연이나 회담이 개최되곤 했다. 나는 아버지 옆에 앉았다. 아직 수면무호흡증 진단을 받기 전이었던 아버지는 거의 항상 자고 있는 모습만 보여 줬다. 아빠는 조명이 어두운 곳이라면 극장이든 교회든, 콘서트홀이든, 내 대학교 면접 대기실이든, 장소를 가리지 않고 자리에 앉기만 하면 정신없이 잠이 들었다. 그러나 제이 레노의 쇼가 진행되는 동안 절대 잊을 수 없는, 놀랍고 충격적인 장면을 접하게 되었다. 쇼 중반부에 제이 레노는 관객 중 몇 사람을 자기 쇼에 참여시키기 시작했다. "선생님은 무슨 일을 하십니까?" 같은 질문을 하고 가벼운 농담으로 이어 나가는 식이었다. 그의 유머에 관객들은 공연장이 떠나가라 웃음을 터뜨렸고, 평소 공연을 볼 땐 대부분 잠들어 있던 아버지도 갑자기 공연에 집중하기 시작했다. 아버지가 허리를 곧게 펴고 꼿꼿한 자세로 앉아 있다는 것을 알아차렸다. 제이 레노가 당신을 지목하고 질문을 던져 주길 적극적으로 바라는 눈치였다. 그렇게 되면 당신이 그날 밤 공연장의 스타가 되리라 생각한 듯했다. 쇼가 막 시작되었을 때와는 전혀 다른 모습이었다. 어린 나이에도 확실히 알 수 있었다. 자기 또래 집단이 보는 앞에서 지목될 수 있다는 가능성 때문에, 아버지가 펭귄처럼 허리를 꼿꼿이 펴고 눈에 띄는 자세를 취하고 있다는 것을.

앞서 말했듯 나는 자선경매사 선발 시험장에 모인 15명의 후보 앞에서나, 메디슨스퀘어가든에 모인 5천 명의 관중 앞에서나 똑같이 이 방법을 쓴다.

연설이나 프레젠테이션을 하던 중 사람들이 관심과 흥미를 잃은 것 같은 느낌이 들면 언제나 청중 가운데 어떤 사람을 지목하여 그 사람에 대해 언급하라. 그러면서 청중 모두가 얼마나 신속하게 다시 열의를 보이는지 주시하라. 어떤 이는 자세를 똑바로 펴고 당신과 눈을 맞추려 할 테고, 반면 어떤 이는 몸을 의자 아래로 살금살금 내려앉으며 당신과 눈 마주치는 걸 피하려 할 것이다. 어느 경우든, 그들은 앞으로 몇 분 동안 당신에게 주목할 것이다. 또한, 행사 중에 예상치 못한 일이 일어나도 절대 흔들리지 말라. 평범하고 일상적인 순간을 당신의 이야기에 포함시키고 사람들의 관심을 끌어야 한다. 만약 연설 도중에 스마트폰 벨소리가 울리면 당황하지 말고 스마트폰이 울려 분위기를 깬 사람에게 미소 지으며 말하라. "제 안부도 꼭 전해 주세요." 청중에게 직접 말을 거는 행동은 '당신'을 인간적인 연설자로 부각시킨다. 그리고 청중 모두에게 자신이 공연의 일부라고 느끼게 하라. 이는 관객들로 하여금 자신이 연설자와 '대화를 주고받는' 듯한 기분이 들게 한다(연설자가 자신에게 '일방적으로' 말을 거는 것과는 정반대다). 이런 기술을 잘 구사하면 당신은 좋은 연설자에서 훌륭한 연설자로 도약할 것이다.

어떤 유형의 프레젠테이션을 하든, 청중에게 말을 걸려고 노력하라. 마치 친구와 만난 자리에서 대화를 주고받는 듯한 느낌을 주도록 하라. 연설자와 연설을 듣는 사람들 사이에 벽이 놓인 양 행동하는 대신, 그들을 연설에 적극적으로 참여시켜 자신이 공연에 투입됐다고 느끼도록 만들어라.

4. 아부의 힘을 과소평가하지 말라

평소 경매에 자주 참여하는 친구가 한 명 있다. 그녀는 와인을 몇 잔 마시며 때 다른 경매사가 진행하는 경매에서 겪은 일을 말해 줬다. 친구의 말에 따르면 그 경매사는 자선 모금 행사 시간을 그곳에 온 부유한 사람들에 대한 개인적인 복수의 수단으로 활용하곤 했다는 것이다.

그는 자선경매를 시작할 때 처음부터 최고 수준의 액수를 부르는데, 진행하면서 자꾸 응찰자에게 빈정거리는 말을 끼워 넣었다. "스티브, 작년에 당신이 얼마를 벌어들였는지 『뉴욕타임스』지에 다 나와 있더군요. 그런데 겨우 그 정도만 기부할 건가요?" 그 말을 들은 순간 스티브의 기분이 어땠을지 짐작해 보라. 그는 손을 든 순간 바로 수치스럽고 짜증이 났을 것이다. 가운뎃손가락을 들어 올리고 싶었을지도 모른다. 친구는 경매사와 응찰자가 그런 말을 주고받는 걸 보고 있자니 도저히 번호판을 들 엄두가 나지 않았다고 한다. 번호판을 들었다가는 경매사가 자신을 가리키며 모욕적인 말로 가지고 놀 것 같았고, 그렇게 되면 그 자리에 참석한 사람들 앞에서 창피를 당할 수 있기 때문이었다. 내가 진행하는 경매에 처음 참석했을 때, 친구는 연단에 선 내가 번호판을 든 여성의 아름다운 드레스를 칭찬하는 모습을 보았다. 앞서 등장한 경매사와의 차이가 무엇이겠는가? 나는 무대 위에 있으므로 멋진 드레스를 바로 알아차릴 수 있다. 그래서 응찰을 진행할 때마다 항상 언급한다. "최종 응찰은 엄청나게 아름다운 붉은색 드레스를 입으신 여성분께서 해주셨습니다. 이분은 관대할 뿐만 아니라, 어린아이 넷을 키우는 굉장한 일도 하신답니다." 이 여성이 자선경매에서 매번 손을 들게 하는 사람은 나일까, 아니면 앞서 등장한 경매사일까? 굳이 정답을 말할 필요는 없을 듯하다. 판매에서 부정적인 언행을 한다는 건 용납할 수 없는 짓이다. 그런 짓은 결국 사람들을 소외시키고 모욕하며 외면하게 만든다. 긍정적인 태도와 밝은 언행을 유지하라. 그리고 행사를 지휘하거나 발표할 때마다 그곳에 있는 사람들이 최상의 기분을 느끼도록 최선을 다하라.

어디서나 가장 강한 여성은 자신의 비전을 주변 사람들에게 판매하는 것이 얼마나 중요한 일인지 잘 안다. 스피치는 청중이 당신의 목소리를 들을 준비가 되었는지 확인하는 중요한 도구다. 이를 위해서 수없이 연습을 '하고 하고 또 하는 것(work, work, work)'은 당연하다. 연습을 하면 할수록 그만큼 준비는 철저해진다. 나중에 모임이나 회의 자리에서 스피치를 마무리할 때 당신은 이를 완벽하게 수행할 수 있을 것이다.

　　스마트폰을 손에 쥐어라. 거울 앞에 서라. 그리고 연습을 시작하라!

줄리아 테일러 칙
Julia Taylor Cheek

「샤크 탱크」 방영 역사상 가장 큰 금액의 계약을 성사시킨 인물

프레젠테이션을 준비할 때는 먼저 청중이 무엇을 배우고 싶어 하는지 생각한다. 좋은 프레젠테이션은 그것을 마친 뒤 청중이 무언가를 배웠다고 여기거나 재미있었다고 기억해야 한다. 테크크런치_{Tech Crunch}가 주최한 스타트업 배틀 필드에서, 나는 수천 명의 관객 앞에서 6분 동안 에버리웰을 홍보하며 실시간으로 제품을 시연했다. 이는 안일하게 직감에 의존한 프레젠테이션이 결코 아니었다. 이틀 전 비행기를 타고 샌프란시스코에 가서 연습을 하고 또 했다. 실제 무대에 대비한 예행연습은 프레젠테이션 내용이 입에서 술술 나올 때까지 반복해야 한다. 그리고 행사 당일 나는 확신에 찬 태도로 프레젠테이션을 해냈다.

　　그리고 「샤크 탱크」에 출연하게 되었다. 이는 홍보에 주어지는 시간이 겨우 90초밖에 되지 않기에 순간적인 대처 능력을 갖추고 긴장감을 극복할 준비가 되어 있어야 한다. 질의응답 시간이야말로 요점을 확실하게 부각시키고 반복해서 보여 줄 기회라는 것을 명심해야 한다. 스피치를 단순하게 정의하면 결국 스토리텔링이다. 그렇기에 자신만의 스타일로 요점을 전달하고 말하는 방법을 익히자. 당신은 진정한 자기 자신이 되어 친구들에게 주말에 있던 일을 이야기하듯, 대중 앞에서 자연스럽게 연설할 수 있어야 한다.

알렉산드라
윌키스 윌슨
Alexandra Wilkis Wilson

길트 그룹과 그램스쿼드Gilt Groupe and GramSquad 공동 설립자

강연할 때면 나는 강연장의 분위기를 훈훈하게 만들고 청중이 어떤 상태인지 감을 잡기 위해 일단 한두 가지 질문을 던진다. "이 중에서 지금 현재 사업가이거나, 아니면 앞으로 자기 회사를 세우겠다고 생각하시는 분은 얼마나 계신가요?"

나는 청중과 정서적으로 연결되고자 진심으로 노력하고 항상 미소를 잊지 않는다. 소규모 미팅이나 제품 홍보 자리라면 참석자를 미리 조사하고 공통점을 찾아내려 한다. 그리고 현장의 어색함을 누그러뜨리기 위한 도구로 활용한다.

미팅할 사람의 링크트인 친구 중 내 지인이 있다는 걸 알아내면, 일단 지인에게 연락해서 그 사람과 관계가 좋은지 확인한다. 그다음 미팅 중에 이 사실을 언급하며 어색한 분위기를 푼다. 또 그 사람이 소셜 미디어를 이용하는지 재빨리 체크해서 그 사람이 즐겨 찾는 주제를 파악한다. 그렇게 하면 미팅 때 그 사람이 포스팅한 내용을 언급할 기회가 생길 수도 있기 때문이다. 어색한 분위기를 깨기 위해 스토킹을 하라는 얘기가 아니다. 숙제를 하는 학생의 심정으로 임하라는 것이다!

8

미래의
로드맵을
스케치하라

어디서나 가장 강한 여성은 바로 당신이다

66

친구들이 일요일 저녁을 두고
'일요일 밤의 공포'라 부르는 걸 들은 적 있다.
당신도 이런 느낌이 든다면,
다른 시각으로 바라볼 수 있게 도와주겠다.

99

2017년 10월 『뉴욕타임스』지에 '리디아 위클리프 페네트 따라잡기Keeping Up With Lydia Wickliffe Fenet'라는 제목의 기사가 실렸다. 나의 일상을 시간순으로 기록한 기사였다. 기사가 눈에 잘 띄도록 신문 전면에 게재되었고, 나는 친구들과 가족들에게 잘 읽었다는 인사와 선의의 농담을 듣게 되리라 기대했다. 그러나 기사를 읽은 대부분의 사람들은 내 기대와 달리 "와, 너 정말 바쁘게 사는구나"라는 반응을 보였다.

"일을 끝내고 싶으면 바쁜 사람에게 넘겨라"라는 속담을 들은 적 있는가? 그 '바쁜 사람'이 바로 나다. "이걸 어떻게 다 해?"

라는 말을 1주일에 최소 한 번은 듣는다. 이 질문은 5살도 안 된 아이들 셋을 키우고, 낮에는 회사에서 일하고, 밤에는 자선경매사라는 또 다른 일을 하고, 여가 시간에는 이 책을 쓰는 것을 묻는 것이다. 당연히, 이 복잡한 방정식 전체에서 가장 중요한 부분은 절대 잊지 않는다. 바로 가족을 위해 소중한 시간을 내고, 우정을 유지하는 일이다. 인스타그램에서는 매력적이고 인상적인 글귀를 달아 이 모든 일이 전혀 힘들어 보이지 않도록 신경 쓴다. 그래야 팔로워를 끌어들일 수 있으니까. 인스타그램에서 드러나는 모습이 별로라면, 정말로 상태가 안 좋거나 힘든 일이 생긴 것일까? 그건 아니라고 정말 간절히 말하고 싶지만, 현실에서는 되도록 수월해 보였으면 한다. 일은 잘 될 때도 있고 잘 안될 때도 있지만, 대개는 그 중간에 있다.

방향 감각이 없는 사람에게 로드맵은 정말 간절하고 필요한 것이다. 확실히 요즘 시대엔 훌륭한 애플리케이션이 많지만, 인생을 살다 보면 자리에 가만히 앉아 자신만의 계획을 직접 세울 필요가 있다. 당신을 위해 작동할 수 있는 알고리즘 같은 건 아예 없는 상태의 계획 말이다. 그 계획은 목표를 이루고 대박을 칠 수 있도록 해주는 단계별 계획이어야 한다. 여기서 비밀을 하나 알려 주겠다. 수많은 세월 동안 세운 내 로드맵을 보면 여정 중간쯤에 목표가 하나 쓰여 있다. 바로 '책 한 권 팔기'다. 최근에는 이 목표 바로 아래에 '최소 100만 권을 팔아 치우기'라는 새로운 목표를 추가했다(그나저나 내 목표를 이룰 수 있도록 이 책을 사주신 여러분께 감사드립니다). 그냥 책 몇 권 파는 데만 집중하고 싶지는 않기 때문이다. 출판사가 책을 찍어 내는 속도보다 더 빠르게 팔아 치우고 싶다. 책을 판다는 건 내 삶을 위한 더 큰 계획의 첫 걸음이었다. 이런 목표를 설정하고 실행해 옮기기 위해서는 다음 기회를 계속 도모하는 한편, 시간 활용을 극대화할 필요가 있다. 그러나 이 책은 당신을 위한 것이니만큼, 지금부터는 당신의 로드맵을 그려 낼 수 있도록 자세한 방법을 알려 주고자 한다. 그래야 당신이 아래만 굽어보는 걸 멈추고 위를 올려다보며 앞날을 설계할 수 있을 테니까.

여기서 기억해야 할 중요한 점은 로드맵을 만드는 것은 바쁜 당신의 생활에 추가적인 스트레스를 더하기 위한 게 아니라, 당신이 하고 싶은 일에 집중할 수 있는 시간을 더 많이 발견하기 위함이라는 점이다. 약간의 시간을 들여 일·주·월·년 단위로 계획을 세우면, 당신은 목표를 달성하는 데 드는 시간을 낭비하지 않게 된다.

시간은 귀중하다. 나는 1분이라도 허비하지 않기 위해, 한 주가 시작될 때마다 로드맵이 제대로 되어 있는지 확인하는 시간을 가진다. 간단히 말해서 아침에 일어나는 시간부터 밤에 머리를 베개에 파묻는 시간까지, 모든 일과를 구성하고 면밀하게 검토해서 해야 할 일을 완수할 수 있는지 살펴보는 것이다. 지나치게 엄격하게 들릴지도 모르겠다. 하지만 일단 하루 일과를 머릿속에(혹은 옆에 있는 종이에) 설계해 놓으면 오히려 상당한 융통성을 발휘할 수 있다. 계획을 실행하는 동안 수정은 가능하지만, 결국엔 내가 하기로 마음먹은 일은 모두 다 해내고 싶다. 친구나 동료를 포함한 많은 사람들이 자신이 하고 싶은 일을 위한 시간을 마련하지 못해 끊임없이 괴로워하고 한탄하는 모습을 봐왔다. 만약 그 사람들도 앉아서 날마다 계획을 세운다면 많은 데드 타임(출퇴근 시간, 이동 시간, 아이들 낮잠 자는 시간, 업무를 끝낸 이후의 시간, 아이들이 잠자리에 든 시간)을 활용해 원하는 목표를 이루는 데 몇 분을, 심지어 몇 시간을 더 쓸 수 있음을 알게 될 것이다.

내가 인생 로드맵을 짜는 데에 이렇게나 고민하고 생각을 쥐어짠다는 것에 불신을 품을지도 모르겠다. 그러나 나도 처음부터 이런 방식으로 살지는 않았다. 고등학교와 대학교를 다닐 무렵에는 목표를 설정하고 달성하기 위해 노력하는 것이 중요하다는 사실을 알고는 있었지만, 목표 달성을 위해 진짜 로드맵을 짜서 실생활에 이행할 생각까지는 하지 못했다. 대학을 졸업하고 크리스티에서 인턴십을 시작했을 때도 별 생각 없이 인생을 그냥 살아가고 있었다. 심지어 정직원이 된 초창기 무렵에 거둔 성공은 대부분 내가 열심히 일한 덕분이라기보다, 윗분들이 타이밍 좋게 자리 이동을 하는 바람에 이룩한 것이라 해야 한다. 내 또래 남자 동료들과 이야기를 나누다 보면, 그들 중 상당수가 인격 형성에 있어서 중요한 순간에 대해 말한다. 즉 부모님이 그들을 자리에 앉혀 놓고, 열심히 공부해서 좋은 성적을 받아야 나중에 나이를 먹으면 제대로 생계를 꾸리고, 가족을 부양할 수 있다고 설명하며 타이르는 순간 말이다. 하지만 여자 동료들 중에는 부모님과 이런 유형의 대화를 나눠 본 사람이 극히 드물었다. 물론 "너는 원하는 건 무엇이든 할 수 있어" 같은 내용의 충고를 들은 동료들이 있었지만, 딸을 앉혀 놓고 목표에 도달해야 하는 이유를 확실히 이해시키고 기대심리나 제약 조건을 설명해 주는 부모님은 아주 적었다. 그러나 경력을 쌓아 가면 갈수록, 나의 경력과 삶을 안정시키기 위해 로드맵을 짜고 실행하는 것이 얼마나 중요한지 더욱 실감하게 됐다. 그렇게 하지 않으면 일상의 고된 일에 치여 옴짝달싹 못하게 되기 때문이다. 이제 고개를 들고 무엇이 되고 싶은지 계획하라. 만약 당신이 목표를 이루기 위해 노력한다면, 그 노력 자체만으로 일상을 유지할 추진력과 동기를 얻을 수 있을 것이다. 또 원하는 것을 얻기 위한 로드맵을 짠 뒤, 그것을 가장 가까운 사람들에게 말하는 것이 좋다는 사실도 깨달았다. 그것은 설정한 목표를 책임감을 가지고 끝까지 추진할 수 있도록 해준다. 내 친구 매리 줄리아니는 모든 목표를 공유한다. 그녀도 자신의 목표를 전부 내게 말해 준다. 우리는 최고의 단짝 친구다. 우리 우정은 서로를 대단히 자랑스러워하기 때문에 더욱 아름답다. 내가 설정한 목표를 다시 상기해 줄 사람이 필요할 때, 또는 내게 용기를 북돋아 줄 사람이 필요할 때 항상 매리에게 연락한다. 그리고 매리는 내가 그녀를 위해 똑같이 달려올 거라는 사실을 잘 알고 있다.

지금 당신은 내가 말한 이 모든 게 도대체 판매와 무슨 상관이 있는지 의아할 것이다. 이번 장의 주제는 시간 관리니 말이다. 내가 말하고 싶은 것은 인생에서 준비라는 게 얼마나 중요한가, 하는 점이다. 즉 일과 목표의 우선순위를 정확히 파악하고 그것을 제대로 계획할 시간을 마련하는 것, 일별, 월별 일정을 미리 계획해서 달력에 적어 두는 것, 장기적인 로드맵 계획에 착수하는 것이 중요하다는 것을 말해 주고 싶다. 그렇게 함으로써 당신은 확신을 가지고 원하는 것을 쟁취하기 위해 레이저로 초점을 맞추듯 집중할 수 있을 것이다.

그러니 이제부터 주간 로드맵의 시동을 걸어 보자. 이를 위해 새로운 1주일이 시작되기 전 계획을 짜야 한다. 친구들이 일요일 저녁을 두고 '일요일 밤의 공포'라 부르는 걸 들은 적 있다. 일요일 저녁이 되면 직장, 학교, 구직, 공백 메우기의 한 주가 또 시작되는구나, 싶어서 눈앞이 캄캄해지기 때문이다. 당신도 일요일 저녁에 이런 느낌이 든다면, 다른 시각으로 바라볼 수 있게 도와주겠다.

일요일 저녁은 내게 있어 새로운 주week를 위한 준비를 마치고 마음을 환기하는 시간이다. 이를 위해 늘 나와 생사고락을 함께한 조직적인 도구를 꺼내 보겠다. 당신은 내가 얼마나 멋진 앱을 발견했는지, 또 어떤 기술로 인생을 체계화하는지 궁금할 것이다. 당신의 심정을 잘 이해한다. 하지만 사실을 말하자면, 나는 아주 오래전부터 종이 달력을 사용하고 있다. 'calendars.com 사이트'에서 연도 부분이 빈 달력을 골라 프린트해 사용한다(기술업계에 종사하는 사람은 이 부분을 읽으며 매우 실망하리란 걸 잘 알고 있다). 한 페이지에 월간 플래너가 있고, 우측 상단에는 날짜가, 그 아래 네모 칸에는 파란 하늘이 그려진 달력을 쓴다. 그 빈칸에는 자신의 목표를 가득 채우면 된다. 오해하지 말아 달라. 물론 나도 스마트폰으로 정보를 습득한다. 하지만 종이에 계획을 써넣고 이를 직접 보면, 다가오는 1주일뿐만 아니라 향후 몇 주가 어떻게 흘러갈지 한눈에 보이고, 이 모든 계획을 다스리는 기분이 든다.

빈칸에는 업무, 본업 이외의 활동, 아이들의 활동, 가족 행사, 여행 계획 등의 목록을 채운다. 이렇게 해두면 앞으로 있을 일정에 대비할 수 있을 뿐 아니라 모든 일을 원활하게 진행하기 위해 어떤 준비를 해야 할지 생각하는 데도 도움이 된다.

만약 주중에 경매가 잡히면, 일요일에 남편의 일정을 상의한다. 남편과 나는 혹여나 문제가 될 수 있는 일정은 없는지 꼼꼼히 분석하고 함께 해결책을 찾는다. 예를 들어 화요일에 퇴근을 했다가 자선경매를 진행하러 다시 나가야 할 때, 남편은 그 시간에 맞춰 퇴근할 수 있을까? 남편이 제시간에 귀가하지 못할 경우 그 시간차를 메우고자 베이비시터를 불러야 할까? 10분쯤 되는 시간을 들여 1주일의 계획을 짜면 중요한 요소 중 하나인 나의 옷장 문제를 해결하는 데도 도움이 된다. 아이들을 등교시키는 길에 세탁소에 들러 옷을 맡길까? 친구에게 전화를 걸어 전에 빌려준 드레스를 받아야 할까? 의류 대여 업체에서 정장을 빌릴까? 온라인 쇼핑몰에서 얼른 옷을 사는 게 나을까?

이렇게 미리 계획을 세워 두면 옷장을 이리저리 뒤질 필요도 없고 시간이 임박해서야 미팅, 강연, 경매에 어울리는 옷이 없다는 걸 깨달아 낭패를 볼 우려도 없다. 이는 나를 굉장히 안심시켜 주며, 시간을 조금만 투자하면 의상도 미리 계획할 수 있으니 대단히 효율적이다. 물론 경매에 입고 나갈 드레스를 드라이클리닝까지 해야 하나 말아야 하나 고민하는 사람이 극소수라는 사실은 충분히 안다. 하지만 이 책을 읽는 독자 중 최소 한 명 이상은 옷장 앞에 서서 시간은 자꾸 가는데 무슨 옷을 입고 하루를 시작해야 할지 몰라 갈팡질팡한 적이 있으리라 생각한다. 겨우 옷을 골라도 이미 시간은 늦었다. 아이가 있는 경우라면 역시 늦었다. 더욱이, 문을 나서는 순간부터 주눅이 들고 뒷걸음질 치고 싶은 심정이다. 그러니 계획과 일정을 미리 짜두고 일요일 밤에 엄습하는 걱정과 근심을 없애 버리자.

만약 주간 일정을 보고 두려워진다면, 설렐 만한 다른 일을 주간 일정에 추가해 보자. 친구와 산책을 하거나 달리기를 하거나 직장이나 학교가 끝난 뒤 만나서 여유를 즐길 약속을 잡아라. 퇴근하고 아이들을 겨우 재운 뒤, 아무 생각 없이 텔레비전 앞에 앉아 서너 시간을 흘려보내는 짓은 절대 하지 말자. 시간이 없다고 말하는 사람은 많다. 그러나 나는 그 사람들이 주어진 시간을 얼마나 활용하는지 궁금하다. 목표를 설정하라. 아무리 사소한 것이라도 일단 목표를 정해라. 그리고 저녁 시간을 낭비하지 말고 생산적으로 활용하라. 특정 텔레비전 프로그램을 좋아하고 짧은 시간에 여러 프로그램을 동시에 보는 성향이 있는가? 그렇다면 대여섯 개의 에피소드를 연달아 시청하는 습관을 버리고 한두 개로 줄이도록 하자. 나는 이 책의 대부분을 저녁 시간에, 아이들을 재운 뒤에 썼다. 한 챕터를 다 쓰면 보상으로 넷플릭스의 드라마 「더 크라운」의 에피소드 한 편을 남편과 시청했다. 이런 방식으로 책을 끝까지 쓰겠다는 동기를 강화했고, 스마트폰을 들여다보며 시간을 허비하는 일도 막을 수 있었다.

내가 말하는 '로드맵'이 정확히 무슨 뜻이라고 생각하는가? 나는 업무로 빡빡한 나날을 위한 로드맵부터 향후 10년에 이르기까지 넓은 범위로 로드맵을 짰다. 향후 10년의 로드맵은 너무 거창하게 들리니, 여기서는 하루의 로드맵을 다루려 한다. 세 아이를 돌보고(날마다!) 사무실에서 하루 종일 일한 뒤 저녁 늦게 경매를 진행하는 일정 말이다.

만약 미친 듯이 바쁜 날이라면 전체 일정을 따로 기록하겠지만, 비교적 덜 체계적인 날이라면 하루 일정을 처리하는 데 도움이 될 매개 변수와 나의 육감을 이용한다. 하루 일정이 정리된 로드맵을 짜두면, 아침에 눈을 뜨는 순간부터 '내가 어디에, 언제까지 가야 하지?' 따위의 고민으로 쓸데없는 시간을 낭비하지 않아도 된다.

하지만 알다시피, 인생이란 건 절대 쉽게만 흘러가지 않는다. 출근길에 옷이 엉망이 될 수도 있고, 교통체증이 심해질 수도 있고, 위로가 필요한 친구가 급하게 전화를 걸어 올 수도 있다. 오전 내내 기습 공격을 방불케 하는 사건들은 너무 쉽게 일어난다. 이런 아수라장에 어린아이 셋까지 끼어들면? 아무리 잘 짠 최고의 계획이라도 항상 예상치 못한 것들 때문에 무산되기 일쑤다.

최소 1주일에 한 번은 딸아이를 학교에 데려다주고 난 다음에, 아이의 도시락 가방을 내가 들고 있단 사실을 알아차린다. 그것도 학교에서 네 블록이나 떨어진 지하철역에 들어간 다음에야 말이다. 딸아이의 이름인 비어트리스의 이니셜이 적힌 도시락 가방을 들고 직장까지 간 적은 (아직) 없지만, 이것도 시간문제일 듯싶다. 핵심은 처음부터 모든 게 완벽하게 진행되리란 가정을 우선순위에 두되, 이런 돌발 상황에 대처할 수 있는 충분한 시간을 마련해두는 것이다. 가장 좋은 방법은 일·주·월·년 단위로 로드맵을 계획하는 것이다.

그래서 여기서는 나의 일반적인 '월요일 로드맵'을 소개하려 한다. 내 아이폰 화면 왼쪽에는 대략적인 '시간'과 그 시간에 해야 할 '일'이 간략히 쓰여 있다. 내가 소개하려는 로드맵도 그런 방식으로 작성되었다. 이 로드맵에서 시간을 잘게 나누고 한눈에 보기 쉽도록 굵은 글씨로 명시했다. 이를 참고하면 당신도 분 단위로 하루의 로드맵을 계획할 수 있을 것이다.

오전 6시 30분

이 시간이 되면 자연스레 눈이 뜨여서, 아이들이 일어나기 전 찰나의 조용한 아침을 즐긴다. 밤새 아시아에서 온 이메일을 살피고, 회신이 필요한 긴급 사항을 검토한다. 아침에 일어나면 가장 먼저 조금이라도 운동하려고 노력한다. 달리기를 하거나 체육관에 갈 수 있을 만큼 일찍 일어나지는 못해도, 팔굽혀펴기, 윗몸일으키기, 기본적이고 별로 어렵지 않은 요가 스트레칭 동작 같은 걸 한다(쉬운 것밖에 안 한다지만 중요한 건 매일 한다는 것!). 강한 정신력에는 강한 건강관리가 뒷받침 된다고 '진심으로' 생각한다. 절대로 이틀 이상 운동을 건너뛰지 않는다. 이건 고등학생 때부터 거의 종교 율법 수준으로 지켜 온 나만의 규칙이다. 운동을 빼먹는 날이 늘어날수록 그만큼 운동을 다시 시작하기 어려워진다. 운동하기 싫더라도 운동은 매일, 반드시 해야 한다. 이른 아침, 이른 저녁, 한낮, 늦은 밤. 시간은 상관없다. 물론 분명 운동하기 힘든 날도 있을 것이다. 분명 아무것도 하고 싶지 않은 날이 있을 것이다. 그러나 이틀 이상 운동을 쉬어서는 안 된다는 점을 꼭 기억하라.

업무로 바쁜 주중에는 ―내가 가장 좋아하는 운동인 달리기를 하러 나갈 수 없다면― 자전거를 타고 출근한다. 회사에 도착할 때쯤이면 마치 강풍에 휩쓸린 기분이 들고, 살아서 도착한 것에 감사한 마음까지 들지만(뉴욕에서 자전거를 타는 건 장난이 아니다) 어쨌든 지하철에서 앉아 있을 시간에 운동을 한 셈이 아닌가? 자녀가 있는가? 그렇다면 아이들이 노는 시간에 당신도 함께 놀아라. 아이들이 축구를 하면서 뛰어노는가? 그렇다면 심판이 되어 아이들을 따라 전력 질주하라. 아이들이 잠든 시간에 스마트폰을 보며 홈 트레이닝을 하는 방법도 있다. 하루를 아무리 바빠 보낸다고 해도 운동할 시간은 항상 있다. 하루의 로드맵을 유심히 살펴본다면, 운동할 수 있는 시간을 파악해 일정에 추가할 수 있을 것이다.

오전 7시

아이들은 보통 이 시간에 일어난다. 이제부터 전 세계 모든 부모가 겪는 일상이 시작된다. 일어나서 아이들 밥을 먹이고 안아주고 양치를 시킨 다음 도시락을 싸고 옷을 입히는, 이 모든 것을 하면서 또 우리 막내가 바닥에 물을 엎지르거나 어딘가에 기어오르거나 어딘가에서 굴러 떨어지지 않았는지 확인해야 한다. 이 시간에 내가 화장을 해야 한다고 말했던가? 머리를 말아야 한다는 얘기도 했던가? 이런 소동이 휘몰아치듯 지나갔지만, 옷을 제대로 입고 있는 것은 한 아이뿐이고, 다른 아이는 셔츠에 음식을 잔뜩 묻혀 놓았다.

우리 모두 2분 뒤에 나가야 한다.

숨, 숨을 쉬어야 한다.

오전 7시 45분

크리스와 나는 두 아이를 각각 학교에 데려다준다. 두 아이가 다른 학교에 다니기에 우리는 따로 움직여야 한다. 오늘 아침 첫 수업이 8시 15분에 시작되는 큰딸과 먼저 학교로 향한다. 이럴 때는 약간의 카페인이 들어가야 하는 법이라, 스타벅스에 들러 앱으로 미리 주문한(덕분에 10분을 절약했다) 라테를 마시며 아침을 시작한다. 테이크아웃 잔을 들고 딸아이와 역으로 내려가 지하철을 타고 학교에 도착한다. 둘째 아들은 8시 45분까지 등교라서, 크리스는 집에서 나머지 두 아이를 돌보고 있다.

오전 8시 30분

막내 아이를 돌봐 주는 베이비시터 레아가 도착하고, 크리스는 둘째 아들과 집을 나서서 학교까지 걸어간다. 지금 이 상황을 분할 화면으로 보여 준다면, 큰딸의 학교에서 종이 울리는 장면을 보게 될 것이다. 딸에게 한바탕 뽀뽀 세례를 퍼붓고, 더 요란하게 서로를 껴안는다. 딸이 등교하면 엄마는 하루 일과의 다음 단계를 준비하기 위해 스피드를 올린다.

오전 8시 45분

큰딸 비어트리스를 학교에 데려다주고 지하철역으로 걸어가는 바로 그 순간부터 직장인 모드로 변한다. 나는 걸으면서 스마트폰 메시지를 보내는 기술을 완벽하게 마스터했다. 물론 인도를 걷는 사람들은 내 생각에 동의하지 않겠지만. 출근할 때 생기는 자투리 시간에는 이메일 답장을 보내거나 달력을 체크해 그날 예정된 모든 미팅을 준비했는지 확인한다. 지하철을 타고 가는 시간도 절대 낭비하지 않는다. 하루 중 사람들이 내게 접근하지 못하는 유일한 시간이니까. 지하철 대신 차를 몰고 출근할 때는 (나 혼자 있는 경우에는) 시간을 절약하기 위해 부재중전화를 확인하고 여기저기 전화를 건다.

오전 9시

크리스티에 도착하면 '책상에서 일하는' 하루 일정을 시작한다. 굳이 이렇게 말하는 이유는 —9시 이전의 내 오전 일정을 보면— 나는 이미 아침에 지하철을 타고 출근하는 동안, 주어진 45분 동안 열심히 일했기 때문이다. 때때로 책상 앞에 도착하면, 그냥 자리에 앉은 채로 몇 번 심호흡을 할 때도 있다. 아침 일정은 정신없이 아이들을 돌보면서 시작된다. 그렇기에 잠시라도 그냥 가만히 있는 시간이 필요하다는 생각이 내 머리를 강타하곤 한다. 그렇게 잠깐 숨을 돌리다가 이제 집중할 수 있겠다는 생각이 들면, 컴퓨터를 켜고 로그인한 다음 업무 속도를 올린다. 동기 부여를 유발하는 요령 중 내가 가장 좋아하는 것은 친구 코린이 알려준 방법이다. 그녀는 업무에 사용되는 패스워드를 자신의 현재 목표가 반영된 단어로 바꾼다. 예를 들어 지금 빨리 끝내고 싶은 프로젝트를 진행하고 있다면, 그 프로젝트의 명칭으로 패스워드를 바꾼다. 만약 체육관에 가서 운동하는 걸 잊지 않고 싶다면 패스워드를 '건강관리'라고 바꾼다. 우리가 하루 동안 얼마나 많이 패스워드를 입력하는지 잘 생각해 보라. 이 방법은 목표를 설정하고 끝까지 완수해야 한다는 각오를 일깨워 준다. 바로 지금 내 이메일 계정의 패스워드는 '책 집필 끝내기#1'이다.

　업무 일과가 시작되고 처음 15분은 정리 정돈을 한다. 이메일의 '받은 편지함'에 들어가 전날부터 들어온 이메일을 깨끗이 정리한 후, '오늘 꼭 해야 할 일' 목록을 작성해 노트북 상단에 붙인다. 그래야 언제 어디서나 볼 수 있기 때문이다. 마지막으로 아직 처리하지 않은 아이들 학교 준비물, 병원 예약, 개인 용무를 재

확인하고, 오전 9시 30분 모든 직원이 오기 전까지 정리를 마친다.

오전 9시 30분

이 시간은 미팅을 열기에 가장 적절하다. 사람들이 쌩쌩하고 하루를 시작할 준비가 되어 있기 때문이다. 이 순간은 여러모로 경매를 시작할 즈음의 청중을 떠올리게 한다. 사람들은 아침에 더욱 열의가 넘치는데, 그날의 첫 커피를 마시고 정신이 맑아져 집중력도 높아지고 에너지도 넘친다. 나는 아이를 낳기 전까지는 절대 아침형 인간이 아니었지만 지금은 아침을 사랑한다. 뿐만 아니라 아침이면 주변에서 발산되는 에너지에 사로잡힌다. 만약 미팅 시간을 잘 지키지 못하는 편이라면 하루 일정을 기입한 달력을 프린트해서 항상 가지고 다니도록 하라. 일정이 적힌 달력을 계속 가지고 있으면 그 일정을 계속 떠올리고 집중할 수 있다. 나는 매일 최소 30분은 책상에 바짝 붙어 앉아 다른 사람의 접근을 차단한다. 그렇게 하지 않으면 꼭 해야 할 일을 전부 마치지 못한 채 사무실을 떠나는 기분이다. 이때 내가 일을 처리하는 속도는 다른 직원들이 경이로워할 정도다.

오후 12시

얼굴을 직접 맞대고 하는 미팅을 좋아한다. 잠재고객을 새로 만나는 경우, 나는 종종 그들에게 점심을 함께하지 않겠냐고 묻는다. 커피를 마시거나 전화를 하는 것보다 점심 식사를 함께하는 쪽이 고객을 더 잘 알아 갈 수 있다. 누군가를 만나지 않을 때는 짧게 왕복 여행을 떠나는데, 그건 아주 가까운 곳에 있는 식당에 가서 점심을 사서 내 자리로 돌아오는 것이다. 상사에게 무언가를 물어도 도통 대답을 들을 수 없다고 불평하는 사람에게 전수하고 싶은 요령이 있다. 여가 시간을 활용하라는 것이다. 회의 장소에 가거나 그곳에서 나올 때, 심지어 점심을 가지러 갈 때 상사와 동행해 보라. 팀원 중 한 명은 내 미팅 일정이 하루 종일 연달아 잡힌 것을 알게 된 날에는 이런 식으로 늘 나와 동행한다. 그 팀원과 내가 여행 시간을 같이 보내지 않았다면, 내 업무 시간은 15분이 더 추가될 것이다. 자리로 돌아올 즈음이면 그녀는 내게 필요한 걸 전부 얻어 내고, 나는 나대로 업무 일정을 계속 진행한다. 또 다른 동료는 내가 회사에서 몇 블록 떨어진 곳으로 점심 미팅을 하러 갈 때 똑같이 여행 시간을 보내자고 제안했다. 그도 일정이 빡빡하고 나도 일정이 꽉 차 있으니, 우리가 아무런 구애를 받지 않고 업무를 논의할 수 있는 시간은 오로지 그 길을 걸을 때뿐이다. 그래서 그는 내가 점심 미팅하러 가는 길에 나와 함께 걸었고, 우리는 전략을 논의했다. 그러고 나서 그는 자신의 점심을 포장해 회사로 복귀했다. 날마다 그 정도로 바쁜 것은 아니지만 그래도 할 일이 많다면, 일정 중 부동 시간을 활용하는 것도 좋다는 것을 유념하라.

오후 2시

오후 시간에는 대개 부재중전화에 답을 하거나 잠재적 파트너와 미팅을 하거나, 경매 위원회와 많은 기부를 유도할 행사 전략을 논의하거나, 팀원들과 새로운 파트너십 전략을 브레인스토밍한다. 퇴근 시간이 가까워질수록 더 많은 동료가 여유롭게 잡담을 하러 내 자리에 들른다. 직계 가족을 빼고, 살면서 직장 동료만큼 많은 시간을 보내는 사람이 없다는 건 사실이다. 아무리 친한 친구라도 1주일에 닷새를, 하루 8시간에서 12시간을 내내 보지는 않으니까. 동료들과의 우정과 유대는 업무 경험을 향상시키는 데 도움을 주고 동시에 인적 네트워크도 확대시켜 준다. 그렇다, 그들은 동료지 친구는 아니다. 하지만 서로 지원하고 도움을 주다 보면 사무실 바깥에서도 친구가 된다. 나와 아주 가깝게 지내는 친구는 예전에 내 행사부에서 근무했다. 말 그대로 아주 가까운 친구고, 절친 중의 절친이다. 결혼식 때 서로의 들러리를 섰을 정도다.

사람들은 종종 내가 한 직장에서 20년 동안 근무했다는 사실에 믿지 못하겠다는 반응을 보인다. 그러나 동료들과 좋은 관계를 맺고, 그들의 행복과 복지에 신경 쓰고, 가능하면 언제나 긍정적인 관계를 유지하려고 노력했기에 크리스티에서 계속 근무하고 성공할 수 있었다. 물론 동료와의 관계가 인생에서 중요한 부분을 차지한다고는 해도, 귀가할 때나 투잡을 하러 갈 때, PT를 받으러 달려갈 때는 당신의 하루에서 마치 블랙홀처럼 사라지는 동료도 있다. 지금 내 말을 오해하지 않길 바란다. 나는 여느 여성과 마찬가지로 친구나 동료들과 나누는 긴 대화를 즐긴다. 하지만 요즘엔 정시 퇴근을 하기가 아주 힘들다. 특히 경매 기간에는 그렇다. 오랫동안 함께 근무한 동료들이 내 자리에 잠깐 들러 말을 걸기 시작하면 한 시간은 금방 지나가 버린다. 그래서 나는 수다스러운 사람들과 좋은 관계를 유지하기 위해 1주일에 한 번, 그들이 있는 칸막이 자리나 사무실을 직접 방문해 5분 정도 짧게 대화를 나눈다. 그렇게 하면 동료들에게 계속 관심을 보이면서도 내 일과 계획을 온전히 통제하고 유지할 수 있다는 걸, 몇 년 전에 알았다. 다른 사람들에게 휘둘려 퇴근 시간을 뒤로 미루는 일 없이, 동료에게 이제 그만 가달라고 부탁하는 일 없이(또는 그들이 가야 할 이유를 구차하게 설명할 필요 없이), 스스로 대화를 마무리하거나 자리를 뜰 수 있다. 나는 함께 공유하거나 물어볼 만한 주제를 하나 골라서 5분을 꽉 채운다. 이때 주의할 점은 절대 앉아서 대화를 나누면 안 된다는 것이다. 그냥 편하게 문틀이나 칸막이벽에 기대는 게 좋다. 주말 내내 있던 일을 세세히 보고하려고 방문한 게 아니라 지나가다 잠깐 들렀다며 부담을 덜어 줄 수 있으니까.

오후 4시 30분

경매가 있는 날에는, 오후 4시 30분에 알람을 켜둔다. 그리고 4시 45분부터 5시까지 일정표를 보지 않는다. 대략 한 시간쯤 숨을 돌리고, 팀원과 연락을 하고, 막판에 생긴 사안을 처리한다. 항상 팀원들에게 말한다. "15분 뒤에 퇴근할 거니까 필요한 거 있으면 그 전에 말해요." 팀원들이 업무를 잘 해내기 위해 필요한 답을 다 얻었다는 느낌을 갖도록 자율권을 준다. 그러기 위해 노력하지만, 퇴근 전 팀원들의 질문에 전부 대답하지 못할 때도 있다. 그래서 퇴근한 후에도 스마트폰을 내려놓지 않는다. 나는 지하철에서도 이메일을 확인하고 답신한다. 스마트폰 화면을 올렸다 내렸다 하며 많은 시간을 쓰는 데 크게 반대하지는 않으나, 그래도 시간 낭비를 하지 않도록 인스타그램, 페이스북, 트위터 이용 시간에는 제한을 둔다. 수업을 마친 아이들을 차에 태우려고 기다리는 중이든, 지하철을 기다리는 중이든, 마트에서 계산을 기다리는 중이든, 인스타그램에서 한 번도 만난 적이 없는 사람의 사진에 '좋아요'를 누르느라 시간을 낭비하는 것보다 그 순간에 업무를 놓치지 않도록 노력하라.

오후 5시 15분

나는 항상 아파트 복도를 걸으면서, 현재 진행 중인 업무나 급히 해결할 사안과 관련된 이메일 업무를 마친다. 현관문을 열고 들어가기 전에 끝내려고 하다 보니, 문 밖에 서서 열심히 이메일을 작성하는 나를 보고 이웃집 여자아이가 의아하지만 재미있다는 표정으로 올려다보곤 한다. "리디아 이모, 지금 뭐 하세요?"라는 질문을 한두 번 들은 게 아니다. 나는 그 아이가 내게 다가오는 소리도 제대로 듣지 못한다. 이는 내가 스마트폰으로 업무를 처리하는 데 얼마나 몰입해 있는지를 잘 보여 주는 일화다. 집 안으로 들어서는 순간, 아이들이 원하는 것은 엄마이지, 전략적 제휴 글로벌부서 책임자가 아니다. 그리고 아이들이 현관으로 달려와 나를 껴안을 때 얼굴 가득 퍼지는 웃음을 보고 싶지, 환하게 빛나는 아이폰 화면을 보고 싶지는 않다. 아이들이 잠자리에 들 때까지 두어 시간 동안 오프라인 상태를 확실하게 유지하기 위해 문 밖에서 20분 동안 서 있어야 한다면, 기꺼이 그렇게 하겠다. 집에 도착한 시간부터 아이들을 재우는 시간까지는 온전히 아이들과 함께 보내고 싶다. 정말로 긴급한 사안이 아니라면, 아파트에 들어선 순간부터 딸아이의 방문을 닫는 순간까지 회사 업무는 다 접어 둔다.

스마트폰을 핸드백에 집어넣은 뒤 집 안으로 들어가 아이들이 만든 혼란과 마주한다. 학교에서 돌아온 아이들은, 대개 저녁을 먹으려고 식탁에 앉으려던 참이다. 저녁 2시간은 온전히 아이들에게 바친다. 그날 무얼 했는지 듣고, 함께 노래를 부르고, 베이비시터와 내가 한 명씩 맡아 목욕을 시켜 그날 장난친 흔적을 말끔히 씻어 낸 뒤 잠옷으로 갈아입힌다. 베이비시터가 떠나고, 나머지 저녁 시간은 책을 읽고 아이들 잠자리를 준비하며 보낸다. 아이들을 재우는 시간은 저녁 7시에서 7시 15분 사이다. 이때는 침대로 기어들어가고 싶지만 꾹 참고 큰딸의 방을 나온 후에야 나만의 오프라인 상태로 돌아간다. 그리고 대부분의 경우, 필요하다면 저녁 시간 내내, 아니면 적어도 남편이 귀가할 때까지 나머지 일을 전부 끝마친다. 심지어 자선경매가 있는 밤에도, 택시를 타고 가는 중이나, 또는 무대 뒤에서 대기하는 중에도, 무대에 나가기 몇 분전까지 이메일 답신을 보낸다. 스마트폰의 저주가 널리 퍼졌다. 언제 어디서든 일을 할 수 있으니까. 하지만 언제 어디서든, 어떤 환경에서든 능히 업무를 처리할 수 있게 됐다.

저녁 7시 30분

이쯤이면 피곤해질 때도 있지만, 저녁 스케줄을 위해 에너지를 끌어 올린다. 마음은 이미 자선경매사 모드로 돌입했고, 필요한 것은 모두(노트, 경매봉, 립스틱) 경매용 핸드백에 넣어 현관에 뒀다. 그러니 이제부터는 무대에 설 준비가 다 됐다는 확신을 가지면 된다. 이 시간에 우리 집을 쓱 보면, 칵테일드레스의 지퍼를 반쯤 잠근 채 서 있는 나를 발견할 것이다. 머리를 말거나 아니면 펴고, 풀메이크업을 하고, 경매품 목록을 읽고 또 읽어 정보를 머릿속에 단단히 입력한다. 교통체증이 심해 택시에서 내려 행사장까지 달려야 할 사태에 대비해 하이힐은 백에 넣고 굽이 낮은 신발을 신는다. 준비를 마치면 현관문이 열리는 소리를 기다린다. 나갈 때가 임박해서야 준비를 한다면 스트레스를 받고 갈팡질팡할 것이다. 하지만 모든 것을 미리 준비해 놓으면, 나중에는 스트레스를 받을 필요가 없다.

밤 8시

남편이 집에 도착한다. 타이밍 좋게 나는 드레스 뒷부분의 지퍼를 채우고 있다. 하루에 있었던 일을 짤막하게 이야기하고, 문 밖으로 나가 경매장으로 향한다.

밤9시

만찬 시간에 미리 참석해 자리를 지켜야 하는 게 아니면, 보통 경매가 시작할 즈음 행사장에 도착한다. 그래서 막판에 발생한 문제나 앞으로 일어날지도 모르는 일을 몇 분 안에 신속하게 분석하고 해결해야 한다. 무대 뒤편에 서서, '보이스 오브 갓'의 목소리가 들릴 때까지 노트를 검토한다. 이윽고 목소리가 들린다. "3, 2, 1……." 경매봉으로 연단을 스트라이크하고, 스트라이크하고, 스트라이크한다. "신사 숙녀 여러분, 안녕하십니까." 무대 뒤에서 느낀 긴장은 경매봉으로 연단을 치자 즉시 사라지고 힘차게 경매를 시작한다.

밤10시

이 시간에는 보통 저녁 경매를 마치고 집으로 돌아간다. 경매 전에는 웬만해선 뭘 먹지 않으므로 이 시간에 음식을 주문한다. 내가 집에 도착하는 시간에 맞춰 배달되도록 일러둔다. 배달을 시키지 않을 때는 냉장고에서 음식을 꺼내 먹기도 한다.

밤10시 30분

마침내 집에 도착해, 잠옷으로 갈아입고 소파에 앉아 밤을 보낸다. 식사를 하면서 원고를 쓰거나 남편과 공유하지 못했던 나머지 하루 일과를 이야기한다. 남편이 이미 잠들었다면 소파에 앉아 글을 쓰거나 아이들의 학교 준비물이 빠짐없이 잘 준비되어 있는지 확인한다. 그리고 일정을 재차 확인해 다음 날 일어날 수도 있는 사안을 미리 예측한다.

밤 11시 45분~자정

어렸을 땐 저녁형 인간이었지만, 이제는 자정 전에 잠자리에 들려고 한다. 어머니는 내가 항상 밤늦게까지 잠들지 않고 밤이 깊어질수록 혈기왕성해지는 걸 보면서, 내가 어떤 인생을 살게 될지 걱정하곤 했다. 아침마다 에너지 넘치는 아이 셋을 마주하는 삶이 아니었다면, 지금도 책을 읽으며 최소 새벽 2시나 3시까지는 깨어 있을 것이다. 아니면 두 번째 책—이것은 내 인생 로드맵 아래쪽에 쓰여 있기는 하다—을 집필했을지도 모른다. 그러나 이 책에서 계속 밝혔듯이, 나는 1분도 허비하지 않는다. 하루를 보내면서 스트레스를 받거나 통제 불가능하다고 느낀 적이 없다. 다음 상황에 필요한 것들을 미리 가시화해서, 이후 내 앞길에 돌발 상황이 터지더라도 충분히 대응할 수 있기 때문이다.

하루 일정이 어떻게 진행될지 미리 이해하고 현관문을 나서면, 내가 원하는 대로, 필요한 대로 모든 일을 완수했다는 기분으로 하루하루를 마친다. 이러한 이해 작업이 계속 쌓이면, 내가 성공적인 삶을 살고 있다는 기분으로 대부분의 하루를 마감한다. 물론 모든 날이 아니라, '대부분의 날'이 그렇다는 뜻이다. 아이들, 남편과 보내는 시간을 우선순위에 놓고, 날마다 설정한 목표를 성취하고, 성취감을 느낄 수 있는 새로운 목표를 설정하는 것. 내가 생각하는 성공이란 바로 이런 것이다. 하지만 이 사례가 모든 사람에게 해당되지는 않을 터다. 그러니 당신이 생각하는 성공이란 어떤 모습일지 충분히 생각하라. 그 모습을 갖추려면 무엇을 준비해야 할지도 말이다. 자신에 대한 확신을 가지고 원하는 것을 확실히 알 때, 명확한 태도와 시각을 얻을 수 있으며, 앞날을 내다보고 다음 단계를 파악하는 데 집중할 수 있다. 그리고 바로 이 순간, 다른 사람에게 자기 자신과 비전을 판매할 수 있으리라.

나는 이를 직접 경험해서 잘 안다. 5년 전 비영리단체인 룸 투 그로우Room to Grow를 위해 경매를 진행한 적 있다. 경매를 진행한 장소는 만다린 오리엔탈 볼룸이었는데, 행사장의 한쪽 벽면이 전부 유리창으로 되어 있어서, 맨해튼 상층부는 물론 놀라울 정도로 아름다운 센트럴 파크의 풍경도 감상할 수 있었다. 나는 나긋나긋하고 금발 머리를 가진 배우 우마 서먼의 다음 차례에 무대에 섰다. 그녀는 나를 소개한 다음, 응찰자들에게 가능한 많은 금액을 기부해 달라는 부탁의 말을 전하고 퇴장했다. 나는 수년 동안 룸 투 그로우가 주최하는 자선 행사에서 경매사로 일해 왔다. 경매 초반, 청중과 농담을 주고받던 중 앞줄에 앉은 한 신사에게 눈길이 갔다. 검은색 뿔테 안경을 쓴 그는 응찰에 참여한다는 뜻으로 손을 들고 있었다.

경매를 진행할 때 자주 하는 행동이 있는데, 바로 특정 응찰자에게 특별한 캐릭터를 부여하는 것이다. 이번에는 그 신사를 선택했다. 이런 행동은 두 가지 목적을 가진다. 청중들을 경매로 끌어들이는 것과 동시에 경매 내내 응찰자를 기억할 수 있다는 것. 특별한 캐릭터는 응찰자를 처음 봤을 때 어떤 유명 인사가 떠오르는 경우 지정한다. 어떨 때는 응찰자가 모욕감을 느낄까 봐 입을 다물기도 하지만 이번에는 그러지 않았다.

"경매에 참여하신 것을 환영합니다. 클라크 켄트_{슈퍼맨이 평소 일반인으로 살아갈 때 쓰는 이름} 씨."

내가 이렇게 말하자 청중 몇몇이 웃음을 터뜨렸고, 응찰자는 미소를 지었다. 더 중요한 것은, 이로 인해 그의 응찰 속도가 늦춰지지는 않았다는 것이다. 그가 응찰을 많이 할수록, 경매 과정의 일부로 내가 그를 청중에게 소개하는 시간도 더 길어졌다.

"클라크 켄트 씨가 바로 제 앞에서 응찰을 하고 계십니다. 낮에는 기자로 활동하고 밤에는 슈퍼맨으로 활동하는 분이 말이죠."

"이분은 위층 공중전화 부스에서 옷을 갈아입으실 것 같군요."

"빨간색 망토와 쫄쫄이를 입고 세계를 구하시는 분이죠."

클라크 켄트는 순식간에 경매장의 스타로 떠올랐다.

경매가 끝난 후, 클라크 켄트가 내게 다가와 자신을 소개했다. 그는 우마 서먼의 에이전트인 제이슨 와인버그였다. 로스앤젤레스의 미국 최고 연예기획사 중 하나인 언타이틀드 엔터테인 먼트Untitled Entertainment의 설립자였다.

농담을 몇 번 주고받은 뒤, 그는 이달 하순에 우마 서먼과 함 께 조찬 모임을 갖는 게 어떤지 물었다. 식사를 하면서 내 재능으 로 무엇을 할 수 있을지 의논하자고 했다.

이때 내 마음속에서는 이런 내레이션이 흘러나왔다.

지금 이 사람이 장난을 치는 건가? 하느님 맙소사. 침착하게 처신하자. 여유 있게 행동하자. 정신 차리자. 너무 많이 웃지 말자. 조금만 웃자. 침착하게 행동하자.

클라크 켄트와 우마에게 말했다. "좋습니다. 정말 멋지네요. 아침 식사 기대하겠습니다."

제이슨은 그날 밤늦게 이메일을 보냈다. 한 줄짜리 제목이 눈에 들어왔다. '당신에게 맞는 쇼를 찾아 드릴게요.'

무대에서 내려온 뒤 누군가가 내게 제안한 게 이번이 처음 은 아니었다. 사실 거의 10년 동안 경매를 진행하면서, 항상 누군 가가 다가와 명함을 주거나 똑같은 질문을 했다. 내 재능으로 무 엇을 할 수 있을지 말이다. 미소를 짓고 윙크를 하며 "뭐라고요? 15분 만에 50만 달러를 모금한 것으로는 충분하지 않다는 말씀인 가요?"라고 말하기는 했지만, 솔직히 그 말이 정확히 무슨 뜻인지 알고 있다. 밤마다 경매사로 무대에 서며 겪은 사연이 너무나 많 다는 느낌이 들었다. 아이템을 팔고, 이 경매 품목에서 저 경매 품 목으로 이 응찰자에서 저 응찰자로 왔다 갔다 하는 것을 좋아한다. 하지만 그뿐만이 아니다. 청중에게 영감을 불어넣고 동기를 부여하는 것도 좋아한다. 그곳에는 무언가가 있다. 다만 그 무언가가 무엇인지, 또는 어떻게 그 무언가를 살릴 것인지 명확해 보이지 않았을 뿐이다.

정당하게 말하자면, 많은 사람들이 나를 위해 아이디어를 끌어모아 주었다.

바로 리얼리티쇼라고!

아니다. 그건 아니었다. 리얼리티쇼는 크리스티에서 쌓은 탄탄한 경력을 완전히 망칠 게 틀림없었다. 또한, 나는 먹살을 잡거나 머리채를 붙들고 싸우기에는 유난스러울 정도로 소질이 없다.

연기나 코미디, 아니면 쇼 프로그램 진행? 내가 그런 재능이 있을지 그때는 아무도, 나조차도 알 수 없었다.

그렇다고 약간은 초현실적이기까지 한 기회를 허망하게 날려 버리고 싶지는 않았다. 그래서 약속 전날, 차분히 앉아 내 경력의 로드맵을 개략적으로 검토했다. 그런데 다름 아닌 로드맵 최상단에 이렇게 적혀 있었다.

책 한 권을 쓰자.

다음 날 제이슨, 우마, 그리고 우마의 제작 파트너 개브리엘이 나를 태우고 조찬 장소인 그래머시 파크 호텔로 향했다. 누구나 그렇듯, 조찬을 하는 내내 나를 잘 아는 사람—자랑거리가 생기면 꼭 보여 주고 싶은 사람이—이 우연히 이곳을 지나다가 유명인들과 식사를 하는 내 모습을 목격하기를 기도했다. 그래서 스타벅스 커피를 쥐고 동료들과 함께 있는 내 일상적인 아침 풍경보다 조금 더 굉장한 모습을 보고 '리디아 페네트는 엄청난 회사를 다니는구나' 하고 생각해 주기를 바랐다. 물론 그런 행운은 없었다.

우리는 조찬을 하면서 여러 아이디어를 이것저것 내놓고 논의했다. 텔레비전 쇼 진행자, 코미디 쇼의 배역을 맡는 것 등등. 그러고 나서 내가 생각해 둔 아이디어를 설명했다. 플랫폼을 만들어 매일 밤 전 세계 무대를 오르며 대규모·소규모 청중을 상대로 습득한 '판매 기술'을 사람들과 나누겠다는 아이디어였다. 자기 자신을 파는 법, 동기를 부여하고, 영감을 불어넣고, 앞에 있는 사람들과 인간적인 관계를 맺고 유지하는 법을 사람들과 공유하고 싶었다.

조찬은 두어 시간 계속됐다. 우리는 앞으로 탄탄한 전략을 세우기로 하고 일어섰다. 이메일이 한바탕 오가고 미팅도 여러 번 했지만, 여전히 내가 쓰고 싶은 내용과 주제가 정확히 무엇인지 몰랐다. 이곳저곳에 글을 조금 쓴 적은 있지만, 이걸 한데 모아 책으로 만들기는 적절치 않아 보였다. 결국 미팅에서 얻은 결과는 아무것도 없었다. 내가 현재 있는 곳에서 원하는 곳으로 가는 방법을 완벽하게 계획하지 못했기 때문이다. 그러나 아이디어의 씨앗은 일단 심었다. 책을 쓰고 싶었다. 이후 몇 년에 걸쳐 책에 대해 자주, 많이 생각하기는 했지만, 세 아이를 낳고 키우느라 바쁘기도 했다. 그래서 집필에 관한 생각을 할 때마다 다른 업무가 생각났다. 병원 예약, 아이들과의 약속, 직장 업무 등등 현재 진행 중인 다른 일들이 너무나 많아서 책을 쓰는 법과 책을 파는 법, 그리고 그 사이에 있는 모든 일을 실제로 구현해 내기가 참으로 벅찼다. 하지만 계속 무엇을 쓰고 싶은지 곰곰이 생각했고, 이 책이 어떤 모습으로 탄생되길 바라는지 구체적으로 그리기 시작했다.

그래머시 파크 호텔에서 조찬 모임을 하고 4년이 지난 후, 한 번 더 조찬 모임을 가졌다. 이때는 내 목표에 성큼 가까이 다가가는 계기로 이어졌다. 이번에 조찬을 함께한 인물은 파이돈 프레스Phaidon Press, 런던과 뉴욕을 거점으로 하는 대형 출판사의 CEO인 키스 폭스였다. 크리스티 전략적 제휴부서 책임자였던 나는 그와 수년간 협업했다. 이후 키스 폭스는 우연히 헤트릭마틴 인스티튜트Hetrick-Martin Institute, 주로 청소년·청년 성소수자 및 그 가족을 지원하는 뉴욕 소재 비영리단체가 주관하는 경매에 참석했는데, 그 경매의 진행자가 바로 나였다. 평소처럼 활기차고 열정적인 경매였고, 놀라운 모습을 보여 준 청중 덕분에 모금 목표액을 쉽게 초과 달성했다. 다음 날 키스는 내게 이메일을 보내 조찬 날짜를 잡았다. 그동안 우리는 조찬 시간에 회의한 경우가 많았기 때문에, 이는 그리 드문 일은 아니었다. 나는 크리스티와 파이돈의 파트너십 전략을 논의하겠거니 생각하면서 조찬 장소에 도착했다. 그런데 조찬을 시작하고 1분쯤 지나자, 키스가 다른 일을 염두에 두고 있다는 게 분명해졌다.

키스는 메뉴판을 쳐다도 보지 않고, 내가 예전에 수없이 들어 왔던 질문을 했다. "알고 싶은 게 하나 있습니다. 당신의 재능을 활용해 무엇을 하고 싶습니까?" 그런데 이 질문을 듣고 나는 깜짝 놀랐다.

그때까지만 해도 출판사 CEO인 키스가 내가 책을 판매하기 위해 도움을 줄 완벽한 인물이라는 사실을 전혀 생각하지 못했기 때문이다. 하지만 이번에는 책 집필에 관한 로드맵을 마음속에 정리해 두고 있었고, 더욱이 지금 내 앞에 앉아 있는 사람은 도움을 요청하기에 가장 완벽한 인물이었다.

나는 대답했다. "저는 판매에 관한 책을 쓰고 싶어요. 그러나 어디부터 시작해야 할지 모르겠습니다." 며칠 후, 키스는 출판업에 종사하는 친구와 동료들을 소개시켜 줬다. 그들은 내게 책 판매와 집필 과정에 대해 상세히 설명해 줬다. 한때는 벅차 보였던 과정이 순식간에 해볼 만한 일로 바뀌었다.

나는 인생이 이따금 적절한 타이밍에 절묘한 해결책을 눈앞에 가져다준다고 진심으로 믿는다. 그러나 이 기회는 정말로 눈앞에 등장하기 시작할 때, 적극적이고 열린 태도를 보일 때만 제대로 이루어진다. 키스가 열어 준 문은 내가 로드맵을 따라 전진하는 데 큰 도움을 줬지만, 원하는 것에 대한 명확한 비전과 방향성을 가지고 협상 테이블에 앉아야 하는 사람은 바로 나였다. 책을 쓰는 과정은 몇 년이 걸렸지만, 키스와의 대화에서 시작된 추진력은 내 인생에서 가장 놀라운 변환점이 되었다. 나는 출발선 앞에 섰다.

인생의 모든 측면에서 로드맵을 계획하는 게 얼마나 중요한지는 아무리 강조해도 지나치지 않다. 어디서나 가장 강한 여성이 되기 위해서는 당신이 어디로 향하고 있는지 알아야 한다. 가끔은 자리에 앉아 종이 위에 연필로 대략적인 계획을 짜보는 것이 가장 쉬운 방법일 수도 있다. 1년 동안 나는 몇 번이고 로드맵을 들여다보며 내용을 업데이트하고 추가하고 예상하지 못했던 돌발 사건에 대해 편집한다. 그 과정에서 획기적인 업적을 달성하면 마음속으로 축배를 들어 올린다.

마지막으로 이 사실을 명심하길 바란다. 로드맵에는 시간제한이 없다. 프로젝트를 1년 안에 끝내기로 결심했다고 해서, 반드시 1년 내에 끝내야 한다는 의미가 아니다. 내 경우 책을 쓰겠다고 처음으로 말한 시점에서 출간 기획서를 쓰기까지는 5년이 걸렸다. 그런데 일단 기획서 작성을 마치자, 그것을 출판사에 파는데는 3주밖에 걸리지 않았다. 기획서를 넘기자마자 가장 먼저 제이슨 와인버그에게 이메일을 보냈다. 이메일에는 5년 전 나를 조찬에 초대해 주셔서 감사하다는 내용을 썼다. 두 번째로 키스 폭스에게 이메일을 보냈다. 책 집필을 실현시킬 수 있는 해결책을 주셔서 감사하다고 썼다. 내 아버지의 말씀처럼 "인맥, 아니면 죽음"이다. 정말 그렇지 않은가?

어디서나 가장 강한 여성은 원하는 삶을 살고 있다는 확신을 갖기 위해 원하는 것은 무엇이든 추구한다. 그녀는 자신의 사생활과 직업적인 삶이 알맞은 궤도를 유지하도록 로드맵을 그리고, 계속 나아가기 위해 노력한다. 당신이 원하는 순간에 당신이 원하는 바를 이루지 못할 수도 있다. 그러나 목표에 꾸준히 집중하고 주시하면, 꿈꿔 왔던 것보다 더 많은 것을 성취할 수 있다. 나를 아는 많은 사람들은 100만 년이 지나도 내가 책을 쓸 수는 없을 것이라 생각했다. 그리고 나도 한때는 그렇게 여겼다. 하지만 마음 깊은 곳에서, 나는 내가 목표를 이루리라는 걸 알고 있었다. 그러니 당신도 목표에 깊이 파고들어 로드맵을 작성하고 앞으로 나아가기 시작하면 반드시 원하는 것을 얻을 수 있다.

시안 베일락
Sian Beilock

바너드대학교 총장

당신도 잘 알다시피 인생은 스트레스로 가득하다. 하지만 스트레스를 해소하는 방법 또한 가득하다. 내게 주어진 일이 많을수록 그만큼 더 잘 살펴보고 집중해야 한다. 순서와 코스를 정하고, 목록과 차트를 활용해서 우선순위를 잘 선정한 다음 완수하라는 뜻이다. 직관적이기보다는 유연한 태도로 쉽게 적응하고 조정한다는 뜻이기도 하다. 그래서 나는 로드맵을 작성할 때 펜보다는 연필을 사용하고, 내 연구 결과가 말해 주듯 휴식이 필요하면 경직된 상황에서 벗어나 여분의 시간을 확보해 둔다. 10분간 자연 속을 걷거나 건물 주변을 전력 질주하거나 잠깐 정적에 잠기는 등의 휴식은 뇌를 맑게 한다. 이럴 때 스스로를 더욱 온전하게 유지하고, 내가 바라는 곳에 도달해 있음을 느낀다.

크리스틴
모리시 시드
Kristen Morrissey Thiede

스타리 주식회사 사업개발 및 기업전략 상무

2000년 나는 구글에 돈을 지불하고 광고를 게재했다. 돈을 더 지불하려고 구글에 연락할 때마다, 그들은 새로운 담당자를 소개시켜 줬다. 이런 일이 세 번이나 일어났다. 결국 나는 이렇게 말했다. "이 사람들을 고용하느니 저를 고용하시는 건 어떨지 제안 드립니다." 그들은 뉴욕으로 오라고 했고, 나는 비행기를 타고 가 사람들과 하루 종일 면접을 봤다. 하지만 결과는 불합격이었다. 내가 지원한 자리는 새로운 직위였는데, 국내 팀이 그들이 찾는 인물은 내가 아니라는 의견을 내놓았기 때문이다.

두 달 뒤 나는 구글에 다시 연락해 충원을 했냐고 문의했다. 그들이 답했다. "아닙니다. 면접을 다시 보실 생각이 있습니까?" 그래서 또 뉴욕으로 날아가 다시 온종일 면접을 봤다. 그리고 구글은 나를 채용하지 않았다. 두 달의 시간이 더 지났다. 이번에는 인사 담당자가 먼저 내게 연락해서, 인터뷰를 다시 할 의향이 있는지 물었다. 나는 그렇다고 대답했지만, 이번에 면접을 볼 때는 파워포인트를 활용해 내가 어떻게 업무를 처리할 것인지 발표했다. 그리고 합격 통보를 받았다! 당시 부모님과 친구들은 구글이 무슨 회사인지 전혀 몰랐고, 온라인 연락망 업무나 하려고 구글 본사가 있는 캘리포니아주로 이사 가는 건 터무니없는 짓이라고 생각했다. 다행히 나는 구글에 입사하겠다고 밀어붙였고, 덕분에 성공적인 경력을 계속 쌓을 수 있게 됐다!

케이트 셸터
Kate Schelter

『클래식 스타일Classic Style』의 저자

나는 나 자신을 발명했다. 시작은 간단하다. 모든 것을 종이에 적는다. 해야 할 일, 쏜살같이 떠오르는 아이디어, 회신해야 할 사람들, 직업상의 목표, 새벽 3시에 불면증에 시달리다 번쩍 떠오른 생각, 성취하고 싶은 꿈. 나는 생각하면 해낸다. 해낼 수 있다. 실제로 쓰는 행위를 통해 생각은 잠재의식으로 질주한다. 잠재의식은 스스로 아이디어를 촉발시키기도 한다. 자신이 무엇을 원하는지 잘 아는 여성은 강력한 존재며, 어느 누구도 그 여성이 목표를 이루는 것을 막지 못한다.

인생의 목표는 받은 편지함에 쌓인 메일에 순서대로 답하듯 차례차례 진행하는 게 아니다. 제일 중요하고 긴급한 사안은 생사와 관련된 것이다. 나머지는 모두 나, 당신의 기준에 따라 다르다. 이렇게 정한 우선순위는 내 인생의 화두와 같다. 이 모든 것을 충분히 인식해야만 모든 계획을, 당신의 일부로 만들 수 있다.

당신이 원하는 모든 것을 매일 실행에 옮기면서 이뤄 나가라.

목표를 말하고 자신 있게 드러내라!

9

당신의 파트너는
안녕한가?

어디서나 가장 강한 여성은 바로 당신이다

66
크리스티에서 창출한 파트너십이
최고의 효과를 발휘한 이유는 간단하다.
동료들과 잘 지낸 덕분이다.
99

사실대로 말해 보라.

전화회의나 인터뷰 때, 혹은 친구나 부모님과 전화하는 도중에 음소거 버튼을 누르고 몰래 키보드를 두드리며 딴짓한 적이 있지 않은가? 누군가 미팅에 참석하러 나갔을 때 물이나 커피, 책상 위의 초콜릿을 가지러 살짝 사무실을 빠져나간 적이 있지 않은가?

나는 그런 적 있다. 그것도 아주, 아주 많이.

이게 뭐가 중요하냐고?

만약 당신이 이런 적 있다면, 다른 사람도 당신을 대상으로 이런 행동을 했을 가능성이 높다.

앞서 말했듯, 기술의 발전이란 굉장한 일이다. 특히 온라인 식료품점이나 우버, 스타벅스 앱 덕분에 많은 시간을 절약할 수 있었다.

하지만.

기술은 사람들의 거리를 너무 멀어지게 한다. 그것도 너무 쉽게. 당신이 무언가를 판매하려 할 때, 당신의 기량을 좌지우지하는 것은 인간관계와 상대의 목표를 파악하려는 노력이다. 테이블 맞은편에 앉은 사람이 무엇을 원하는지, 당신이 판매하려는 것이 그 사람의 목표에 어떤 도움을 줄 수 있을지 파악하는 게 가장 중요하다. 상대를 제대로 알고 이해해야 한다. 내가 말하는 것의 정반대가 궁금하다면 텔레마케터를 떠올려 보라. 텔레마케터는 무작위로 전화를 걸어 대뜸 인사부터 한다. 그러고는 상대가 대답하기도 전에 상품을 홍보한다. 주변 소음이 너무 시끄러울 때면, 수신자는 차라리 콜센터를 직접 찾아가 설명 듣는 게 낫다고 생각할 것이다. 텔레마케터는 업무 매뉴얼에 적힌 내용을 그대로 읽기에, 다짜고짜 홍보에 돌입할 수 있다. 그들은 고객이 안녕한지 전혀 관심 없다. 고객이 텔레마케터 자신의 안위에 관심 있을 거란 기대도 하지 않는다. 그러나 텔레마케터는 억지로라도 관심을 끌려고 하기에 최소한 5초간 홍보할 시간을 확보한다.

내 말이 믿기지 않는다면, 당신에게 말할 틈도 주지 않는 친구에게 이 방법을 한번 써보아라. 정중한 인사와 말을 건네는 사람에게 노골적으로 무례한 태도를 취하지 않으면서 동시에 그 말을 무시하기란 쉽지 않다. 그러나 전화기 너머에서 막무가내로 상품을 홍보하는 사람에게는 체온이나 재보자며 입에 온도계를 물리는 것이 훨씬 쉽다. 온라인에서 마음에 드는 옷을 발견해 한번 클릭했더니, 이후 다른 웹페이지를 방문할 때마다 온종일 쇼핑몰 광고가 뜨는 일을 흔히 겪지 않는가. 이때 의류 회사는 당신을 일종의 대화에 열정적으로 끌어들이고 있는 셈이다. 당신이 무엇을 좋아하는지 알아차리면, 그들은 끊임없이 대화 주제를 바꿔 당신의 관심을 끌 것이다. 가격을 낮추고, 당신의 상품이 아직도 장바구니에 담겨 있다며 일깨우고, 또다시 가격을 낮출 것이다. 당신이 얼굴을 맞대고 제품을 홍보할 때도 아마 똑같은 행동을 하고 있을 것이다. 다만 온라인 홍보와 달리, 상대를 대면하면 눈앞에서 즉각적인 반응을 파악하고 홍보 방식이 적절한지 아니면 엉망진창인지 파악할 수 있는 이점이 있다.

전략적 제휴 업무를 막 시작했을 때는 잠재적 파트너가 크리스티에 제휴 비용을 지불할 수 있다는 점을 염두에 두고 홍보 활동을 했다. 하지만 얼마 지나지 않아서 그런 식의 홍보는 세상을 단순히 흑백으로 보는 것이나 다름없다는 걸 깨달았다. 판매의 세계에는 수많은 회색 지대가 있다. 다른 사람의 말에 귀 기울일 생각이 없다면, 준비한 홍보를 끝낸 다음 바로 자리에서 일어나는 게 낫다. 내가 특정 파트너십을 위해 기대한 금액과 타사가 정한 예산은 종종 맞지 않는다. 상대 회사가 다른 시각으로 상황을 바라보도록 설득할 수 있다면(소규모 행사 예산 대신 광고나 마케팅 예산을 얻을 다른 프로그램을 전략적 제휴 요소로 포함시키는 방법 등), 그렇다면 방법은 얼마든지 있다. 체스와 비슷하다. 각 게임마다 방식은 다르지만 목표물은 정해져 있으니까. 타사에 우리가 필요한 만큼의 예산이 없다면, 그 회사가 예산을 마련할 방법을 마련하도록 대화를 풀어 갈 기회는 틀림없이 존재한다. 대화가 시작되기도 전에 결렬되는 것보다는 먼저 대화를 시작하기 전에 상대의 예산 한도를 파악하는 게 훨씬 효율적이다. 판매란 내가 하고 싶은 말을 상대에게 늘어놓는 게 아니다. 상대의 목적을 이해하고, 판매하려는 상품이 무엇이든 상대방의 목적에 맞춰 대화 내용을 수정해야 한다. 당장 상대에게서 무엇을 가져 올 생각으로 미팅 장소에 들어가지 말고, 당신의 제안이 상대의 목표 달성에 어떻게 도움을 줄 수 있을지 생각하라.

이게 바로 시너지 효과의 '핵심'이며, 이 핵심을 발견하는 건 '당신'의 역할이다.

무엇보다 가능하다면 상대를 직접 만나 당신의 의견을 말하려고 노력하라. 깜짝 놀랄 만큼 특별한 조언은 아닐지라도 장담하는데 얼굴을 마주하고 대화하면 완벽한 기초공사로 탄탄한 관계의 기반을 쌓을 수 있을 것이다. 이는 한 사람을 어떤 직위에서 벗어나 인간적인 차원으로 이해할 수 있는 기회다. 그리고 직접 만나서 대화를 나누면, 상대는 당신이 말하는 동안 다른 기기에 눈 돌리거나 딴짓을 하지 못한다. 전화나 이메일로 진행하는 것보다, 직접 시간을 들여 다른 부서를 이해하고 그들이 부서를 구축한 과정을 알아 가는 것에서 비로소 역동적이고 생산적인 파트너십이 탄생한다. 일로 맺어진 관계는 일이 잘 풀리면 당연히 잘 굴러간다. 그러니 일이 잘 안 풀려도, 동료를 원망하고 탓하는 대신더 이해하려 애쓰는 것이 위기를 헤쳐 나가는 데 도움이 된다. 상대가 어떤 사람인지 잘 안다면 갈등이 생기더라도 좀 더 이해하고 믿어 줄 수 있지 않을까? 짧고 냉정하며 때로는 무례한 이메일을 보내기 직전, 마음을 다스릴 수 있지 않을까? 적어도 나는 그렇다. 일을 하며 알게 된 한 여성은 최근 쌍둥이를 키우느라 수면장애를 겪고 있는데, 그녀의 이메일을 받으면 낯선 사람에게 받은것보다 훨씬 기억에 남을 뿐 아니라 그녀의 입장과 처지에 공감하게 된다. 또한, 직접 만나 즐거운 시간을 보낸 사람들과는 더욱 성공적인 비즈니스 관계를 이룰 가능성이 크다. 단순히 '협력' 관계가 좋아서 계속 함께할 방법을 모색하고 파트너십을 1년이나 2년더 연장하기도 했다. 나는 골프를 별로 좋아하지 않는다(남편은 속상해하지만). 그렇지만 꽤 오랜 시간을 들여 오후 내내 즐기는 골프가 비즈니스 측면에서 좋은 아이디어라는 점은 이해한다. 누구든 4시간이나 함께 있으면 상대에 대해 많은 것을 알 수 있다. 내가크리스티에서 창출한 파트너십이 최고의 효과를 발휘한 이유는간단하다. 동료들과 잘 지낸 덕분이다. 의심의 여지없이 그 이유가 전부다.

직접 만날 기회를 잡는 게 제일 좋지만, 그게 어렵다면 지금부터 내가 소개하는 네 가지 요령을 기억하길 바란다.

1. 연락할 상대를 미리 조사하고, 전화를 시작한 처음 2분은 상대를 파악하는 데 할애하라.

전화는 일과가 시작될 무렵에 할 수 있도록 준비하라. 상대가 상쾌한 기분으로 휴식을 마치고 하루를 새롭게 시작하려는 그때 말이다. 가능하면 사전 준비는 전화를 걸기 전에 마쳐라. 전화하려는 사람을 구글에 검색해서, 그와 관계를 맺는 데 도움이 될 만한 자연스러운 연결고리를 찾아라. 전화를 걸어 공적인 대화를 시작하기 전에 상대를 가능한 많이 파악하라. 이는 10분 넘게 일상적인 대화를 나누라는 게 아니다(상대의 업무 시간을 존중해야 한다). 상대를 알기 위해 약간의 시간을 투자하라는 뜻이다. 그 사람이 자신에 대해 소개하는 것들—예를 들어 가족이나 여행 등—을 잘 기억해 둬야 한다. 그래야 또다시 전화할 때 안부를 물을 수 있지 않겠는가? 재능 있는 영업 사원은 상품을 홍보함과 동시에 고객의 사적인 부분을 유용한 무기로 활용할 것이다. 그러면 제품을 판매할 가능성도 높아진다.

이메일도 마찬가지다. 이메일로 상대의 주목을 끌고 싶다면, 인터뷰 전 상대를 조사하는 것과 똑같은 방식으로 상대를 파악해야 한다. 일상적인 대화로 상대에게 깊은 인상을 줄 공통분모(고향 같은)를 찾도록 노력하라. 물론 이메일에선 이런 공통분모에 대해 요점만 간단히 명시하길 바란다. 요즘에는 사람들이 무언가에 집중하는 시간이 상당히 짧아졌다. 해야 할 일이 너무 많기 때문이리라. 그러므로 쓸데없는 이야기를 덧붙이지는 말자. 대신 상대를 위해 최대한 간략하고 읽기 쉽게 이메일을 작성했다는, 5초 이상의 노력을 기울였다는 것을 보여 주자.

2. 전화를 할 때 인스타그램, 스냅챗, 트위터는 꺼둬라.

당신이 홍보를 하는 사람이든, 그 이야기를 듣는 사람이든 전화를 할 때 다른 모바일기기는 서랍에 넣어 두자. 나는 평소 컴퓨터와 모바일기기를 최대한 활용해서 멀티태스킹을 하지만, 직접 영업을 하거나 영업인의 말을 듣는 상황이라면 집중에 방해되는 요소는 전부 제거하려고 한다. 그래야 상대의 말에 완전히 몰두할 수 있다. 너무 많은 것을 동시에 하려 하면, 정작 중요한 내용을 쉽게 놓친다. 팀원 모두에게 강조하는 것이 하나 있는데, 미팅 직전에는 모니터를 벽으로 돌려놓으라는 것이다. 아웃룩에 새 이메일이 도착했다는 팝업창이 뜨면 미팅에 집중하기가 매우 어려워지니까. 하지만 상사는 내가 말하는 도중에도 이메일을 확인하는 사람이라 종종 화가 날 때도 있었다. 물론 내 주장이 절대적으로 옳다는 건 아니다. 나도 상사의 말에 완벽히 집중하진 않으니까. 그래도 상사가 나와 대화하면서 정말 내 말에 귀를 기울이는지, 아니면 온라인 쇼핑을 하는지 궁금할 때가 많았다.

3. 거울아, 거울아!

비영리단체와 미팅하며 곧 개최될 경매를 논의하거나 새로 거래하는 회사와 첫 미팅을 할 때마다, 나는 항상 상대 조직의 약칭이나 별칭이 있는지 묻는다. 이런 명칭을 부르면 내 앞에 있는 사람이나 청중은 나를 그들의 일원으로 느낄 수 있다. 홍보를 할 때도 마찬가지다. 상대가 쓰는 언어를 '나'의 것으로 받아들여 익숙하게 사용해 보라. 상대가 스페인어로 말한다고 당신도 스페인어를 쓰라는 게 아니다. 만약 전화하는 상대가 경영대학원에서 즐겨 쓰는 전문용어를 대화 중 톡톡 뿌리는 습관이 있거나 비영리단체가 제 조직을 칭할 때 정식 명칭 대신 약칭을 사용한다면, 당신도 전화나 이메일로 메시지를 전달할 때 그들의 언어를 마음껏 활용하라는 뜻이다.

4. 홍보는 일방통행이 아니다.

전화할 때나 직접 만날 때나 항상 유념해야 할 것은 바로 매 순간이 당신의 홍보 기술을 정교하게 연마할 '기회'라는 점이다. 어떤 유형의 판매 활동, 그러니까 면접에서 자신을 홍보하거나 아이디어, 콘셉트를 홍보하는 상황에서 성공을 거두고 싶다면 끊임없이 토론하는 자세를 갖춰야 한다. 독백이 아니라 서로가 대화를 주고받는 기분이 들어야 한다. 대화를 시작하면 상대가 원하는 목표를 잘 들어야 한다. 그리고 상대와 공통점이나 연결고리가 나타나면 이를 자연스럽고 매끄럽게 대화에 끼워 넣어라. 그래야 대화를 멋지게 주고받으며 이끌어 나갈 수 있다.

판매에서 의미 있는 결과를 얻기 위해서는 다양한 플랫폼과 최신 기술에 능숙하고, 이를 적절히 활용해 판매 능력을 향상시켜야 한다. 가장 효과적인 판매는 인간관계와 최신 기술의 융합에서 창출된다. 몇 년 전 나는 샌프란시스코 베이 에리어의 빈곤 종식을 목표로 설립된 티핑 포인트Tipping Point와 경매 행사를 진행했다. 샌프란시스코의 인정 많은 주민들과 실리콘밸리의 열정적인 기부자들이 행사장에 모였다. 첨단산업에 종사하는 이들과 기술자들이 함께 참석한 덕분에, 청중들은 그 어느 때보다 시각적인 기술과 응찰 기술 모두에서 최신, 최고의 능력을 보유하고 있었다. 암호화폐가 경매에 사용되기도 했다. 경매 방식은 상당히 간단했는데, 현장에서 실시간으로 두세 개의 경매품이 나오면 짧은 시간 안에 번호판을 들어 응찰하면 되었다. 뉴욕 외의 도시에서 이런 행사가 개최되는 일은 드물어서, 청중은 매일 밤 경매에 참여해도 뉴욕 시민보다 피로도가 낮다.

티핑 포인트가 얼마나 관대한 커뮤니티인지에 대해 환상적인 이야기를 미리 들었는데, 기쁘게도 청중들은 그 환상에 부응해 줬다. 첫 번째 품목부터 마지막에 이르기까지 응찰하겠다는 사람들의 손이 너도나도 허공에 날아올랐고, 호가는 행사 전 기대한 액수의 네 배를 뛰어넘었다. 무대 위에서 똑똑히 보았다. 하나가 된 청중은 자신들의 공동체에 큰 변화를 줄 수 있다는 확신을 가지고 열정적으로 경매에 참여했다. 경매에 이어, 나는 CEO와 저녁 모금 행사를 위해 무대에 섰다. 오늘날 경매업계에선 전통적인 방식에서 벗어나려는 경향이 보이는데, 그 덕분에 경매 관련 기기가 많이 출시되고 있다. 그중 하나가 스마트폰에 연결해서 모금 행사에 참여할 수 있는 것으로, 이를 사용하면 참여자는 손이나 번호판을 들 필요 없이 익명으로 기부할 수 있다. 이 기기가 처음 등장했을 때, 모든 조직은 이 새로운 도구를 사용해 보고 싶어 했고, 나에게 이 기기를 쓰면서 자선 모금 행사를 진행할 수 있는지 물었다. 처음에는 이 기기로 주최 측에 더 높은 모금액을 안겨 줄 수 있을 듯했다. 그러나 몇 번의 경매를 거치면서 무대에서 본 바로, 청중의 반응은 그저 그랬다. 또 어느 단체는 아날로그 방식으로 진행했을 때보다 결과가 좋지 않다는 말을 몇 번이고 했다. 몇 년간 함께 일했던 상당수의 조직이 디지털 기술로 모금액을 높이고자 했지만, 결국 경매사가 실시간으로 경매 번호를 지목하는 예전 방식으로 돌아왔다.

디지털 방식을 이용한 기부가 처음 시작됐을 때, 내 눈에 띄는 점은 크게 두 가지였다. 첫 번째는 행사장에 모인 사람들에게 스마트폰을 들어도 좋다고 한 순간, 열의를 가지고 집중하던 청중들이 돌변하는 모습이었다. 선의를 품고 기부하려 했어도, 스마트폰으로 업무 이메일을 보거나 틴더에서 새로운 매칭 상대가 떴는지 확인하는 순간, 기부는 잊고 다른 데 정신을 팔기 시작한다. 결국에는 기부도 열의도 모두 사라진다. 두 번째는 행사장의 에너지가 모조리 빨려 나가는 점이었다. 모두 하나가 되어 뿜어내던 엄청난 에너지는 모조리 사라지고 사람들이 스마트폰만 쳐다보는 광경이 펼쳐진다. 청중은 최대한 관계를 이루어 나가려 했지만, 결국엔 스마트폰과 관계 맺을 뿐이다. 티핑 포인트는 스마트폰으로 기부하는 사람들을 위해 디지털 체험을 증진시키는 장치를 마련해 두었다. 대형 스크린에 기부의 진행 상황을 실시간으로 반영하는 커다란 그래프를 띄웠다. 그러나 내가 봤을 땐 서로가 아낌없이 기부하는 모습을 실제로 지켜보는 편이 행사에 더 큰 이득을 주었을 것 같았다. 이곳에 모인 청중은 이미 기부를 향한 강한 동기를 가지고 있었다. 그렇기에 그들이 개인이 아닌, 하나의 공동체로서 강한 의지를 품으면 어떻게 행동할지 꼭 보고 싶었다. 구식이라고는 하지만 주변의 또래 집단에서 주어지는, 대의를 향한 강한 자극만큼 효과적인 동기 부여가 또 있을까? 이보다 더 나은 자극을 찾자면 경매사가 최대한 많이 기부해 달라고 외치고, 청중이 이에 호응해 주면서 서로에게 대의를 향한 자극을 주는 것뿐일 것이다. 그리고 그게 바로 내가 노리는 지점이었다.

티핑 포인트 경매는 해마다 개최하는 자선 행사에서 1천 만 달러 이상을 모금한다. 그래서 주최 측과 나는 지금까지 효과를 보이는 공식을 괜히 깨지 말자는 데 동의했다. 그러나 티핑 포인트와 몇 년을 일해 보니 초대형 규모의 경매에서나 보일 법한 강한 에너지를 가진 청중들과 실시간으로 번호판을 들며 자선 모금을 한다면 훨씬 굉장한 결과를 낼 거란 확신이 섰다. 앞서 말했듯, 물어봐서 나쁠 건 없다. 최악의 말은 그래 봤자 '아니오'가 고작이니까.

몇 주 후, 나는 티핑 포인트 팀에 연락해 곧 있을 경매에 대해 말했다. 그들은 실시간 경매는 한 차례만 진행할 예정인데, 휴대용기기를 사용하는 모금 행사 이후 진행될 단 한 번의 실시간 경매를 위해 나더러 비행기를 타고 먼 곳까지 와달라 부탁하는 게 편치 않다고 했다. 뭐, 나는 애초에 개막 행사부터 무대에 오르고 싶었고, 디지털 방식으로 진행되는 모금 행사는 집어치우고 구식으로 돌아가자고 제안했다. 지난 10년간 해왔던 방식으로 실시간 모금을 진행하게 해달라고 부탁했다. 하지만 청중이 과거에 그 방식에 그다지 열광적으로 반응하지 않았기에, 우리는 그에 대한 걱정으로 많은 이야기를 나눴다. 그러다가 그들은 내게 기회를 한 번 주자는 결론을 내렸다. 티핑 포인트의 장점은 유연한 사고다. 그들은 그 장점을 발휘해 내가 예전 방식으로 돌아갈 수 있도록 계획을 수정했고, 응찰자의 정보가 기록되자마자 즉시 청구할 수 있는 새로운 기술을 찾기 위해 애썼다. 덕분에 참가자들은 행사장에 들어와 화면을 들여다보느라 고개를 숙이는 대신, 지급 받은 팔찌를 차고 응찰을 원할 때 높이 손을 들면 되었다. 이를 본 자원봉사자는 기기를 눌러 응찰자가 찬 팔찌에 신호를 보내고, 팔찌는 '짜잔!' 하며 빛난다. 청중은 행사장에 들어설 때 많은 돈을 챙겨야 할 필요가 없어졌고, 티핑 포인트는 이전보다 훨씬 많은 기금을 모았다.

경매가 진행되던 날 밤, 나는 다소 긴장했으나 포커페이스를 유지했다. 리더의 책임은 계획에 전념하고 끝까지 밀어붙이는 것이니까. 주최 측도 긴장한 기색이 역력했다. 매년 자선 모금 행사에서 엄청난 액수의 돈을 모았기에 더욱 그랬을 것이다. 하지만 내가 무대로 올라서자 그들은 전폭적으로 응원했다.

실시간 경매 전, 한 여성이 무대에 올라 자신이 이 조직으로부터 얼마나 많은 혜택을 받았는지 연설했다. 그녀는 고통스러웠던 자기 삶을 이야기했다. 그녀의 어머니는 아이가 옆에 있어야 돈을 더 받아 낼 수 있다며, 아이를 학교에 보내지 않고 길거리에서 구걸을 하게 했다. 그녀는 이 집 저 집을 전전하다 어느 부부에게 입양되었는데, 다행히 그 양부모는 그녀가 성공할 수 있는 발판을 마련해 줬다. 무대 뒤에서 그녀의 연설을 듣다가 어느 부분에 이르러 눈물을 흘렸다. 바로 양부모의 집에 들어왔을 때, 그분들이 자신에게 모나지 않게 행동하고, 학교에서 열심히 공부하고, 이 집을 존중하길 기대했다는 부분이었다. 그녀는 간략하게 말했다. "내가 무언가 해내기를 기대해 주는 사람이 있다면, 끝까지 해내야 합니다." 앞에서 언급한 요령 중 세 번째가 떠오르지 않는가? 사람들이 사용하는 언어를 듣고 그대로 흉내 내라는 요령 말이다. 무대에 올라온 나는 앞전 연설로 내 마음을 사로잡고 집중하게 만든 그 단어를 흉내 냈다. '기대'

"이제부터 자선 모금 행사를 시작하겠습니다. 여러분께서 자선기금을 기부해 주시길 '기대'합니다!"

1천 300명의 청중이 다들 너무 빨리 손을 드는 바람에 숫자를 제대로 셀 수 없을 정도였다. 뜨거운 에너지가 느껴졌다. 청중들은 서로 환호하고 박수를 아끼지 않았다. 티핑 포인트는 목표한 최종 모금액을 거뜬히 뛰어넘었다. 그들은 자선경매계에서 가장 열정적이고 몰입도 높은 청중들을 얻었고, 이는 '샌프란시스코 베이 에리어의 빈곤을 종식시킨다'는 사명을 유지할 수 있게 했다.

경매가 끝나자 한 무리의 남성들이 나를 찾아와 경매사라는 직업에 대한 질문을 퍼붓기 시작했다. 그들은 청중에게서 어떻게 그 많은 돈을 모금할 수 있는지 등등을 알고 싶어 했다. 그들이 한 질문 중 아직도 머릿속에 맴도는 질문이 있다.

"당신이 자선 모금 행사를 진행할 때 무대에서 보이는 행동 패턴을 알고리즘으로 작성해도 될까요?"

스마트폰과 태블릿이 많은 것을 대체하고 있지만, 판매와 홍보 활동에서 인간관계를 대신할 수 있는 것은 없다. 그럼에도 불구하고 세상은 계속 진화한다. 그렇기에 당신도 시대에 맞춰 진화하고 판매 능력을 향상시키기 위한 기술과 그것을 업무에 활용할 방법을 찾아야 한다.

어디서나 가장 강한 여성은 급변하는 우리 세상에 발맞추고자 끊임없이 진화하고 혁신한다. 리더는 민첩하게 행동하고 변화를 받아들여야 한다. 이 말은 오늘날 우리가 살고 있는, 기술로 가득 찬 삶과 사람의 연결을 통합할 수 없다는 뜻이 아니다. 계속해서 변하는 세상에서 기술을 활용해 매출을 높일 방법을 모색하는 건 몹시 중요하지만, 판매에서 가장 강력한 영향력을 발휘하는 것은 바로 당신이다.

2명의 여성 리더가 말하는 성공적인 파트너십

미나 해리스
Meena Harris

경이로운 여성 캠페인Phenomenal Woman Campaign 창립자

눈앞에 놓인 것에 집중하라. 그것에 몰두하라. 그것이 세상에서 가장 중요한 일인 듯, 창의적으로 생각하고, 과감히 행동하고, 열심히 한다면 기회는 언제든지 찾아온다. 지난해 경이로운 여성 캠페인을 시작했을 때, 그건 한 달밖에 되지 않는 부수적인 프로젝트였다. 그러나 오늘날 이 프로젝트에 참여하는 디지털 청중은 2억만 명이 넘는다. 이 정도까지 규모를 확대할 생각은 없었으나, 일단 캠페인이 시작되자 다음 같은 질문이 떠올랐다.

어떻게 하면 계속 성장하고, 새로운 사람들에게 다가가고, 더 큰 영향을 미칠 수 있을까?

결코 쉬운 일이 아니며 어떤 결과도 장담할 수 없다. 때로는 실패하거나, 한 걸음 전진할 때마다 두 걸음 뒤로 물러서야 하기도 한다. 그러나 열정을 고수하고 실수로부터 교훈을 찾으면, 당신은 결실을 맺을 것이다. 노동운동가인 돌로레스 우에르타는 말하지 않았던가.

"모든 순간은 조직적인 기회며, 모든 사람은 잠재적 활동가다. 우리는 매분 매초 세상을 바꿀 수 있다."

캐런 스펜서
Karen Spencer

홀 차일드 인터내셔널Whole Child International 창립자 겸 최고경영자

취약계층 아동을 위한 보육 체계의 변화에 주력하는 사회사업가로서, 나는 혁신, 인간관계, 진화에 큰 관심을 가진다. 사실 무엇보다도 나 자신을 혁신가라 생각한다. 성공적인 혁신가가 되기 위해 가장 중요한 점은 피할 수 없는 실패를 수용할 수 있어야 한다는 것이다. 어느 분야든 자신의 생각에 너무 집착하면 혁신이라는 측면에서 치명적인 결과를 맞이하기 쉽다. 필요한 것을 얻기 위해서는 각 단계에서 만나는 팀원, 파트너, 투자자가 당신의 비전을 충분히 믿도록 해야 한다. 동시에 자기 생각에 결함이 존재하는지, 그 결함이 어디에 있는지 살필 수 있는 유연성과 개방성을 갖춰야 한다. 이것이 바로 위대한 발견을 가능케 하는 힘이다. 확고하고 단호해야 하지만, 동시에 개방적이면서 유연할 필요가 있다. 결국 우리의 힘은 자신의 아이디어에 대한 믿음, 아이디어를 전진시킬 능력, 불가피한 실패가 발생했을 때 모든 점들을 연결하고 조직을 재편하고 다시 시작하는 데 있다. 이것을 바로 '진화'라 부른다.

10

기꺼이
정장을
갖춰 입어라

어 디 서 나 가 장 강 한 여 성 은 바 로 당 신 이 다

66

내게 있어 정장은 갑옷과 같다.
나는 업무를 위해
기꺼이 옷을 차려입는 사람들로
가득한 회사에서 일하니까!"

99

만일 당신이 미국 남부* 여성에 관해 아는 게 있다면, 당연히 그들의 말솜씨가 얼마나 좋은지도 알고 있을 것이다. 남부 여성은 특히 짧은 농담에도 다양한 뜻을 숨겨 놓아서 듣는 사람의 머리를 어질어질하게 한다. 나의 할머니도 예외는 아니었다. 남부의 미인으로 평생을 보낸 할머니는 캐딜락을 몰았고, 당신 아들 중 누군가가 문을 열어 주지 않으면 절대 차에서 내리는 법이 없었다. 1주일에 최소 세 번은 미용실에 갔고, 덕분에 할머니의 머리가 흐

---

* 미국 남부는 미국 내에서 가장 지역색이 강하다. 보수적이고 전통적인 분위기로 가족을 중요시한다. 미국 기독교의 중심지로, 교회가 지역사회의 중심체로 작용하고 있다.(편집자 주)

트러지는 일은 절대 없었다. 할머니는 짧은 농담의 일인자였는데, 할머니가 농담을 할 때면 눈썹은 아치 모양으로 과장되게 휘었고 두 눈은 초롱초롱하게 빛났다. 언제고 자식들이나 손자들이 날카로운 목소리로 말하는 걸 들으면 "달콤한 꿀을 쓰면 더 많은 벌을 잡을 수 있단다"라고 말하곤 했다. 할머니가 '달콤함으로 벌잡기' 분야의 석사학위 보유자라면, 어머니는 그 분야의 박사였다. 어린 시절 동안 세대가 다른 두 여성이 각자 매력을 발산하는 모습을 종종 볼 수 있었다. 오늘날까지 두 분에 버금가는 사람을 본 적이 없다.

어릴 때 할머니가 해준 말씀은 진부하고 우스꽝스럽게 느껴졌지만, 그 교훈들은 내 삶은 물론 비즈니스에도 커다란 도움을 줬다. 그래서 당신에게 아주 우아한 드레스와 거기에 어울리는 가방과 구두를 갖춘 남부 출신 할머니와 영국 출신이지만 영국보단 미국 남부에서 더 오래 산 어머니가 없다면, 내가 그들에게 얻은 교훈 몇 가지를 소개해 주고 싶다. 남부에서 자라며 배운 이 교훈들은 당신이 어디서나 가장 강한 여성이 되는 데 도움을 줄 것이다.

교훈 1. 항상 감사 편지를 써라

크리스마스의 가장 짜릿한 시간(선물 포장을 풀고 맛있는 음식과 디저트를 잔뜩 먹고 너무 배가 불러 깜빡 잠드는 등)을 보내고 나면, 다음 날에는 항상 두렵기 짝이 없는 의식이 기다리고 있었다. 바로 크리스마스 선물을 보내 준 친척 모두에게 감사 편지를 써야 했던 것이다. 어머니는 영국 출신이고 아버지는 남부 출신이므로 우리 형제자매는 감사 편지를 쓰는 전통을 피할 수 없었다. 우리 넷은 엄청 투덜거리다가도 결국 식탁에 앉아 감사 편지를 끼적이곤 했다. 가능한 한 빨리 끝내려다 보니 글씨 크기가 점점 커졌다. 그러나 필연적으로 어머니가 편지 한 장당 단어 다섯 개 이상은 써야 한다며 엄포를 놓으러 오면, 우리는 모두 신음 소리를 내며 글씨 크기를 줄이고 다시 쓰곤 했다. 하지만 우리 글씨는 다시 점점 커졌고 어머니의 잔소리는 반복됐다.

편지를 쓰지 않았다가는 외출 금지를 당했으므로 몇 해 동안은 어쩔 수 없이 감사 편지를 썼다. 그러다가 나이를 먹어가자 점점 즐거운 마음으로 감사 편지를 쓸 수 있게 되었다. 내게는 지금도 유난히 정성스럽게 감사 편지를 보내 주는 친구들이 있다. 사람들이 짧은 문자나 이메일로 감사 편지를 대신하는 요즘에, 친구들이 보내 준 편지를 집어 들고 아름다운 봉투를 감상하는 건 꽤나 즐거운 일이다. 다른 편지는 전부 하얀색 규격 봉투라 친구들의 편지가 유독 더 눈에 띈다. 친구들의 편지와 카드에는 함께한 시간이나 저녁 식사 등에 대해 고맙다는 이야기와 안부 인사가 쓰여 있는데 모두 수고스럽게 일부러 시간을 내어 써준 것임을 나는 잘 알고 있다.

많은 사람들이 감사 편지 쓰는 방법을 잊은 것 같다. 그러나 확실한 것은 적절한 내용으로 감사 편지를 쓸 수 있다면 사람들은 분명 당신을 잊지 않으리라는 점이다. 20대 시절, 나는 시간을 내서 감사 편지를 쓸 때 단순히 "……해주셔서 감사합니다" 하는 문장으로 끝내지 않고, 현재 내가 삶을 영위하며 무슨 일을 하고 있는지에 대해 몇 줄을 더 추가하기 시작했다. 지인들은 지금도 내가 결혼식을 마친 뒤 보낸 감사 편지를 기억하고, 이에 대해 이야기하곤 한다. 당시 편지를 쓸 때, 나는 결혼식에 참석해 준 지인 한 사람 한 사람에 대해, 내가 그들을 어떻게 알게 되었는지 떠올렸고, 우리가 살면서 공통적으로 흥미를 느낀 부분을 어떻게 언급하면 좋을지 고민했다. 베이비 샤워 때도 마찬가지였다. 지금은 우리 아이들에게 생일 선물을 받으면 꼭 감사 편지를 쓰라고 시킨다. 감사 편지를 쓰는 것과 어디서나 가장 강한 여성이 되는 게 무슨 상관이 있는지 의아해할지도 모르겠다. 하지만 경영자 위치에 올라와 보니 면접을 본 뒤 감사 편지를 보내는 사람과 그렇지 않은 사람의 차이가 확연히 눈에 띈다는 점은 분명히 말할 수 있다. 이메일로 감사 편지를 받는 것도 괜찮지만, 손으로 직접 쓴 편지를 받는 게 제일 기쁘다.

내가 26살에 크리스티 아메리카 특별행사부 팀장이 되자, 고위 간부 중 상당수는 겨우 세 사람밖에 없는 팀을 이끌어 1년에 오백 번의 행사를 치르는 부서를 운영할 수 있을지, 나의 자질을 의심하기 시작했다. 한 가지는 확실했다. 그 자리에 오기까지 나는 '내가 나중에 상사가 되면 저런 행동은 하지 말아야지'라고 마음먹게 된 일이 많았다는 것이다. 인턴, 코디네이터, 부서장을 거치는 동안 외부 행사 기획, 동료, 고객의 부정적인 면모를 봐왔고, 저 사람들을 따라하지 않겠다고 결심했다. 행사 업무는 스트레스에 시달리기 쉽다. 모든 행사에는 마감일이 있고, 이를 피할 방법은 없기 때문이다. 그렇기에 완벽하게 이성적으로 굴던 사람들이 큰 행사가 가까워지자 이성을 잃거나 극도로 신경질적으로 굴거나 흥분하거나 무례하게 굴거나 지나치게 밀어붙이는 모습을 지켜봤다. 이런 모습은 고위층에서 시작되어 회사 전체로 퍼졌다. 담당자가 냉정을 잃으면 그 팀원들도 모두 똑같이 행동한다. 나는 그런 사람이 되고 싶지도 않았을 뿐더러 팀원들이 다른 사람에게 그런 식으로 행동하기를 원하지도 않았다.

초창기에는 별 의식 없이 남부 출신 여성을 고용하기도 했다. 면접을 보러 온 여성이 남부 출신이라는 것을 알아차리기는 어렵지 않았다. 억양, 세련되고 전문적인 분위기를 풍기는 협조적인 태도, 부나 지위에 상관없이 고객과 원활하게 일할 능력이 그들에겐 있었으니까. 남부 출신 여성을 팀원으로 채용하자 예상치 못한 혜택이 딸려 오기도 했다. 그들은 까다로운 고객을 다루는 방법을 알고 있었고, 정중함이 우러나왔으며, 모두 모노그램두 개 이상의 글자를 합쳐 한 글자 모양으로 도안화한 것이 인쇄된 편지지에 직접 감사 편지를 썼다. 남부에서 온 사람은 자신의 물건에 모노그램을 새겨 놓는 버릇이 있는데, 특히 편지지 등의 문구류에는 빼놓는 법이 없었다.

팀장이 막 되었을 무렵, 대학 시절 친구가 내게 연락해 자신

의 시누이를 만나 보지 않겠냐고 했다. 크리스티 여름 인턴십프로
그램에 자리가 있으면 좀 들여보내 달라는 것이다. 그녀는 인턴직
을 시작한 뒤 가끔 나를 찾아오곤 했고, 인턴십 기간이 끝나면 함
께 점심을 먹기로 했다. 점심 식사를 함께하는 동안, 나는 그녀가
똑똑하고 의욕 넘치는 인물이라 판단했다. 식사를 마칠 무렵, 뜻
밖에도 그녀는 자신이 크리스티에서 관찰한 것을 바탕으로 짧고
재치 있는 농담을 던졌다. 이 농담을 듣고 그녀가 이력서에 적은
것 이상의 자질이 있다는 사실을 알아차렸다. 재치만큼 나를 효과
적으로 설득시키는 것은 없다. 앞에서 남부 사람의 특징을 말했는
데, 짧은 농담에도 다양한 뜻을 숨겨 놓는 게 남부 사람이다. 식사
가 끝나자 그녀는 자신이 인턴십을 마친 뒤 대학교로 돌아가야 한
다는 사실을 상기시켰다. 그러면서 자신을 잘 기억해 두었다가,
내 부서에 자리가 나면 잘 부탁한다고 말했다.

　　우리는 계속 연락하자며 인사를 나눈 뒤 헤어졌다. 인턴십이
끝나고 그녀가 대학교로 돌아갔을 때, 나는 그녀가 다음 해에 졸
업했다는 연락을 받게 될 것이고, 그러면 기쁜 마음으로 크리스티
의 내부 자리든 다른 회사든, 그녀가 취직할 수 있도록 도와줘야
겠다고 생각했다. 그녀는 그해에도 몇 번이나 내게 편지를 보냈
다. 모노그램이 인쇄된 편지지에는 졸업하면 내 팀으로 들어오고
싶다는 마음이 쓰여 있었다. 그녀의 편지를 받으면 며칠 동안 책
상에 세워 두곤 했다. '현재 우리 팀에는 충원 예정이 없다'는 회
신을 잊지 않고 보내기 위해서였다. 이메일을 보낸 뒤 그녀의 편

지를 다른 편지와 함께 책상 서랍에 넣었다. 내 서랍은 점점 편지들로 가득 차기 시작했다. 나는 팀에 자리가 날 일이 없으리라고 생각하면서도 그녀가 대학을 다니는 와중에 굳이 시간을 내서 자리에 앉아 손 편지를 쓴다는 사실에 강한 감명을 받았다. 그녀의 사려 깊은 태도와 의도를 명확히 나타내는 것에 고마움을 느꼈다. 졸업이 다가오자 그녀는 마지막 편지를 보내 왔고, 졸업일이 가까워지고 있다는 사실과 나의 팀에서 일하고 싶다는 열망을 다시 한 번 강조해 언급했다. 그 편지를 책상에 올려놓았다. 잊지 않고 답장을 보내기 위해서 그러기도 했으나 그녀를 내 친구들에게 연결해 주고 싶었기 때문이다.

이후 재미있는 일이 일어났다. 다음 날 아침, 우리 팀에서 최고의 업무 능력을 가진 팀원이 내 일정에 자신과의 미팅을 추가해 두었다. 팀원이 내게 따로 미팅을 요청하는 게 드문 일은 아니었다. 큰 사무실에서는 항상 1대 1 면담이 필요한 상황이 생기곤 했으니까. 그때는 그 팀원의 신상에 변화가 생겼으리라곤 꿈에도 생각지 못했다. 그녀가 살짝 겁먹은 표정으로 사무실에 들어왔을 때도 아무 생각을 하지 못했다. 그때만 해도 막 팀장이 되었을 무렵이라 그 표정의 의미가 무엇인지 전혀 눈치 채지 못했다. 그러나 지금은 길거리를 돌아다니면서도 그런 표정을 짓는 사람은 1킬로미터 밖에서도 알아볼 수 있다. 그 표정이 뜻하는 것은 다음과 같다. '저는 회사를 떠나려 하지만, 이 말씀을 드리기가 겁이 납니다. 그러니 제가 무슨 말씀을 드리려는지 알아차리시고 굳이 제가 직접 말씀드릴 필요가 없도록 해주세요.' 그 팀원은 곧 결혼을 하게 되며, 결혼식 후 신랑의 직장이 있는 인디애나폴리스로 이사 간다고 결정했음을 알렸다. 업무 성과가 높은 팀원에게서만큼은 절대 듣고 싶지 않은 내용의 소식이었다. 그녀를 꼭 안아 주고 신부와 신랑에게 최고의 행복과 행운이 가득하길 진심으로 바란다며 축하 인사를 한 뒤, 나는 책상 앞에 앉아 의자를 빙글빙글 돌렸다. 팀 내에서 자신의 역할을 든든히 해내던 팀원의 대체 팀원을 찾는 건 전혀 재미있지 않다. 새로운 직원을 훈련시키느라 들이는 시간만 생각해도 사수가 절망에 사로잡혀 책상에 머리를 박고 싶어질 테니까.

그다음 주 내내, 책상 앞에 앉아 새 팀원 후보들을 쭉 살펴보던 나는 와인이라도 한잔하고 싶은데 시간이 너무 이른가, 하는 생각에 멈칫거리던 참이었다. 그러다가 책상 위에 놓인, 모노그램이 프린트된 편지에 시선이 꽂혔다. 편지에는 친구의 시누이이자 크리스티에서 인턴십을 마친 여성이 지난 한 해 동안 여러 번 보낸 메시지가 정갈한 손 글씨로 쓰여 있었다. 그녀는 내 팀에서 일하고 싶어 했다. 그리고 나는 우리 팀에서 일할 사람을 찾고 있었다. 그녀의 졸업은 우리 팀원의 퇴사와 그 시기가 완벽하게 일치할 것이다. 지금 평사원인 다른 팀원 한 명을 승진시켜야 할 테지만, 대학을 갓 졸업하고 인턴십 경험도 있는 사람은 우리 팀에 합류하기에 적절한 인물일 것이다. 그날 아침 그녀에게 이메일을 보냈고, 즉각 답신을 받았다. 전화 면접을 몇 차례 진행한 후, 그녀는 뉴욕으로 와 크리스티 특별행사부에서 근무하기 시작했다. 그리고 훗날 내가 전략적 제휴 업무를 시작하자, 결국 내 자리를 인계받았다. 세계에서 가장 부유하고 영향력 있는 사람들을 상대하는 팀을 감독하는 위치에 있다면, 당신의 회사와 팀을 대표하는 사람들이 완벽한 매너를 가지길 바라지 않겠는가.

어머니는 파티 장소에 절대 빈손으로 등장하지 말라고 항상 당부하셨다. 이유는 간단했다. "저녁 식사 초대에 대한 감사 표시로 선물을 가지고 왔는데, 그걸 언짢아할 사람이 누가 있겠니?" 이것처럼 '바쁘신 와중에도 시간을 내어 만나 주셔서 감사드린다'는 내용의 편지를 보냈다고 기분 나빠해 할 사람이 누가 있겠는가? 그런 사람은 한 명도 없다. 잠시 시간을 내어 누군가가 당신에게 줄 수 있는 최고의 선물, 즉 귀중한 시간을 내어 줬다면 감사하다는 성의 표시를 하라. 이는 제법 간단한 행동이다. 그런데 이 단순한 행동이 때로는 인생의 가장 큰 목표를 성취하는 데 결정적 도움을 주기도 한다.

교훈 2. 격식에 맞는 옷을 입어라

미국 남부, 특히 우리 집에서는 옷을 제대로 차려입는 것이 주일날 교회에 참석하는 것만큼이나 중요한 일이다. 여기서 '중요한'이라는 말은 절대, 절대로 타협 불가능하다는 의미다. 부모님은 항상 저녁 식사나 파티에 참석하기 위해 격식 있게 옷을 차려 입었다. 할머니는 언제나 드레스를 입고, 머리카락은 둥글게 컬을 넣어 스프레이로 고정시켰다. 이런 모습 말고 다른 차림을 한 할머니를 한 번도 본 적이 없다. 어렸을 때 나는 침대 끝에 놓인 옷 가방에서 드레스를 꺼내 입고 어슬렁거리기도 하고, 집에 놀러 온 친구들과 어머니의 옷장에서 힐을 몰래 빼내 신거나 어머니의 립스틱을 슬쩍 빌려 바르면서 놀았다. 초등학생 때는 교복을 입었지만, 태프트 기숙학교와 스와니대학교에는 드레스 코드가 있었다. 남학생은 넥타이 차림에 코트를 걸쳐야 했고, 여학생은 스커트나 드레스, 멋진 바지를 입어야 했다. 수업을 들을 때 정장을 입어야 하는 대학을 다녔다고 하면 사람들은 내가 미친 게 아닐까 싶은 표정으로 쳐다봤다. 하지만 나는 남부의 대학교에 다녔으므로, 그런 일이 아주 자연스러웠다. 미식축구 경기를 할 때도 정장을 입는 게 남부 사람들인데 수업 들을 때 정장 입는 게 뭐 대수일까?

직장 생활을 시작하자 대학생 때처럼 무슨 옷을 입어야 할지 알려 주는 설명서 같은 게 더는 없었다. 그러나 직장 여성이 어떤 차림을 해야 하는지에 대한 생각은 있었다. 그래서 나는 멋진 원피스와 스카프, 정장을 입고 직장으로 향했다. 이런 옷차림이 당연하다고 생각하면서, 뉴욕에서의 삶은 많은 이유에서 나를 놀라게 하지만 정말로 마음에 드는 것은 거리에서 패션이 어떻게 진화하는지를 직접 목격할 수 있다는 점이었다. 인스타그램이 등장하기도 전이었지만, 매일 아침 출근길을 걷고만 있어도 다가올 시즌의 패션은 어떤 모습일지 알 수 있을 정도였다. 사무실도 마찬가지였다. 크리스티에서 일하는 시간이 늘어 갈수록 내 드레스코드도 진화되어 갔다. 처음에는 모두와 마찬가지로 정장과 스카프 차림으로 시작했지만, 예술계는 창의적인 요소로 가득 차 있고, 우리 고객은 패션에 쓸 돈이 넘쳤으므로 나는 곧 최고 수준의 패션을 마주하게 되었다. 물론 도시 구석구석에서 덜 비싼 옷을 파는 곳을 찾아 둬서, 내가 감당할 수 있는 한도 내에서 패션을 추구했다.

누군가는 격식을 갖춰 차려입는 것을 싫어할 수도 있지만, 나는 정장을 갖춰 입는 걸 좋아했다. 다른 사람들을 위해 차려입는 게 아니다. 바로 '나' 자신을 위해 제대로 갖춰 입는다. 조화롭게 코디된 옷에 가방과 구두를 믹스 앤 매치mix and match하는 것을 사랑한다. 모두가 내 취향을 좋아할지는 모르겠지만 다른 사람의 시선 따위는 상관없었다. 나의 특별한 선택이 타인의 마음에 들지 아닐지보다, 할머니가 종종 조언해 준 것처럼 내가 제대로 갖춰 입고 나올 만큼 상대방을 존중한다는 걸 모두가 알아 주길 바랐다.

내게 있어 정장은 갑옷과 같다. 대규모 홍보 행사나 중요한 미팅이 있는 날에는 내가 입고 있는 옷이 무엇이든 간에 100만 달러짜리처럼 보이길 원했다. 크리스티 특별행사부 팀장으로 승진한 날, 나는 첫 출근 때 검은색 정장을 입었다. 왜 검은색 정장을 골랐는지는 모르겠지만, 그냥 그 옷이 갑옷 같다는 생각이 들었다. 정장을 갖춰 입는 것으로 내가 특별행사부 팀장이라는 직책을 기꺼이 맡을 수 있고, 사람들도 이것을 진지하게 받아들여야 한다는 내 생각을 보여 준 것이다. 내게 정장을 입으라고 말한 사람은 아무도 없었고, 다른 여성 직원 중 정장을 입은 사람도 아무도 없었다. 하지만 나는 업무를 위해 기꺼이 옷을 차려입는 사람들로 가득한 회사에서 일하니까, 옷을 통해 내가 뛰어든 게임의 정상에 올랐다는 기분을 만끽하고 싶었다. 업무 준비를 하는 동안에는 그런 기분을 종종 느낀다. 어떤 순간을 위해 옷을 고르고 차려입을 때, 어떤 일이든 평소보다 더 진지하게 바라볼 수 있다는 것이다. 과하게 차려입은 것은 아닐까, 하는 걱정 따위는 절대 하지 않는다. 절대로. 너무 간소하게 입느니 차라리 과하게 입는 편이 낫다. "지금 하는 일이 아니라 앞으로 하고 싶은 일을 위해 옷을 갖춰 입어라"는 격언이 있다. 나는 이 말에 동의하지 않는다. 당신이 사무실에서 일하든, 비영리단체에서 자원봉사를 하든 재택근무를 하든, 아니면 이 모든 장소를 왔다 갔다 하든 상관없이, 당신의 과거와 현재와 미래를 위해 옷을 차려입어야 한다.

잠깐 협업한 적 있던 한 비영리단체의 경매를 몇 년 전에 진행한 적이 있다. 그 전해에 나는 전설적인 디자이너 캐롤리나 헤레라가 디자인한 아름다운 드레스를 친구에게 빌려 입고 무대에 올랐다. 이 드레스는 굉장히 반짝여서 무대를 걸어 다니면 모든 빛이 내게로 쏠리는 듯한 효과를 냈다. 게다가 이 드레스는 입고 벗는 것도 아주 편했다. 당시 둘째를 임신한 상태였는데, 이 드레스는 풀 스커트full skirt여서 임신 초기 상태의 몸을 완벽하게 가려 주었다. 그다음 해에는 행사장에 부랴부랴 도착하는 일이 다반사였는데, 그때는 집에 생후 4개월 된 아기가 있었다. 내 모습은 예전보다 훨씬 덜 빛났을 것이다. 수유용 브래지어를 착용한 상태에서 검은색 미니 드레스의 지퍼를 간신히 채워 올린 몰골이었으니까. 내가 코트를 벗자 젊어 보이는 행사 주최자가 미소를 지으며 말했다. "작년에 굉장한 드레스를 입으셔서 올해는 무슨 옷을 입으실지 궁금했어요." 하지만 코트를 건네는 내가 그렇게 눈부시지는 않은 드레스를 입고 있자 그녀의 얼굴에 약간 실망한 기색이 비쳤다. 최소한의 꾸밈도 없이 제일 기본적인 검은색 드레스를 입고 무대에 선 것은 이때가 마지막이었다. 그녀의 반응에 기분이 상하지는 않았다. 뭐, 나도 이해한다. 그러나 스스로에게 면죄부를 주고 싶었다. 4개월 된 아기를 키우고 있으니 드레스에 아기의 토사물이 묻어 있지 않은 것만 해도 다행이었다.

온종일 회사에서 일한 뒤 집에 돌아와 잠든 아이들 곁에 누울 때, 몸을 누이다가도 경매 무대에 서기 위해서는 일찍 일어나 화장을 하고 칵테일드레스를 입어야 한다는 점을 깨닫는다. 그렇게 기막히게 멋진 드레스를 입고 커다란 귀걸이를 착용하면 절반은 이기고 들어가는 것이다. 굉장한 드레스와 커다란 액세서리와 힐로 무장하면 즉시 날아갈 듯한 기분을 느낀다. 전투에 나가기 위한 무장을 마친 기분이랄까. 물론 내 경우는 무대 위지만, 나는 팔기 위해, 행사 진행을 위해, 무대에서 빛나기 위해 드레스를 입는다. 잠옷을 입으면 그 순간 잠자리에 들 준비를 마치는 것처럼, 내가 입은 옷은 내가 되고자 하는 사람으로 만들어 준다. 분야별로 각양각색의 드레스 코드가 있기는 하지만, 다른 사람들보다 좀 더 제대로 차려입고 주도권을 잡는 것에 두려움을 느끼지 말라. 가장 강한 여성은 주목받기를 바란다. 물론 합당한 이유로 말이다.

교훈 3. 뒷담화는 그만두고 문제는 직접 해결하라

일상생활이나 사무실에서 문제가 생기면 항상 누군가를 찾아가는 사람이 있지 않은가? 음, 그럴 때면 내 남부 친구들은 이렇게 말하곤 한다. "남의 욕은 그만하고 문제는 직접 해결해." 나는 상사들과 아주 좋은 관계를 유지해 왔다. 20년이 넘는 시간 내내 그래 왔다. 크리스티에서 내 위에 있는 사람들 아무나 붙잡고 물어봐도 모두 같은 대답을 해줄 것이다. 리디아는 열심히 일하고, 긍정적인 태도를 지녔고, 다른 사람과 잘 지낸다고. 직장 생활을 하는 내내 인사고과에서 훌륭하다는 평가를 받았다. 왜 그랬을까? 무슨 문제가 생기든 그게 상사 때문에 발생한 것이라고는 여기지 않았기 때문이다. 나는 문제를 해결하고 그 후로는 절대 그 문제에 대해 언급하지 않거나, 상사에게 찾아가 물어보기 전에 스스로 문제를 해결할 방법을 모색했다. 상사에게 문제를 털어놓고 도움을 요청해 봤자, 그분들의 발밑에 문제를 깔아 놓는 것에 지나지 않는다.

크리스티에서 근무하며 아홉 개가 넘는 팀을 관리했다. 그런 내게 있어 관리하기 제일 좋은 직원은 태도가 좋고, 직장 내 분란을 일으키지 않고, 제 힘이 닿는 한 최선을 다하는 사람이다. 당연한 이야기일 수도 있겠다. 그런데 가장 중요하게 생각하는 자질은 문제가 발생했을 때 고민에 빠져 질질 끄는 대신 해결책을 찾아내는 것이다. 다른 부서에서 일하는 아무개와 사이가 좋지 않다고? 아니, 솔직히 말해 그건 내가 알 바 아니다. 직장 동료와 드라마를 찍지 말라. 원래 맡은 관리직도 해내기 바쁜데 나까지 드라마에 끌어들여 잡일을 하게 만들지 않길 바란다. 이미 아이 셋을 키우며 무수히 많은 드라마를 찍고 있으니까.

20대 초반에는 사무실 안에 도는 소문과 험담이라는 매력적인 미끼에 면역력이 약했다. 유난히 긴 하루를 보낸 후 이상하게 혈기 왕성한 기분에 사로잡혀서는 당시 행사부 팀장이었던 상사를 찾아가 말했다. 내가 이 여직원, 저 여직원과 말다툼을 했는데, 이 여직원이 이런 짓을 했다, 엄청 나쁜 사람이 아닌가요? 하면서. 상사는 잠시 뜸을 들이다가, 나를 바라보며 친절한 목소리로 대답했다. "내 생각은 이렇습니다. 당신이 하루에 한 번 말다툼을 한다면 당신이나 상대방 중 한쪽의 탓일 수 있지만, 두 번 이상 말다툼을 한다면 아마 거울로 자신을 들여다봐야 할 것 같네요."

침을 꿀꺽 삼켰다. 너무나도 정곡을 찌르는 말이었다. 사실 싸움의 대부분은 내 탓이었다. 업무 환경에서 드라마를 찍은 사람은 바로 나였다. 드라마를 만들어 냈을 뿐만 아니라 분란을 일으키는 데 적극적으로 가담했다. 사무실에서뿐만 아니라 인생에서도 그랬다. 소문을 들으면 신이 나서 다른 사람에게 전했다. 불난 집에 부채질하는 짓임을 잘 알면서도 그랬다. 그러면 근무시간은 늘 쏜살같이 지나갔다. 다른 직원이 모르는 내용을 가장 먼저 아는 사람이 되는 게 항상 재미있었다. 하지만 그것 말고는? 좋은 게 과연 뭐가 있었을까? 마음속에는 일종의 끔찍한 기분이 가득했다. 남에게 상처를 주고 비열한 짓을 하는 것은 결코 좋은 기분을 선사하지 않는다. 당신이 '옳은' 사람이고 나머지 다른 이들이 항상 '그른' 사람인 경우가 하루에 몇 번이나 있었는지 생각해 보라. 당신이 보이는 태도와 접근 방식이 문제의 요인일 수도 있다는 점을 간과해서는 안 된다. 이후 상사의 사무실 문 밖에 서서 동료에 대한 비난을 마구 쏟아 내거나 고객과 관련된 사안을 징징거리며 불평하는 자신을 발견하게 되면, 다른 전략을 세워 보라. 몸을 돌려 자리로 돌아가 해결책을 고민하고 문제점을 고쳐라. 남의 욕을 하거나 불평하는 사람을 좋아하는 이는 아무도 없다. 반면 무엇이든 할 수 있다는 태도와 자진해서 해결책을 찾겠다는 마음가짐으로 문제에 접근하는 사람은 누구나 환영한다.

교훈 4. 땀 흘리는 모습을 누구에게도 들키지 마라

경매업계에서 세계 최고 수준으로 꼽히는 행사를 진행하며 몇 가지 조그마한 비밀을 알게 되었다. 그중 하나를 당신에게 알려 주겠다. 샴페인을 홀짝이며 수백만 달러짜리 예술 작품을 응시하는 사람들의 모습을 보고 있으면 그들의 가장 화려하고 우아한 면만 보이기 마련이다. 그러나 그들이 행사장에서 라이벌 옆에 앉거나, A급 자리가 아닌 다른 테이블에 배정받으면 이성을 완전히 잃는 걸 볼 수 있다. 그것도 자주. 행사가 진행되면 침착하고 이성적이던 사람들이 제정신을 잃고 비이성적인 사람으로 탈바꿈하기 시작한다. 더 큰 혼란으로 빠지는 것을 막는 유일한 사람이 행사 담당자다. 그런 상황에서 필요한 것은 흔들리지 않는 심지 굳은 마음과 완벽한 포커페이스다. 행사 전체를 담당하는 사람이 통제력을 잃으면 나머지 관계자들도 전부 혼란에 빠진다. 아무리 몇 달의 시간을 들여 고통스러울 만큼 세밀하게 행사를 계획했다고 해도, 막판에 모든 것이 뒤집어지고는 한다. 예정된 내용이 갑자기 취소되거나, 예상하지도 못한 손님이 초대장을 들고 나타나거나, 출장 음식 서비스에서 사고가 나거나, 느닷없이 화재경보가 울리기도 한다. 그렇기에 행사 담당자는 항상 미소를 지은 채 모든 것이 잘 되어 간다고 누구나 믿게끔 만들 준비를 마쳐야 한다.

문제가 발생하고 아무리 극적인 상황이 벌어져도 미소를 잃지 않을 수 있는 이유는 바로 남부식 가정교육을 받았기 때문이다. 일이 잘못될 때마다 이런 교육을 받은 게 얼마나 큰 자산으로 작용하는지 거듭 깨닫는다. 경매업계에서 일하는 동안 줄곧, 나는 가정교육에서 비롯된 기술에 의지해 왔다. 경매를 진행하는 도중에 갑작스러운 해프닝으로 행사 주최자가 내게 달려오는 일을 몇 번이나 겪었는지 모른다. 주최자는 자신이 내 귀에 속삭인다고 생각하겠지만 사실은 남들에게 다 들리도록 쩌렁쩌렁한 목소리로 외치고 있다. 그때 나는 덩달아 당황하거나 흥분하는 대신, 얼굴 가득 미소를 짓는다. 그래야 청중도 그저 사소한 문제가 발생했나 보다, 하고 여긴다. 행사 초반에 제시된 품목 중 응찰자가 가격을 너무 높이 불렀다며 아예 응찰을 취소하고 싶어 한다는 사실을 다른 청중이 알 필요는 없지 않는가? 당연히 나도 그런 이야기를 청중에게 하고 싶지는 않다. 할머니가 말했듯, 부엌이 아무리 더워도 내가 땀을 흘리는 모습을 남들에게 보여 줄 필요는 없다.

교훈 5. 달콤한 꿀이 더 많은 벌을 끌어당긴다

사람들을 헐뜯거나 이용하지 않고 신뢰와 충성심을 쌓으며 살아간다면, 인생에서 훨씬 더 많은 일을 해낼 거라고 굳게 믿는다. 만약 당신이 회사, 학부모 모임, 공동체에서 최고 자리에 올라 사람들을 이끌고 가야 하는 리더라면, 중요한 일이나 문제가 생길 때 제일 필요한 건 사람들의 든든한 지지라는 걸 알고 있으리라. 밀물은 모든 배를 뜨게 하는 법이라지만, 주변 보트와 좋은 관계를 맺어야 모두가 안전히 항해할 수 있다. 이 책에서 여러 번 언급했듯 나는 한 회사에서 20년간 일하고 있다. 예술 시장이 확장되었다가 다시 축소되는 것을 너무 많이 목격해서, 애써 다 기억해 보려 해도 잘 안 될 정도다.

또한 사람들이 회사에 들어왔다가 나가는 모습을 너무 많이 목격해서 일일이 기억하려 해도 그게 여의치 않다. 하지만 언제나 변하지 않는 사실은 두려움이나 험담, 소문, 혐오스러운 행동에 이끌리는 사람은 결국 해고되거나 스스로 떠나게 된다는 점이다. 시간이 조금 걸리는 경우도 있으나 앞에서 언급한 것에 하나라도 해당하는 사람은 전부 예외 없이 크리스티에서 제자리를 잃었다.

특별행사부의 팀장으로 승진하자마자 복잡한 새 업무 내용을 최대한 빨리 습득해야 했다. 그동안 모든 결정을 내려 주던 상사가 있었는데, 어느 날 갑자기 내가 최종 결정을 내려야 하는 위치에 오른 것이다. 이제 모든 사람이 나만 바라보고 기대하고 있었다. 그것은 무척 기이한 느낌이었다. 부서의 막내로 일하며 언제 승진하나, 생각하던 시절에는 나보다 높은 직위에 있는 사람의 업무란 나보다 훨씬 쉬울 거라고 멋대로 추측했다. 하지만 나중에 가서야 이런 생각이 잘못되었다는 걸 깨달았다. 어느 날 고위 간부가 그 직위에 관심이 있냐며 회사 외부 사람도 많이 만나야 하는데 어떻게 생각하는지 물었을 때, 나는 기회를 놓치지 않고 냉큼 그 제안을 받아들였다. 승진 직후 미팅에 참석한 일이 기억난다. 그때 누군가가 이듬해 특별행사 전략을 물었다. 나는 가져 온 노트를 쏘아보고만 있었다. 침묵은 약 15초 동안 계속되었다. 사업개발부장이 나를 살펴보더니 말했다. "리디아, 당신에게 한 질문인데요." 이때 퍼뜩 깨달았다. 좋든 나쁘든 이제부터 책임은 오롯이 나에게 있다는 것을.

지금 내 앞에는 대신 나서 줄 사람이 아무도 없었다. 이 침묵을 깨부술 수 있다면 좋겠지만, 잘못 대답했다간 그 책임을 내가 뒤집어쓰게 된다. 그저 가급적 오랫동안 포커페이스를 유지하려 애썼다. 그러면서 내가 이듬해 특별행사 전략에 대해 아는 바는 없지만, 이 자리에 있는 모든 사람이 내가 잘 안다고 믿게 만들어야 한다는 생각이 들었다.

당시 우리 부서에는 직원이 한 명만 있었고, 공석이 된 관리자와 업무 담당자 양쪽 자리를 충원하기 위해 막 한 사람을 더 채용한 상황이었다. 인턴도 한 명 두었다. 나는 크리스티의 인턴을 위한 특별한 자리를 늘 마음속에 마련해 두고 있다. 나도 직장 경력을 인턴으로 시작했기 때문이다. 그래서 인턴을 우리 부서 활동에 포함시켜서 부서의 일원이 됐다는 소속감을 줄 때 항상 기뻤다. 새 직책을 맡고 몇 달이 지난 후, 나는 로스앤젤레스로 단기 출장을 갔다가 인턴이 보낸 음성메시지를 듣고 황급히 회사로 복귀했다.

나는 언제나 인턴을 정식 팀원처럼 대하는데, 그 인턴은 유난히 노련하고 일을 배우는 속도가 빨랐다. 그래서 그녀가 내게 전화를 했다는 것 자체로는 크게 놀라지 않았다. 인턴은 음성메시지로 내 부서에 소속된 여직원 한 명이 회사 사람과 말하는 걸 우연히 들었는데, 내가 나의 능력 밖의 일을 하고 있다며 이야기하더라는 것이었다. 그 여직원의 말이 완전히 틀린 것은 아니었다. 그녀에게 아무래도 내가 능력 밖의 일을 하는 것 같다고 털어놓은 적이 있기 때문이다. 나는 그녀와 내가, 그러니까 우리가 친구 사이라 그런 민감한 이야기도 털어놓을 수 있다고 생각했다. 그러나 그 여직원은 내 권위를 떨어뜨리기 위해서, 그리고 내가 해고되면 내 자리를 차지할 수 있다고 여겨 다른 사람에게 그런 말을 한 것이었다. 그 직원이 세운 계획의 유일한 결점은 그녀가 나보다 사회생활을 덜 했다는 점이다. 또 사무실 문을 활짝 연 채로 그런 험담은 절대 하지 말았어야 했다. 나와 사이가 아주 좋고, 나의 깊은 신뢰를 받는 무급 인턴이 사무실에서 겨우 1.5미터 떨어진 곳에 앉아 있었으니 말이다. 나는 몹시 화가 났다. 물론 업무를 전부 통달하지 못했음을 절감하기는 했지만, 나는 본래 업무 이해도가 빠른 편인데다 이미 몇 달도 되지 않아 새 직위에 따른 업무 사항의 대부분을 완벽히 숙지했다고 생각했기 때문이다. 다음 날 그 직원과 미팅을 갖기로 일정을 잡은 뒤, 마음을 가라앉히고 직원에게 정확히 무슨 말을 해야 할지 생각하며 저녁 시간을 보냈다.

그렇게 그녀와의 미팅이 시작되었고 차분한 목소리로 내가 들은 내용을 말했다. 그다음 두 가지 중 하나를 선택하라고 했다. 하나, 우리 부서에 계속 근무하면서 나와 함께 해결 방안을 생각할 것. 서로를 지지하고 함께 우리 부서를 성장시킬 것. 아니면 둘, 우리 부서를 떠날 것. 당신을 대체할 사람을 찾을 테니 말이다. 그렇게 대화를 나눈 뒤 그녀는 우리 부서에 계속 남았을 뿐 아니라 나의 가장 충실한 팀원이자 친구가 되었다.

물론 당신은 나처럼 남부식 억양을 쓰진 않을 테고, 남부식 음식에 대해서도 잘 모를 테고, 남부 사람들이 미식축구에 집착하는 것도 이해하지 못하리라. 하지만 어디서나 가장 강한 여성은 남부 여성이 자신만의 독특한 기술로 무장한 채 협상 테이블에 앉는다는 것을, 그리고 그 기술을 누구나 배우고 활용할 수 있다는 것은 알 수 있다. 지금까지 내가 소개한 교훈을 부디 마음껏 써주길 바란다. 당신이 어디에서 태어나고 어디에서 자랐는지는 문제가 되지 않는다. 그리고 한 가지만 명심하라. 절대 남부 여성을 함부로 건드려서는 안 된다는 것을.

에밀리 루빈펠드
Emily Rubinfeld

캐롤리나 헤레라Carolina Herrera 회장

옷을 잘 차려입은 여성의 힘을 절대 과소평가하지 마라!

나는 항상 여성 사업가들의 우아함과 세련된 스타일의 중요성을 믿어 의심치 않는다. 경력을 쌓는다는 것은 매일을 중요한 날로 여기며 차근차근 발전해 나가는 것이다. 그리고 새날이 밝아올 때마다 오늘이야말로 기회를 잡는 날이라는 각오를 다지고 정성스럽게 옷을 차려입어야 한다. 매일을 특별히 여기고 내 스스로가 리더의 모습으로 변신했다고 생각하며 옷을 갖춰 입는다.

내가 여성 패션업계에서 일한 지는 벌써 20년이 넘었지만, 꿈꾸고 열망하던 직업이었던 만큼 여전히 즐거운 마음으로 경력을 쌓고 있다. 지금 나는 패션 브랜드를 이끌고 있다. 이 브랜드는 비교할 수 없을 정도로 세련되고 단정한 옷차림으로 하루하루를 완벽하게 영위하는 여성, 즉 미국을 상징하는 디자이너 캐롤리나 헤레라가 설립했다. 그녀와 수년간 함께 일하며 그녀가 독자적인 철학을 절대적으로 구현해 내는 인물이라 확신했다. 바로 성공을 위해 매일 흠 잡을 데 없이 옷을 갖춰 입고, 자리하는 모든 공간에서 다른 사람의 주목을 끈다는 철학이다. 그래서 나는 이것을 말해 주고 싶다.

당신의 목표에 도달하기 위해 패션과 당신의 고유한 스타일을 활용하라!

캐서린
에르난데스 발데스
Catherine Hernandez Baldes

애플랙Aflac 수석 부사장

남부 여성은 매력을 발산하는 데 굉장한 재능을 가지고 있지만, 과소평가되는 경우가 많다. 그러나 사실 매력이란 직장에서나 사적인 자리에서나 항상 우리에게 장점으로 작용한다. 직장 생활을 막 시작했을 무렵, 나는 루이지애나주의 해산물 판촉 및 마케팅 위원회의 상무이사로 18개월 동안 재직했다. 당시 나는 주지사가 임명한 최연소 상무이사였다.

　사람들은 내가 신은 신발, 특히 수상비행기를 탈 때든 에어보트를 탈 때든 언제 어디서나 하이힐을 신었다는 것으로 수군대기 바빠서, 주 의회가 우리 부서의 예산을 두 배로 늘렸다는 것을 알아차리지 못했다. 또 우리 부서가 놀랍게도 20억 달러나 되는 규모의 산업을 루이지애나주에 유치하는 데 성공했다는 것도 모르는 듯했다. 이 일화에서 당신이 얻을 수 있는 조언은 남부 출신 여성을 대할 때는 그 여성이 매력 발산하는 모습만 보고 '저 사람이 자기만족에 빠져 안일한 태도를 보이는구나' 하고 착각하면 안 된다는 것이다. 강철 목련steel magnolia, 주로 미국 남부에서 쓰는 말로, 불굴의 의지와 강단을 가진 여성에게 있어, 스타일과 실속은 배타적이지 않다. 우리에게 스타일은 영업 허가증이다.

　하이힐에 속지 말라!

모건 허친슨
Morgan Hutchinson

부루BURU 창립자 겸 최고경영자

무언가를 판매한다는 것은 동시에 무언가를 구입한다는 뜻이기도 하다. 보다 효율적인 사업을 위해 생산자나 서비스 공급자로부터 제품이나 서비스를 공급받아 판매하는 것이 나을 때가 있는데, 이때 '꿀'을 나누어 주지 않으면 성공이 어려울 수도 있다. 의류 사업을 하는 나는 생산자와 샘플 제작자에게 크게 의존한다. 그런데 제품을 제작하는 과정에서 돌발 상황이 벌어지기도 하고 납기가 지연되는 일이 발생하기도 한다.

그들에게 문제가 있어서 그런가?

그렇다.

그러면 그들에게 소리를 지르는 게 문제 해결에 도움이 될까?

절대 아니다.

한번 생각해 보라. 생산 라인이 다시 정상화되었을 때 당신이라면 어디의 제품을 가장 먼저 돌리겠는가? 화를 내면서 큰 소리로 명령하는 사업체의 제품일까? 아니면 정상화가 되었을 때 생산 라인 직원 모두에게 갓 구운 비스킷을 대접하는, 즉 꿀을 듬뿍 나누어 주는 사업체의 제품일까? 결론은 친절하게 행동하자는 것이다. 강단 있게 행동하라. 꿀에 찍은 과자를 대접하면 절대 감정이 상할 일이 없다.

11

경력의 키포인트,
평판

어디서나 가장 강한 여성은 바로 당신이다

66

어떤 이가 나와 좋은 경험을 쌓으면
이를 한 사람에게 말할 것이고,
나쁜 경험을 하면
이를 아홉 사람에게 말할 것이다.

99

어린 시절에는 이야기를 만들어 내는 것을 좋아했다. 아주 좋아했다. 그때 나는 방에서—내 나름의 사소한— 선의의 거짓말을 만들어 내느라 상당한 시간을 보냈다. 부모님은 (두 분의 표현대로라면) 나의 '쪼끄만 거짓말'을 항상 알아차렸고, 그 습관을 없애기 위해 나를 따로 불러내 혼을 냈다. 이때 내가 받은 최악의 벌은 친구들에게 내가 한 이야기가 사실은 지어낸 가짜라고 실토해야 했던 것이다.

중학생 시절에는 엄청나게 터무니없는 거짓말을 한 적 있는데, 뜻밖에도 이게 잘 먹혀들었다. 아이들이 너무 잘 속아 넘어가는 바람에 내가 한 거짓말은 거의 전 학년에 퍼져 버렸다. 어쩌다 이런 이야기를 지어냈는지는 기억이 안 나지만, 그 당시 우리 반 친구들은 한 명도 빠짐없이 내가 천재 테니스 소녀 제니퍼 카프리아티와 절친이라고 믿었다. 10대였던 제니퍼 카프리아티는 미국 전체의 상상력을 자극했다. 그녀가 토너먼트에서 연승을 거두자 나는 제니퍼 카프리아티와 절친 사이며 펜팔 친구라고 반 친구들 모두에게 말했다. 친구들에게 그녀가 매 경기를 마치면 나에게 긴 편지를 쓰고, 우리가 아주 사이좋은 친구라는 걸 증명해 줄 재미 있는 이야기를 생각해 낸다고 말했다. 중요한 경기가 끝날 때마다 친구들은 월요일만 되면 나의 유명한 펜팔 친구에게 궁금한 것들을 잔뜩 적어 등교했다. 왜 이 거짓말을 하기로 마음먹었는지, 이 거짓말이 어디서 비롯됐는지, 왜 만나 본 적도 없는 사람과의 우정에 강하게 이끌렸는지는 기억나지 않는다. 그러나 이건 분명히 지어낸 이야기였고, 나는 그 이야기에 계속 붙들려 있을 수밖에 없었다. 시간이 지날수록 거짓말은 더욱 정교해졌다. 이 특별한 거짓말을 계속한 지 1년쯤 되었을 때, 어머니는 우리 집에 놀러 온 친구에게 내가 하는 이야기를 우연히 들었다. 그때 나는 영원한 절친 제니퍼에게 또 편지를 받았다고 거짓말했다. 어머니에게 절대, 다시는 거짓말하지 않겠다고 빌었지만, 어머니의 형벌은 가차 없었다. "친구들에게 가서 지금까지 한 말은 모두 사실이 아니라고 해." 어머니 말대로 하지 않으면 외출 금지를 당할 게 뻔했다. 내가 할 수 있는 일은 하나뿐이었다. 친구들에게 사실대로 털어놓을 수밖에 없었다.

죽고 싶었다. 진짜로. 중학교에서는 쿨한 것과 쿨하지 않은 것의 경계가 너무 위태위태했다. 나를 쿨한 사람으로 만들어 주던 모든 것이 거짓말이었다는 것을 인정해야 했다. 끔찍했다. 어머니와 대화를 끝내고 다음 날 월요일 아침 수업 종이 울릴 때까지 쉴 새 없이 기도했다. 그러나 기도에도 불구하고 나는 어디 잡혀가거나 희한한 사고를 당해 병원에 실려가 응급수술을 받거나 장기 입원을 하지도 않았다. 결국 교실에 들어가 친구들에게 사실 제니퍼 카프리아티와 아는 사이가 아니며, 그동안 말해 온 그녀와 나의 우정 이야기는 몽땅 거짓말이라고 털어놓았다. 걱정과 달리 친구들은 친절하게 대해 줬다. 내 앞에서는. 그러나 아무 의심 없이 받아들였던 내 이야기가 거짓말이라는 점이 밝혀지자 후폭풍은 크게 몰려왔다. 내 언행이 전부 의심받는다는 느낌이 강하게 들었다. 몇 년 뒤 기숙학교로 진학할 때까지 계속 그랬다. 천만다행으로 기숙학교는 코네티컷에 위치해서, 거짓말을 저 멀리, 내게서 아주 멀리 떨어진 곳에 내버려 두고 올 수 있었다.

잃어버린 신뢰는 회복하기 어렵다. 나는 이 교훈을 힘들게 깨달았다.

사람은 사는 동안 무언가를 팔아야 하는 상황을 반드시 맞닥뜨린다. 자신의 비전이나 회사를 팔아야 하는 상황일 수도 있고, 면접에서 자신의 가치를 판매해야 할 수도 있다. 그 어떤 상황이든 사람들에게 당신의 말이 사실이라고 믿게 해야 한다. 당신 또

한 사람들이 당신의 말을 믿길 바랄 것이다. 예외 없는 규칙은 없 겠지만, 그래도 가능한 한 언제나 진실하게 말하라. 그래야 스스로도 자랑스러울 만한 평판을 얻을 수 있다.

이 책의 앞부분에서 강조했듯 판매의 가장 중요한 핵심은 바로 자신의 비전을 얼마나 '효과적'으로 전달하느냐에 달렸다. 이 것은 자기 자신을 판매하는 기술에서 가장 큰 비중을 차지한다. 당신이 일을 잘하면 사람들은 당신이 그 분야에서 권위를 지녔다고 믿는다. 당신이 그 분야의 정상에 있다고 생각하기 때문이다. 권위자로서 행동할 때 가장 중요한 것은 바로 진실을 말하는 것이다.

나는 아르마니나 펜디처럼 최고의 럭셔리함을 보여 주는 세계 최고의 패션 브랜드 몇 곳을 대상으로 영업 코칭을 해주고 있다. 이들 브랜드 의류와 액세서리는 수천 달러에 판매되며, 최고급 아이템은 수만 달러에도 판매된다. 내가 이들 브랜드의 최고영업담당자에게 몇 번이고 계속 당부하는 말이 하나 있다. 바로 제품을 판매할 때는 진실한 태도로 임하라는 것이다. 영업팀과 함께 일할 때면 이런 시나리오를 상상해 보라고 한다.

당신이 커미션을 받고 일한다고 가정해 보라. 이 말은 당신 이 매장에서 무언가를 판매할 때마다 현금으로 수수료를 받는다는 뜻이다. 당연히 어떤 결과를 얻든 판매하고 싶다는 의욕이 생기지 않겠는가? 물론 최종 목표가 무엇인지에 따라 달라지긴 하겠지만, 커미션을 받는 조건으로 일하는 경우, 최종 목표는 돈이라고 의심해 볼 만하다. 몸집이 아주 큰 여성이 두둑한 지갑을 들고 매장을 방문했다고 가정하자. 이 여성은 깃털로 만든 커다란 코트에 관심을 가진다. 그런데 이 코트의 가격은 수천 달러나 된다. 욕이 절로 나올 정도로 비싼 옷이다. 당신은 커미션을 받고 일하고 있으니, 당연히 머릿속에는 오로지 저 손님에게 코트를 팔아 수수료를 챙기겠다는 생각뿐이다. 그런데 그 여성이 코트를 걸치자 마치 덩치 큰 닭처럼 보인다. 당신은 손님의 형편없는 모습을 보면서도 아양을 떨며 코트를 구입하라고 부추긴다. 그녀는 당신의 말을 귀 기울여 듣는다. 당신은 판매 능력이 출중해서 올해 최고의 영업 사원으로 선정될 정도니까. 당신의 말을 믿은 손님은 코트의 리본을 잘 접어 나비 모양으로 묶은 뒤 매장을 떠난다. 커미션을 챙기게 된 당신은 인터넷 쇼핑몰에 접속해 마우스를 클릭하며 당신이 판 가격과 인터넷에 나온 가격을 비교하기 시작한다. 그런 다음 커미션으로 챙기게 된 돈이 계좌에 입금되기를 바란다. 고객은 코트를 얻고 당신은 현금을 얻었으니 모두가 행복해졌다. 그렇다면 여기서 이야기는 끝…… 과연 그럴까?

이 시나리오의 문제점은 자신에게 어떤 옷이 어울릴지 잘 알지 못하는 부유한 여성의 영향력을 전혀 염두에 두지 않고, 상품을 빨리 팔 생각만 했다는 것이다. 당신이 인터넷에 접속해 열심히 클릭하는 동안, 당신의 부유한 고객은 집에 가서 남편을 만나거나, 저녁 식사 자리에 참석해 친구들을 만날 것이다. 그리고 그들은 그 여성에게 매장에서 당신이 절대 하지 않은 말을 할 것이다. 코트가 형편없으며 돈을 내다 버린 것이나 마찬가지라고. 돈이 남아도는 당신의 새 고객은 다시는 당신의 매장을 방문하지 않을 것이며, 친구들에게 당신이 일하는 매장에는 절대 가지 말라고 말할 수도 있다. 당신은 비록 한 번의 판매는 성공했지만, 평생 고객을 확보하는 데는 실패했다. 고객에게 솔직하게 말하면서 덜 비싸더라도 어울리는 제품을 구매하도록 유도했다면, 그 고객은 당신이 권유한 제품은 물론 다른 옷을 더 사서 외려 총 구매 가격이 코트 한 벌 값을 뛰어넘을 수도 있다. 당신이 고객에게 사실대로 말할 생각이 없었다고 해서, 고객에게 사실을 그대로 고할 사람이 한 명도 없을 것이라 생각하면 이는 큰 착각이다. 결국 누군가가 나타나서 그 고객에게 '지금 당신의 모습은 꼭 「세서미 스트리트」에 등장하는 빅버드 같다'고 말해 줄 것이다. 이건 시간문제다. 앞으로 대단치 않은 제품을 실제와 다른 과대광고로 팔아 치우고 싶다는 유혹이 생긴다면, 내가 하는 말을 기억하길 바란다. 어떤 이가 나와 좋은 경험을 쌓으면 이를 한 사람에게 말할 것이고, 나쁜 경험을 하면 이를 아홉 사람에게 말할 것이다. 평판은 영업에서 가장 중요한 것이다. 실적은 평판으로 좌우된다. 평판에 따라 위험해질 일에 절대 휘말려서는 안 된다.

구매한 것이 생각과 완전히 다르다는 걸 깨달았을 때 어떤 기분이 드는지, 내 경험을 통해 말해 줄 수 있다. 놀라울 정도로 재능 넘치는 한 여성이 산악지대인 버크셔즈에 위치한 멋진 집에서 보내는 3박 4일의 주말 휴가를 판매했다. 그녀는 전형적인 세일즈

우먼으로, 사람들이 "경매장에서 지갑에 있는 돈을 다 털리고 싶지 않으면 그녀가 무대에 오르기 전에 도망쳐라"라고 할 정도였다. 그녀는 경매를 시작하기 전에 경매봉을 연단에 내리치는데, 이것은 그녀의 트레이드마크로 꼽힌다.

이제 당신도 이 여성이 누구인지 바로 눈치챘을 것이다.

그렇다. 나다.

나는 영업을 너무나 잘하는 바람에 3박 4일의 주말 휴가를 바로 나에게 팔았다. 한 번도 본 적 없는 집에서, 한 번도 가본 적 없는 지역에서, 한 번도 만난 적 없는 가족이 살던 집에서 보내는 휴가를.

그건 정말로 큰 실수였다. 이 일로 또 다른 교훈을 얻었다. 그것도 아주 고생을 하면서.

경매를 막 시작했을 무렵에는 무대에 오르기 전 반드시 판매할 품목을 하나하나 정확히 확인했다. 약간 광적일 정도였다. 비영리단체와 두세 차례 전화를 해서 그들이 내놓은 경매 품목을 자세히 살피고, 구글로 두세 시간을 검색해서 각 품목의 정보를 보완했다. 이런 작업을 통해 나는 아주 자연스럽고 능숙하게 경매 품목을 설명할 수 있었다. 또 대부분의 경우, 무대에 오르기 전 예행연습을 최소 한 시간이나 했다. 경매를 진행하면 할수록 경매에 참석하는 후원자는 해마다 늘어났다. 그 결과, 경매에서 그리 좋은 경험을 하지 못했거나 응찰 경쟁이 과열되는 바람에 원하던 품목을 얻지 못한 사람들의 피드백도 많이 받았다. 나는 대본에 충실한 진행이 익숙해졌고, 과장된 설명을 하거나 윤색한 행동으로 품목에 대해 설명하는 것을 자제하게 되었다. 경매에서 낙찰된 고객들이 다음 해에 나타나 화를 낼지도 모른다는 두려움을 느꼈기 때문이다. 실망하거나 속았다는 생각에 분노하는 후원자들을 마주하고 싶지 않았다. 이 고객들이 경매에 응찰한 큰 이유는 경매에 오른 품목이 '크리스티의 승인을 받은 것'이라 믿기 때문이다. 내가 그들에게 무언가를 판매한다는 건 '진짜 거래'를 뜻했다. 영업 기술이 늘고 자신감이 강해지면서 여러 번 전화로 확인하거나 구글에 품목 정보를 검색하거나 몇 시간 동안 예행연습을 할 필요는 없어졌다. 차츰 차츰 덜 엄격해진 것이다. 무대로 걸어 나가는 그 순간에 갑자기 품목이 추가되더라도 내가 진짜로 팔려고 마음먹으면 얼마든지 팔 수 있다는 점을 깨달았기 때문이다.

6년 전의 일이다. 유난히 길었던 출장을 마치고 난 뒤, 설립된 지 얼마 안 된 단체의 행사를 맡은 적이 있었다. 이 조직은 실시간 경매를 처음 해보는 터라, 행사 1주일 전에야 겨우 일정이 확정됐다. 나의 출장 일정이 길었기에 우리는 그 중요한 행사가 개최되기 전에 짧은 전화를 딱 한 번 할 수 있었다. 경매품 목록은 그날 저녁 경매가 열리기 직전에 받았는데 총 다섯 개였다. 목록을 받고 무대 끝에서 대기하던 중이었다. 행사 주최자가 다가오더니 자신이 바라는 것을 몇 개 추가했다면서 새로운 목록을 건넸다. 재빨리 목록을 훑어봤다. 주최 측이 마지막으로 추가한 품목이 바로 버크셔즈에 위치한 집에서 3박 4일 동안 머무는 주말 휴가였다.

상세 설명을 보니 옛날이야기에 등장할 법한 고풍스럽고 아름다운 교사Schoolhouse를 개조한 집이었다. 침실은 모두 네 개였고 부엌은 최근에 개조했으며, 근처에는 날씨가 따뜻할 때 수영할 수 있는 시냇물이 졸졸 흐르고 있다는 설명이 이어졌다. 당시 얼마 남지 않은 남편의 생일에 완벽한 깜짝 선물이 될 수 있겠다는 생각이 들었다. 친구 부부도 초대해서 함께 생일을 축하해 줄 수 있고, 날이 추우면 모두 벽난로 앞에 앉아 있을 수 있을 것 같았다. 당연히 텔레비전도 있을 테니 함께 올림픽경기를 시청할 수도 있을 터였다. 이루 말할 수 없이 완벽했다. 사진이 궁금했으나 따로 준비된 것이 없었고, 무대에 나가기 직전이라 구글에 검색할 시간도 없었다. 나는 무대로 나가자마자 바로 경매를 진행했고, 경매는 내가 마지막 품목을 호명할 때까지 신속하고 순조롭게 진행됐다. 마지막 경매 품목을 소개하자마자 열정적인 목소리로 첫 번째 응찰자는 바로 '나'라고 선언했다. 행사장에 잠시간 침묵이 흘렀다. 그리고 다른 응찰자가 손을 들었다. 내가 재빠르게 호가를 올려 말하자 그는 다시 손을 들지 않았다. 나머지 사람들이 더는 응찰할 의사가 없다는 게 분명해질 때까지 기다렸다가, 경매봉을 꽝! 내리쳤다. 그러고는 마음속으로 나에게 하이 파이브를 해줬다. 아주 낮은 가격에 남편을 위한, 이 굉장한 선물을 손에 넣은 기쁨의 표현이었다.

이제 시간은 6월의 어느 비 내리던 금요일로 넘어간다. 나는 그 버크셔즈의 집 앞에 차를 멈춰 세웠다. 친구와 나는 둘 다 첫 아이를 임신한 6개월 차 임신부였다. 우리는 먼저 도착해서 다른 친구들이 오기 전에 집 상태를 확인하기로 했다. 그런데 집을 바라보는 친구의 얼굴에 공포심이 가득 어렸고, 곧이어 내 얼굴도 친구와 똑같아졌다. 이 '버크셔즈에 위치한, 침실이 네 개 딸린 아름다운 집'에 응찰한 사람이 아무도 없던 이유를 바로 깨달을 수밖에 없었다. 집에 대한 설명은 모두 거짓말이었다. 으스스한 골동품 인형 컬렉션, 구석구석에 밴 곰팡이 냄새, 모든 소파와 침대에 스며든 축축한 기운. 마치 공포영화를 찍으려고 지은 세트장 같았다. 스마트폰 신호만 잡혔다면 모이기로 한 나머지 6명에게 당장 전화를 걸어 얼른 차를 돌려 집으로 돌아가라 했을 것이다. 그러나 친구들은 벌써 하나둘씩 도착하고 있었다. 그들은 미소를 짓다가 돌연 두 눈을 휘둥그레 뜨며 이 집에서 적어도 하룻밤은 보내야 한다는 생각에 절망한 듯했다. 비는 주말 내내 내렸고 올림픽 경기를 함께 보겠다던 희망도 산산이 무너졌다. 이 집에는 21인치 텔레비전이 한 대 있었는데 신호가 거의 잡히지 않았다. 일요일 아침이 되자마자 우리는 부랴부랴 집을 떠났다. 이렇게 빠른 속도로 달아나는 사람들을 어디서도 본 적이 없다.

그렇게 가장 고생스러운 방법으로 교훈을 얻었다. 친구들은 아직도 저녁 식사 모임을 가지면 그때 이야기를 꺼내곤 한다.

매년 자선경매사 선발 시험을 진행하면서 이 이야기를 꼭 들려준다. 경매를 진행하기 전에 경매에 오른 품목을 잘 확인하고 조사해야 한다는 것을 일깨우기 위해서다. 경매 품목, 제품, 당신

의 비전. 그 무엇을 팔든 약속은 반드시 지켜야 한다. 영업을 위해
서라면 입 발린 말을 스스럼없이 한다는 평판이 낙인찍히면, 당신
의 경력은 제대로 시작되기도 전에 완전히 박살날 것이다. 영업
실적을 증진시키기 위해 거짓말을 조금 하면 어떨까? 하는 생각
이 들 때마다 하던 일을 당장 멈추고 거짓말이 당신의 경력에 장
기적으로 미칠 파장을 생각하라. 평판이야말로 당신의 경력을 좌
우할 중요한 키포인트라는 점을, 어디서나 가장 강한 여성은 뛰어
난 평판을 가지고 있어야 함을 명심하라.

니나 가르시아
Nina Garcia

『엘르』지 편집장 겸 「프로젝트 런어웨이Project Runaway」 심사 위원

패션계에서는 많은 거래가 비공식적으로 이루어진다. 오랜 친구와 전화를 하거나 새로운 동료와 커피를 마실 때, 패션계의 다른 리더와 점심 식사를 할 때 약속과 합의가 이루어지는 때가 많다. 이런 대화는 너무 일상적이고 격식을 차리지도 않아서, 약속에 대한 책임이 따르지 않는 것처럼 느껴질 수 있다. 그러나 구체적이고 지속적인 관계를 형성하려면 어떤 거래든 끝까지 유지하는 게 핵심이다. 이 논리는 반대로도 작용한다. 나는 지키지 못할 약속은 절대로 하지 않는다. 비즈니스 파트너가 될 가능성이 있는 사람들에게 그들이 바라는 말을 해주고 싶다는 생각이 들 때도 있을 것이다. 그러나 진실성과 신뢰성을 유지하기 위해서는 당신의 생각을 솔직하게 말해야 한다.

린다 게레로
Linda Guerrero

「넷플릭스」 라틴 아메리카 홍보이사

인생은 끊임없이 이어지는 협상이다. 특히 여성에겐 더욱 그렇다. 우리에게는 직장이 있고 가정이 있고 스스로와 하는 약속도 있다. 엔터테인먼트 산업은 모든 합의가 격의 없이 이루어지거나 경고 없이 변경되는 탓에 정확한 방향을 잡기 어려운 곳이다. 이 업종에서는 오직 평판이 전부다. 평판 하나로 세상을 향한 문이 열리고 또 닫힌다.

　순간적으로 사람들이 듣고 싶어 하는 말을 해주려는 마음이 간절해질 때가 있다. 하지만 관계를 장기적으로, 건강하게 유지하려면 솔직하게 말하는 것이 다른 무엇보다 중요하다. 누군가와 약속을 잡기 전에는 잠시 시간을 내서 내가 할 수 있는 것과 하고 싶은 것이 무엇인지 헤아려야 함을 배웠다. 비즈니스든 사적인 일이든, 숨어 있는 협상의 여지를 찾아내라.

12

강한 자신감이
곧 권력이다

어디서나 가장 강한 여성은 바로 당신이다

66

내 이름은 어디까지나 리디아다.
이름을 바꿔 버릴 수는 없다.
천하의 제이슨 본이라도!

99

크리스티의 특별행사부에서 근무할 때 나의 업무는 발렌티노부터 클린턴 대통령에 이르기까지, 거물급 명사를 대접하는 것이었이 사실을 아는 친구들을 일과 후에 만나면 그들은 처음엔 항상애서 태연한 척을 하다가, 몇 잔을 들이켜고 나면 예외 없이 속사포처럼 질문을 퍼부어 댔다. 그 남자 어떻게 생겼어? 그 남자 괜찮아? 그 남자 키는 커? 그 여자 뭘 입었든? 그 여자 정말 사투리 써? 그 사람들은 뭘 먹었어? 그 사람들은 뭘 마셨어? 어느 시점에 이르자 나는 친구들의 질문에 답을 하지 않게 되었다. 이유는 간단하다. 누구나 호기심이 발동해 몇 시간이나 집착하게 되는 그 유명 인사들도 결국은 우리들과 다를 바 없는 사람이란 걸 깨달았기 때문이다. 그들이 5성급 호텔 바에서 돔페리뇽을 홀짝거릴 시간에 나는 시내의 허름한 바에서 친구들을 만났다. 그런 술집 메뉴에 샴페인 같은 건 없다. 처음에는 얼굴을 쳐다보는 것만으로도 얼어붙게 되는 사람이라도, 함께 대화를 나누다 보면 친구들과의 대화와 다를 바 없다는 생각이 점점 강해졌다. 그저 남보다 돈이 많고, 화장이 더 진하고, 더 비싼 미용실에 다니고, 더 옷을 잘 입는 친구 같다는 느낌이 들었다.

특별행사부 업무를 처음 시작했을 20대 때는 꿈인가 생시인가 하는 그런 상황이 많이 생겼다. 어느 날 저녁에 열린 자선경매 행사에서 록그룹 U2의 리더 보노는 자신이 그린 그림을 기부했고, 행사가 끝난 뒤 보노 부부와 이사회실에서 화기애애한 시간을 보냈다. 어느 날 저녁에는 칵테일파티가 열리는 빌딩까지 리즈 위더스푼을 에스코트했다. 레오나르도 디카프리오가 크리스티에서 경매를 연 적이 있는데, 이때 나는 사진작가가 디카프리오의 행사 사진을 잘 찍었는지 확인하는 업무를 맡았다. 매번 이런 순간을 겪을 때마다 나는 열혈 팬이라도 된 듯 말도 거의 붙이지 못하고, 얼굴은 새빨개졌으며, 평소처럼 자연스럽게 행동할 엄두도 내지 못했다. 이 스타들은 다른 세상에서 살고 있는 듯했다. 마치 내가 우리 회사 CEO를 보면서 손닿지 않는, 아득하게 먼 곳의 존재라 느끼는 것처럼 말이다. 그들은 나를 아무렇지도 않게 똑바로 쳐다봤는데, 그렇다는 건 내가 입은 블랙 미니드레스가 구찌가 아니라는 것도 알았을 것이다. 그럼 내가 신은 힐은? 샤넬은 절대 아니었다(행사 1주일 전에 친구와 브런치를 먹으러 가다가 할인 전문점에서 산 구두였다). 이 스타들이 수백만 달러짜리 고층 맨션에 산다는 건 잡지에서 읽어 알고 있었다. 나도 고층 아파트에서 살긴 하지만 집에 들어가려면 5층까지 계단을 올라야 했다. 그러나 경력을 계속 쌓으면서 깨달은 것이 있다. 내가 성공을 위해 열심히 노력하는 것처럼, 스타들 역시 마찬가지로 높은 수준의 성공을 이루기 위해 남다른 추진력을 발휘해 왔다는 것이다. 그들은 자신의 취향과 재능을 발견하고 여러 해 동안 맹렬히 연습하며 기술을 갈고 닦아 자신이 몸담은 분야에서 최고의 자리에 올랐다. 그들은 당신과 내가 경험한 것처럼 시행착오를 겪고 시련을 감내했다. 세계 무대에서 말이다.

15년이 흘러 자선경매를 능숙하게 치를 수 있을 만큼의 기량을 쌓고 완벽의 경지에 도달하기 위해 많은 세월을 보낸 나는, 이제 모두가 따라야 하는 규칙을 만드는 사람이 됐다. 일반적으로 유명 인사가 주최를 대표하기로 합의하면 경매가 진행되는 도중 무대에 등장해 나와 함께한다. 응찰의 열기와 속도를 높이기 위해서다. 굉장해! 리디아가 리한나와 함께하다니! 놀라워! 그러나 유명 인사가 무대에 서는 것은 우리가 힘을 모아 행사장의 열기를 제대로 끌어 올릴 수 있을 때만 효과가 있었다. 주로 영화배우와 함께하는 일이 많았는데, 그들은 대본 없이 즉흥적으로 행동해야 하는 상황을 아주 싫어했다. 그래서 자신이 무대 위에 있다는 사실 자체를 잊은 듯, 무대 한쪽에 어색하게 서 있는 경우가 많았다. 반면 유명 심야 토크쇼의 진행자 세스 마이어스 같은 유명 인사는 갑자기 경매를 함께 진행하게 되어도 전혀 문제가 없었다. 사실 그는 나와 경매를 진행한 적이 꽤 많아서, 나는 세스 마이어스를 '신입 경매사'라 부르기도 했다. 그렇다. 세스 마이어스는 자신을 신입 경매사라고 불러도 아무렇지 않아 했다. 그는 그만큼 겸손한 사람이다. 그뿐만 아니라 지난번 함께 무대에 섰을 때 내가 무대 한쪽 끝으로 달려가 경매 품목의 응찰을 진행하려 하자, 그는 내가 쓰던 경매봉을 들고 나 대신 연단을 내리쳤다. 그러면서 활기차게 말했다. "이제 제가 감을 좀 잡은 것 같죠, 리디아 선배님?"

유명 인사와 함께 경매를 진행하면 우스운 상황을 겪을 때가 많다. 무대로 나가기 몇 분 전, 뒤쪽에서 대기하고 있는데 갑자기 휴 잭맨 같은 세계적인 스타가 경매에 대해 속사포처럼 질문을 퍼붓기도 한다. 그 모습은 꼭 허름한 바에서 잔뜩 흥분한 채로 질문 세례를 하던 내 친구들 같았다. 무대에서 무슨 말을 하죠? 응찰하는 사람이 한 명도 없으면 어떻게 하죠? 웃긴 말이라도 해야 하나요, 아니면 그냥 진지하게 있어야 하나요? 이런 거 예전에도 해보셨어요? 어떻게 이런 걸 매번 하실 수 있는 거죠? 긴장되지 않으세요? 나는 브루스 스프링스틴부터 로버트 드니로, 글렌 클로즈, 우피 골드버그에 이르기까지 엄청난 스타들과 함께 일했다. 당연히 긴장된다. 그러나 나는 가장 강한 여성이니까. 긴장한 스타들을 잘 다독여 무대를 뒤흔들 것이다.

이런 경매 행사를 진행하면 비즈니스계의 거물, 사교계의 명사, 연예계의 유명 인사 등을 어렵지 않게 볼 수 있다. 확실하게 말해 줄 수 있는 것은 한 가지다. 사람들은 그들이 권력을 가진 위치에 있거나 유명하기 때문에 특별한 사람이라고 생각하겠지만, 그들이 스스로를 바라보는 시선은 당신과 나, 우리와 다를 바 없다.

누군가 자신이 몸담은 업계에서 성공을 거두어 CEO나 부사장이 되거나 최고의 위치에 앉게 되면 당연히 존경받을 만하다고 생각한다. 그러나 당신이 가장 강한 여성이라면 자기 자신은 물론 자신이 가진 지식에도 자신감을 가져야 한다. 그래야 다른 사람들이 당신의 영향력을 인정하고, 당신을 강한 사람이라 여길 것이다. 링컨 센터의 무대 뒤편에서 휴 잭맨이 경매에 관한 질문을 쏟아 내던 상황에서 대화를 좌지우지하는 사람은 바로 나였다. 경매 분야에서는 내가 전문가이기 때문이다. 수천 시간을 들여 최고 수준의 업무 수행 능력을 확보해 왔다. 그러니 이 무대는 나의 것이다. 당신은 이 부분을 읽으며 '내가 휴 잭맨이나 세스 마이어스와 무대에 설 기회가 있을까?'라고 생각할 수도 있다. 20년 전쯤에 내게 이런 일이 실제로 일어날 것 같은지 물어봤다면 나도 부정했을 것이다. 하지만 솔직히, 당연히 일어날 수 있는 일이라 생각했을지도 모른다. 어릴 때부터 정상에 오르기 위한 로드맵을 짜고 실행에 옮겼으니까. 물론 나의 길이 어디로 이어질지는 몰랐다. 그러나 루이지애나의 작은 마을에서 자란 소녀라 해도, 내게는 큰 꿈이 있고, 이 꿈을 이룰 때까지는 멈추지 않으리란 것 정도는 알고 있었다. 일단 자신의 목소리를 찾고 어떤 일이든 해보겠다는 자신감을 갖춘다면, 인생이 어떻게 풀릴지 알 수 없는 것이다. 시간을 투자해 전력투구하라. 그러면 동료는 물론 당신이 흠모하는 사람들에게서도 존경받게 될 것이다. 그들은 당신에게서 자신의 모습을 발견할 테니 말이다.

10년쯤 전의 일이다. 맨해튼에 있는 명문 사립학교로부터 경매를 진행해 달라는 요청을 받았다. 학교에서 경매를 진행하다니, 뉴욕에 살지 않는 사람이 보기에는 조금 특이한 일로 보일 수도 있을 것이다. 하지만 뉴욕에 있는 많은 학교가 매년 기금 마련을 위한 자선 행사를 연다. 이 행사는 당신이 지금까지 봐왔을 평범한 학교 행사가 아니다. 학교는 행사를 성공적으로 열기 위해 뉴욕 최고의 행사장을 빌리고, 여러 행사 주제를 공들여 취합하고, 정말 독특한 경매품을 준비하는 등 온갖 노력을 기울인다. 학생들이 반에서 함께 진행한 아트 프로젝트—이건 내가 경매에서 수천 달러에 팔았다. 정말로— 같은 것보다 스위스의 스키장 옆 통나무 집—방이 스무 개나 딸려 있다—에서 1주일 동안 묵는 것이나, 전용기를 타고 학부모 중 한 명이 소유한 섬으로 여행가는 것이 경매에 나온다는 사실을 생각해 주길 바란다. 학부모로 구성된 팀이 행사 준비에 참여해 몇 달 동안 활약하는데, 대개 인맥이 가장 넓은 학부모가 실시간 경매의 책임자가 된다. 자녀를 맨해튼 사립학교에 보내는 유명 인사가 많기에, 경매품에는 그 유명 인사들이 제공한 것도 당연히 포함되어 있다. 덕분에 나는 경매로 온갖 것들을 판매해 봤다. 벤 스틸러와 함께 맨 앞줄에 앉아 농구 경기를 관람할 기회, 마돈나에게 댄스 레슨을 받을 기회, 로버트 드 니로와 점심 데이트를 할 수 있는 기회 등, 경매장의 맨 앞줄에 앉은 유명 인사들과 함께하는 여러 멋진 시간이 경매품으로 올라왔다. 이런 아이템은 학교 경매에서 2만 달러 이상에 팔린다. 학교 측은 유명 인사들에게 경매 때 도움을 줄 수 있겠느냐고 여러 차례 요청하기 때문에 톰 콜리치오나 마크 머피 같은 최고의 셰프들과 무대에 서서 그들이 제공할 멋진 시간을 설명하고, 그들이 청중들의 응찰 속도와 열기를 끌어 올리도록 유도했다. 이런 유명 인사와 무대에 오를 때마다, 이 사람이 아무리 스타라도 사실은 우리와 똑같다는 것을 마음속에 되새긴다.

그러나 아무리 모든 사람은 다 똑같다고 생각하는 나도, 어느 학교 위원회의 전화를 받고 나서는 계속 긴장하지 않을 수 없었다. 그 학교의 학부모인 맷 데이먼이 곧 있을 경매 행사 중간에 무대에 오르기로 합의했다는 것이다. 그렇다. 제이슨 본과 내가. 무대에. 함께. 선다.

이 특별한 학교 공동체와 함께하는 경매 행사는 이번이 처음이었으므로 조금 긴장됐다. 그래도 희망적인 부분이 있었는데, 이 학교는 지난 25년간 학부모를 경매 진행자로 세웠기에 전문 경매사인 내가 무대에 서면 행사가 더욱 성공적이리라 기대한다는 점이었다. 아무리 최고의 경매사라 해도 해마다 똑같은 청중을 대하면 구태의연해지고 매너리즘에 빠지기 마련이다. 상당히 기분

좋은 예감에 사로잡혔다. 게다가 맷 데이먼의 인터뷰를 많이 봤기에 그가 유머 감각이 뛰어나다는 것도 알았다. 그래서 그가 무대에 서면 청중의 주목도도 높이고 청중을 단결시켜 응찰자를 늘릴 수 있을 것이라 판단했다. 학교 위원회가 맷 데이먼이 경매에 투입될 거라고 말하자, 나는 바로 그가 자선 모금 행사에도 참여하는 게 어떤지 제안했다. 긴 시간 진행되는 실시간 경매가 끝난 뒤, 맷 데이먼이 무대에 등장해서 신선한 기운을 불어넣으면 청중도 훨씬 흥미를 느낄 게 분명했다. 예전부터 봐왔던 광경보다 세계적으로 유명한 연예인이 나와 함께 무대에 서는 쪽이 훨씬 더 매력적인 밤을 만들어 주지 않겠는가. 물론 내가 너무 흥분한 나머지 정신을 잃는 상황만 피한다면 말이다.

당신이 예상한 대로, 그날 나를 만난 사람은 하나도 빠짐없이 내가 저녁에 맷 데이먼과 경매를 진행한다는 사실을 알게 되었다. 당시에는 인스타그램이 나오기 전이라 직접 발로 뛰며 진짜 현장 마케팅을 했다. 진지하게 말하면, 내게 이런 일이 일어났다는 사실을 모두에게 한 번쯤은 확실히 알리고 싶었고, 이 기회를 그냥 날려 버리고 싶지 않았다. 아무리 멋지고 짜릿한 경험담을 들려준다한들 신경도 쓰지 않던 닳고 닳은 뉴욕 친구들마저도 내가 「굿 윌 헌팅」의 공동각본가이자 주인공과 무대에 설 거라고 말하자 완전히 넋을 잃은 채 관심을 보였다.

경매 당일 저녁, 나는 초조한 마음으로 치프리아니 월 스트리트로 들어서서 드레스를 갈아입고 무대에 오를 준비를 마쳤다.

치프리아니 월 스트리트는 거대한 기둥들이 떠받치고 있는, 엄청나게 큰 건물에 자리하고 있다. 뉴욕 증권거래소가 드리우는 그림자 속 위풍당당하게 자리 잡고 있는 회전문을 통과하면 워싱턴을 배경으로 한 영화에서나 볼 법한, 웅장한 동굴 같은 방이 나온다. 약 21미터 높이의 돔 형태 천장과 사면에 세워진 기둥은 고대 그리스의 복고주의 양식으로 꾸며져 있다. 내가 도착했을 즈음에는 멋지게 차려입은 700여 명의 손님이 각자 테이블로 천천히 이동하고 있었다. 경매가 시작되기 직전에 변경할 사항은 없는지 주최 측과 검토를 해야 해서 칵테일이 제공되는 시간에 맞춰 도착했다. 그런데 이때 행사 책임자가 갑자기 내 손을 움켜잡고 걸어가기 시작했다. 그녀의 뒤를 따라 행사장에 모인 여성들의 드레스를 밟지 않으려 조심하면서 테이블과 테이블 사이를 이리저리 빠져나갔다. 인파를 뚫고 나온 나는 그녀를 따라 내 테이블에 다다랐다. 내 이름표가 놓인 좌석은 맷 데이먼이 앉은 곳에서 얼마 떨어져 있지 않았다. 나는 그냥 내 자리에 앉아서 기다리다가 나중에 무대에서 그를 만날 거라 생각했다. 그러나 행사 책임자는 다른 계획을 가지고 있었다. 그녀는 나를 데리고 맷 데이먼이 있는 자리로 갔다 —그녀가 맷 데이먼과 인사를 하고 싶었던 거라고 생각한다. 그녀는 점점 얼굴을 붉히더니 말을 한참이나 더듬다가 간신히 입 밖으로 몇 개의 단어를 끄집어내듯 말했다.

아, 그 전에 당신이 궁금할 것 같은 이야기를 머릿속에 떠오르는 순서대로 말해 보겠다.

1. 그렇다. 그는 영화로 보던 것과 똑같이 생겼다.
2. 나는 비명을 지르거나 울부짖거나 꽥 소리를 지르지 않았다. 혹은 우리가 분명 절친이 될 거라며 과장된 리액션을 하지도 않았다(그가 나를 자신의 친구 무리에 넣어 주면 분명 좋겠다는 생각을 진짜로 하기는 했지만).

물론 맷 데이먼이 제이슨 본은 아니라는 걸 알고 있었지만, 뭔가 잘못될 경우를 대비해서 경계를 게을리하면 안 될 것 같았다.

남편은 「제이슨 본」 3부작을 무려 백 번도 넘게 봤고, 이 말은 나도 그만큼 봤다는 뜻이다. 그렇기에 우리가 서로 인사를 나누었을 때 우리가 한 번도 만난 적이 없음에도 불구하고 나는 당연히 맷 데이먼도 나를 알아보리라 착각했다. 그는 나를 몰랐다. 당연하겠지만. 우리는 경매에 관해 짧은 대화를 나눴고, 그는 자선 모금 행사 때 무대에 오르기로 했다. 나는 신속하게 그의 테이블을 떠나 내 자리로 돌아왔다.

내 자리로 돌아온 다음에는 디너 시간 내내 그에게 말을 걸지 않았다. 그러고는 새 청중을 대상으로 진행되는 긴 경매에 대비해 정신을 가다듬으며 무대 뒤편으로 향했다. 항상 그렇듯 경매봉으로 연단을 스트라이크하며 경매의 시작을 알렸고, 그날 저녁 경매에 오른 품목을 소개하는 (짧지만) 흥미진진한 영상이 상영됐다. 청중들의 충격 받은 표정을 보니 이번 저녁 행사는 지난 몇 년간 그들이 참석했던 행사와는 완전히 다르게 성공적이라는 것이 몸소 실감됐다. 호가는 주최 측이 예상한 액수보다 다섯 배, 열 배로 치솟았다. 행사 책임자는 저녁 내내 청중의 반응이 시원치 않을 수 있으니 분위기를 띄울 멘트를 준비해 두라고 내게 몇 번이고 말했었다. 그러나 상황은 정반대로 흘러갔다. 청중은 미친 듯이 열광했고, 열중했고, 응찰했다. 내 경매 인생에서 가장 큰 액수의 호가를 부른 사람들은 다름 아닌 내가 앉아 있던 테이블에서 나왔다. 실시간 경매가 중간쯤 진행되었을 무렵, 맷 데이먼은 물론 나와 같은 테이블에 앉아 있던 남자 몇 명이 응찰 전쟁에 뛰어들었다. 그리고 경매 품 하나를 두고 다른 테이블에 앉은 무리와 전투를 벌였다. 호가는 계속 오르고 올라 주최 측이 예상했던 액수의 두 배를 넘어갔다. 맷과 동료들은 좋은 뜻으로 내게 야유를 해댔다. 호가가 천문학적인 액수에 육박하자 맷이 내게 소리쳤다.

"이봐요, 린지, 린지! 낙찰자를 두 배로 늘려 봐요!"

경매에는 늘 스스로를 주체 못하는 사람이 몇 명 있기 마련이다. 그들은 예전에 경매에 참석한 적이 있거나 또는 자신이 앞으로 위대한 자선경매사가 되고도 남는다는, 이상한 자만심에 휩싸여 있거나 아니면 그냥 너무 과음을 해서 무대에 오르고 싶은 것일 수도 있다. 이유야 어떻든 간에, 그 사람은 좋은 뜻으로 "낙찰자를 두 배로 늘려 봐요" 같은 조언을 던지기로 마음먹는다. 이론상으로는 좋은 생각처럼 보인다. 내가 최종 단계에 오른 두 사람 모두에게 낙찰 받을 기회를 제공할 수 있다면, 우선 두 사람을 최대한 밀어붙여 그들이 지불할 수 있는 최고 한도까지 호가를 높일 것이다. 그런 다음 응찰자들에게 '사실은 두 분 모두 최고의 가격에 낙찰되었습니다'라고 밝힌다. 청중에게 깜짝 놀랄 순간을 안겨 주는 것이다. 그러나 이때는 팔 수 있는 품목이 오로지 하나뿐이었다. 평소 누군가가 경매사처럼 행동하고 싶어 하면 나는 바로 다음 같은 농담을 던진다. "도움이 되는 제안 감사합니다. 그런데 선생님께서도 예상하실 수 있겠지만, 경매는 한 사람이 진행할 때 제일 잘 돌아간답니다!" 이런 취지의 뼈가 있는 말을 확실히 한다. 일단 제안해 준 의견을 존중하고 고마운 마음을 표시한 다음에는, 그들에게 '어디서나 가장 강한 여성'이 누구인지 알려 줘야 한다.

그러나 세계에서 제일가는 거물급 유명 인사가 1. 말하는 도중 불쑥 끼어들어 조언을 하고 2. 당신의 이름을 잘못 부르고 3. 얼마 후 당신이 선 무대에 합류할 예정이라면 과연 어떻게 대처하겠는가?

그 찰나의 순간 내게는 두 가지 선택지가 있었다. 자신의 테이블에서 소리 지르는 저 남자를 『피플』지에서 선정한 가장 섹시한 남자'로 대하면서 내 이름을 재빨리 린지로 바꾸거나, 아니면 그날 밤 행사에 참석한 여느 학부모와 다를 바 없이 대하면서 이 경매를 책임지는 사람이 누구인지 확실히 알리는 것이었다.

비욘세는 무대에 서면 제2의 페르소나를 창조해 본인을 '샤샤 피어스'라고 부른다. 평소 수줍음을 많이 타는 그녀가 반짝이는 타이츠를 신고 면도날처럼 날카로운 춤 동작과 노래로 무대를 장악할 때 쓰는 방법이다. 나는 아직 무대 위 페르소나에 따로 이름을 붙이지는 않았지만(제안은 언제든지 환영한다), 나의 반쪽이 너무 강한 나머지 다른 반쪽이 그냥 넘길 수 있는 상황도 정확히 짚어 나갈 것이란 데엔 의심의 여지가 없었다. 그날 저녁 소리치는 맷에게 정면으로 부딪치면서도 전혀 거리낌을 느끼지 못한 것은 바로 이 페르소나 덕분이었다.

"선생님, 선생님께서 생각하시는 대로 저는 항상 경매장에서 수습사원을 모집하지만, 낙찰자를 두 배로 늘리지는 못한답니다. 한 사람당 한 품목만 낙찰할 수 있거든요."

하던 말을 잠시 멈췄다.

"그리고 더 중요한 사실은 말이죠. 제 이름은 리디아입니다."

맷 데이먼이 크게 한숨을 내쉬더니 이윽고 웃음을 터트렸다. 다른 청중들의 휘둥그레진 눈에서 내가 내 이름을 온전히 지킨 것에 대한 진지한 존중을 발견했다. 유별나게 성공을 거둔 경매에 이어, 자선 모금 행사를 진행하기 위해 맷 데이먼이 무대에 올랐다. 그는 무대 중앙으로 성큼성큼 걸어들어 오며 "이봐요, 린지 씨"라고 했다. 이전에 저지른 실수를 가볍게 무마시키려는 듯 말이다. 맷은 청중을 향해 몸을 돌리더니 이렇게 말했다. "지금 한 말은 리디아 씨와 제가 하는 농담이에요. 평소에는 그냥 린지라고 부르니까요."이에 맞서 내가 청중에게 보인 반응은 다음과 같다.

"학교 측에서 말하길, 영화계에서 항상 고군분투하는 배우 한 분을 자선 모금 행사 무대에 모실 거라고 하더군요. 여러분, 마이크 다이아몬드 씨를 큰 박수로 맞이해 주십시오!" 이 이름이 대체 어디에서 나왔는지, 왜 맷 데이먼이 아니라 '마이크 다이아몬드'라고 했는지는 나도 알 수 없다. 하지만 그는 굉장히 재미있는 모습을 보여 주며 나머지 모금 행사에 협조해 줬다. 모금 행사까지 끝나고 많은 사람들이 다가와 내가 보인 대담한 모습에 경탄했다. 그러나 잘 생각해 보자. 가장 강한 여성은 그런 상황에서 절대 얼렁뚱땅 넘어가서는 안 된다. 내 이름은 어디까지나 리디아다. 이름을 바꿔 버릴 수는 없다. 아무리 천하의 제이슨 본이라도!

그날 밤은 내 경매 인생에서 상당히 중요한 순간이 되었다. 나의 입장을 고수하는데 그 무엇이 나를 막을 수 있겠는가? 그날 밤 경매 이후로 세상에서 가장 부유하고 성공적인 사람들로 가득 찬 자리에 설 때도 나는 주저하지 않고 내 입장과 태도를 고수했으며 그들을 동등하게 대한다. 누구든 무대 위의 내 모습을 보면, 그날 저녁 내가 주최 측을 위해 청중의 지갑에서 마지막 1달러까지 쥐어짜 내리라는 것을 알 수 있다. 나는 이런 기술을 유감없이 발휘하면서 이 기술이 언제 어디서나, 누구에게나 통하도록 최선을 다했고 그에 따른 존중을 받았다. 뉴욕에 있는 미국 최고 기관의 고위급 경영진과 미팅을 하러 갔다가, 누군가 미팅 중 "이럴 수가! 리디아 페네트 씨가 지난 주 [비영리단체의 이름을 넣으시오] 모금 행사에서 [엄청난 액수를 넣으시오] 달러나 되는 돈을 저희에게 벌어 주셨군요!"라고 감탄하는 일이 얼마나 잦은지 모른다. 그들은 이렇게 말하면서 싱글벙글 웃거나 미소 짓는다. 우리는 살면서 다양한 유형의 사람을 만난다. 그러나 어떤 사람이든 자신이 가지지 못한 기술에 통달한 사람을 보면 존경심을 품게 된다. 그러니 당신이 사로잡힌 열정을 탁월한 능력과 기술로 승화시키는 데 집중하라. 그리고 이것을 미팅이나 협상 테이블에서 제대로 발휘하라. 다른 사람들에게 주도권을 빼앗기는 사람은 절대 한 기업의 최고 경영자가 될 수 없다.

맷 데이먼과 함께 무대에 선 그날 이후 벌어진 흥미로운 일이 있다. 그 순간 내가 발휘했던 자신감이 이후 나의 일상과 직업에 영향을 준 것이다. 드레스를 입고 무대를 뒤흔들 수 있게 해준 자신감이 일상 업무에서도 똑같이 발현되었고, 어느새 나는 그 느낌을 즐기게 됐다. 그리고 이것은 어느 화창하고 상쾌한 9월 아침, 나를 런던의 HSBC 프라이빗 뱅크 빌딩으로 향하게 만들었다. 혹시 전략적 제휴라는 아이디어를 현실화시키려고 내가 회사 임직원 모두에게 홍보했던 이야기를 기억하는가? 나는 '엘리자베스 테일러의 주얼리 컬렉션'을 통해, 내가 제안한 전략적 제휴가 제대로 된 효과를 발휘한다는 사실을 입증했다. 하지만 이러한 유형의 이벤트로 영업을 하는 것은 절대 흔한 일이 아니다. 이런 행사는 평소 굉장히 접근하기 어려운 컬렉터가 관여된 경우가 많기에, 크리스티와 소더비는 이런 획기적인 행사의 판매권을 따내기 위해 치열하게 경쟁한다. 우리는 주로 대중의 이목을 그다지 끌지 않는 컬렉터들이 소장한 아이템을 판매하는 경우가 많았다. 그러나 이번엔 달랐다. 컬렉터가 다름 아닌 세계 최고의 유명 인사 엘리자베스 테일러였으니까. '엘리자베스 테일러 주얼리 컬렉션'처럼 악평과 홍보가 동시에 촉발되는 품목은 좀처럼 보기 힘들다. 경매업계의 주요 프로젝트가 전부 그런 것처럼, 판매가 끝난 다음이면 다들 차기 대규모 행사는 또 없는지, 획기적인 컬렉션은 또 없는지 눈에 불을 켜고 찾기 시작한다. 전략적 제휴부서를 출범시키고 얼마 지나지 않아 엘리자베스 테일러가 소유했던 주얼리가 매일 모든 이의 관심을 독차지했기에, 대형 행사가 없는 평범한 해에는 또 어떤 전략적 제휴를 추진해야 할지 생각해 낼 필요가 있었다. 예산에 꽤 큰 구멍이 나 있었는데, 시간은 충분했기에 이걸 메워야 했다.

연락을 취할 회사 목록을 만들고 전략적 제휴를 요청할 때는 바로 그 회사의 최고위층을 노려야겠다고 마음먹었다. 말단직원이든 최고위층이든 사람은 기본적으로 다 똑같다. 게다가 오랫동안 후원과 관련한 업무를 해왔기에 거액을 투자하겠다는 결정은 최고위층의 지시가 필요하다는 것 정도는 알고 있었다. 공격 작전을 바꿔서 중간급 간부에게 접근해 제휴 협상을 시도하는 것은 그만두기로 했다. 중간급 간부와 협상을 진행할 때면 형식과 절차라는 올가미에 걸려 버리는 것만 같았다. 수표에 서명을 해달라고 요청하는 직위보다 수표에 서명을 해주는 고위급과 안면을 트면, 그 사람보다 낮은 직위는 대부분 본인의 비전을 제대로 펼치지 못한 채 주어진 업무를 수행한다는 사실을 깨닫는다. 나는 10년 넘는 경력을 가진 덕분에 업계에 이름이 알려진 상태였고 또 크리스티라는 브랜드를 등에 업고 있었기에 어느 직위에 있는 사람이든 연락할 수 있다는 유리한 위치를 섭렵했다. 돈을 풀게 하려면 처음부터 최고위층과 접촉해야 한다. 은행, 접객, 항공, 자동차와 관련한 업계 인사가 나와 미팅할 의향이 있는지 알아보기로 했다. 그래서 각 회사의 최고 연장자들을 찾아내 임의로 전화를 하거나 그들을 보좌하는 직원에게 이메일을 보내 접촉을 시도했다.

만일 당신이 회사에 입사한 지 얼마 되지 않았거나, 스타트업 기업에서 일하거나, 회사를 직접 운영하는 경우, 현재로서는 최고위층 인사에게 직접 연락하기 힘들 수 있다. 그러나 최고위층에 접근할 수 있는 사람과 일면식을 틀 가능성은 항상 열려 있다. 당신이 경력을 키우는 데 도움을 줄 수 있는 인물과 직접 만나 교류하기 위해서는 우선 그 인물에게 쉽게 접근할 수 있는 사람들과 인적 네트워크를 형성하라.

시간을 들여 회사의 리더를 보좌하는 직원이나 직속 부하 직원과 좋은 관계를 맺는 것이 괜찮은 생각인 이유는, 그들 또한 차기 리더가 될 수 있기 때문이다. 가장 강한 여성이 동료들을 대하는 방식 그대로 이들을 대한다면, 최종 목표인 최고위층 인사와 마주 앉는 것은 시간문제다. 나 또한 회사 생활을 오래하다 보니, 팀원들이 내부에서 어떤 사람과 좀 만나 달라는 부탁을 하는 경우가 많았다. 물론 최종 판단은 내 주관에 따라 내리겠지만, 팀원이 추천한 인물에 대해서는 기본적으로 좋은 인상을 가지게 된다.

한편 보좌진으로부터 공손하지만 단호한 거절 의사를 받고 몇 주 뒤 HSBC 프라이빗 뱅킹 부문 최고마케팅경영자로부터 흥미진진한 이메일을 받았다. 그는 런던에서 근무한다며 나와 미팅을 한번 하고 싶다고 했다. 나는 가능한 날짜를 알려 주시면 즉시 찾아뵙겠다고 답장했다. 그는 그다음 주 월요일이 어떻겠냐고 제안했다. 나흘 뒤였다. 그에게 내가 뉴욕에서 근무한다는 사실을 언급하지는 않았다. 혹여나 전화 통화로 미팅을 진행하자고 할 가능성을 아예 차단하기 위해서였다. 앞에서도 말했지만, 그래도 다시 한번 강조하고 싶다. 가능하다면 언제나 직접 만나서 이야기를 나눠라. 당신은 미팅하러 비행기를 타고 런던에 갈 수 있는 위치가 아닐 수도 있고, 회사가 그것을 허락해 줄 여력이 없을 수도 있다. 나도 처음 일을 시작했을 때는 미팅을 하라며 런던까지 보내 주는 사람은 아무도 없었다. 하지만 누군가를 직접 만날 기회가 생긴다면, 그 기회를 극대화해서 개인적이고 전문적인 차원으로 '반드시' 접촉해야 한다. 순전히 비즈니스적인 차원에서 미팅을 하더라도 어느 순간에는 약간의 휴식 시간이 있기 마련이다. 당신은 바로 그 시간을 친밀한 관계를 형성하는 데 활용할 수 있다. 그러니까 다음에 연락을 하거나 또 만날 기회가 있을 때 이야깃거리로 삼을 만한 연결고리를 만들라는 뜻이다. 이 연결고리는 때로 아주 사소한 것이기도 하다. 어디서 태어나 자랐는지, 어디서 학교를 다녔는지, 좋아하는 스포츠 팀은 어딘지, 자녀는 있는지, 반려동물을 키우는지 등등. 차후 대화에서 다시 이어 갈 수 있는 이야기라면 무엇이든 상관없다. 누군가가 자신의 사무실에서 미팅하자고 제안하면, 사무실을 둘러보면서 연결고리를 찾아내라. 아이들과 찍은 가족사진은 상대의 휴가 계획에 대해 물어볼 기회를 준다. 여행 사진은 당신이 가본 적 없는 장소나 언젠가 가고 싶었던 장소에 대해 물어볼 좋은 구실로 작용한다. 사진 속에 할머니나 할아버지가 있다면 두 발을 뻗고 일단 느긋하게 차라도 한잔하는 게 나을 것이다. 상대가 일단 조부모님 이야기를 시작하면 한두 시간으로는 끝나지 않을 테니까. 반려동물의 사진은 좋아하는 강아지나 고양이에 관한 대화를 이끌어 낼 수 있다. 짧은 이야기를 통해 공감대를 형성하고, 미팅을 단순한 거래가 아닌 흥미로운 대화로 끌어올릴 수 있어야 한다.

런던 이야기로 돌아가자. 화창하고 상쾌한 아침, 아주 인상적인 정문이 보인다. 바로 HSBC의 건물이다. 나는 강한 자신감을 느꼈다. 아무튼 그렇다고 생각했다. 그런데 계단을 올라 커다란 정문을 통과하자 점점 긴장이 온몸을 휘감는 기분이었다. 누워서 떡 먹기라고 생각했는데, 완벽하게 통달했다고 생각하던 일을 그르치면 어떡하지? 없던 일이 되면 어떡하지? 전략적 제휴를 성공시키지 못해 한 달 안에 실직하면 어떡하지……? 실제로 담판을 지으러 현장에 가면, 나에 대한 의구심이 들기 쉽다. 하지만 바로 이 순간을 깊이 파고들어야 한다. 당신은 당신을 믿어야 한다. 그동안 게임의 정상에 오르기 위해 투자한 시간이 비로소 결실을 맺으리라고 믿어야 한다. 그리고 강한 자신감을 물씬 풍겨야 한다. 계속 발전하고 성공하기 위해서는 능숙하게 포커페이스를 유지해야 한다는 점을 기억하라. 비록 당신의 마음속에서 쓰나미가 몰려오고 모든 게 뒤흔들린다 해도, 겉으로는 냉정하고 침착한 모습을 유지하며 마음을 가라앉혀야 한다. HSBC 빌딩 안으로 들어가 안내 데스크에 내 이름을 말한 뒤, 그들이 제공한 차 한 잔을 받아 들고 엄청나게 큰 회의실에 들어갔다. 회의실의 커다란 유리창 너머로 바깥 거리의 풍경이 잘 보였다. 의자에 앉아 홍보할 내용을 마음속으로 검토하기 시작했다. 일체의 망설임 없이 바로 홍보를 시작하기 위해, 심혈을 기울여 신중하게 준비한 발표 내용을 찬찬히, 다시 연습했다. 경매봉 없이 내리치는 스트라이크인 셈이었다. 잠시 후 젊은 여성이 다가와 나를 글로벌 마케팅·커뮤니케이션 부문 수장이 있는 집무실로 데려갔다. 만나기로 한 최고마케팅경영자가 예정된 미팅 시간보다 늦게 올 것 같으니 몇 분만 더 기다려 달라는 부탁을 받았다. 놀라기는 했지만 유쾌한 기분이 들었고, 조금은 안도하기도 했다. 이후 몇 분 동안 집무실을 둘러보며 그의 인생에 다가가고자 노력했다. 자녀들, 여행 사진, 다양한 업적을 보여 주는 증거들과 대학교에서 받은 상, 학위 등이 보였다. 그가 집무실에 도착했을 무렵, 나는 이미 상대를 잘 알고 있었다. 상대에 대한 정보로 무장하니, 내 앞에 있는 신사가 더는 지난 10년간 가장 위대한 마케팅 캠페인 중 하나로 꼽히는 업적을 달성한, 그 위엄 있는 인물로 보이지 않았다. 그저 내겐 여행을 좋아하고 맡은 일을 잘 해내는 평범한 가장이었다.

나는 HSBC에서 그가 맡은 역할과 그가 성공적이었다고 판단한 파트너십을 물으며 미팅을 시작했다. 그가 진행해 온 파트너십의 역사에 깊게 파고들자 이를 단숨에, 그리고 자연스럽게 이어받아 나의 이야기를 시작할 타이밍을 잡아챘다. 전략적 제휴가 이 시장의 다른 프로그램들과 어떤 차이를 갖는지 설명하면서 동시에 우리 회사의 프로그램을 활성화할 수 있는 도시가 전 세계에 얼마나 많은지 어필했다. 이 지점에서 크리스티와 HSBC가 진출해 있는 나라에 대한 논의에서 여행으로 화제를 돌렸다가, 다시 전략적 제휴로 돌아갔다. 프로그램 개요를 양장본 책자로 준비했고, 그는 사려 깊게 페이지를 넘기다가 특정 사항을 질문했다. 그런 다음 조금 전 내가 방문해 보고 싶다며 관심을 보인 여행지에 관해 조언을 해줬다. 프로페셔널하면서 동시에 사적으로도 연결되는 이런 방식이야말로 내가 가장 좋아하는 유형의 홍보 활동이다. 이렇게 홍보 활동을 하고 있으면 내 의견을 효과적으로 전달한다는 확신이 들 뿐만 아니라, 테이블 맞은편에 있는 사람을 적어도 링크트인으로 연결된 사람보다는 더 깊게 이해하고 있다는 기분이 든다.

사무실을 떠날 때부터 그가 다시 연락할 거라는 확신이 들었고, 내 예감은 맞았다. 그로부터 4개월 뒤, 내가 결혼과 신혼여행으로 휴가를 떠나기 바로 1주일 전 연락을 받았다. 최고마케팅경영자가 지난번 미팅에서 우리가 논의했던 모든 내용의 정식 제안서를 원한다고 했다. 나는 동료와 함께 악착스럽게 달려들어, 신혼여행을 떠나기 전에 거의 완벽한 제안서를 만들어 냈다. 신혼

여행지인 타히티의 호텔에 도착하자 사무실에서 보내 준 최종 제안서가 테이블에 놓여 있었다. 마지막으로 수정할 사항은 없는지 검토해 사무실에서 기다리는 동료들에게 회신하면 됐다. 호텔방의 창문 밖으로 온통 청록색으로 이루어진 세상이 끝없이 펼쳐졌다. 제안서를 집어 들어 휴지통에 던져 버렸다. 일생에서 단 한 번뿐인 신혼여행이다. 누가 신혼여행지에서 제안서를 고치고 앉아 있겠는가? 아무리 어디서나 가장 강한 여성이라도 재충전은 필요하다.

신혼여행을 마치고 사무실로 돌아온 다음 날 최종 제안서를 보냈고, 1주일 뒤 최고마케팅경영자가 연락을 해왔다. 전략적 제휴 합의서에 서명을 하겠다는 것이다. 모든 면에서 소름이 돋을 정도로 짜릿한 전화였지만, 아마도 내가 상대편과 함께 일하는 것을 진정으로 즐겼기에 더욱 전율을 느낀 것 같다. 합의서에 서명한 뒤 런던 출장을 갈 때마다 으레 그의 사무실에 들러 얼굴을 마주한 채 미팅을 가졌다. 아무리 출장 일정이 빠듯해도, 그날 해치워야 하는 수많은 전화번호 목록에 그의 연락처를 끼워 넣는 대신 직접 만나는 편이 좋았다. 그가 HSBC를 떠나기로 결정했을 때, 크리스티 런던 지점에 들러 나와 차를 한 잔 마셨다. 이때 그는 회사를 떠날 거라고 하면서 새로운 계획에 대해서도 상세히 알려 줬다. 그가 최고마케팅경영자든 아니든 오랜 세월 함께 일한 사람과 인간적인 관계를 다지게 되어 나는 아주 기뻤다.

어디서나 가장 강한 여성은 고속 승진을 해서 높은 지위에 오르거나 그 인기가 하늘을 뚫을 만큼 높은 유명 인사가 된 사람이라도 여전히 감정적인 경험을 공유하며 교류할 사람을 원할 것이다. 아울러 그런 사람은 게임에서 승리하기 위해 시간을 투자하는 사람을 항상 존중한다는 것도 이해한다. 가장 강한 여성은 권력에 겁먹지 않는다. 대신 자신의 분야에서 열심히 일하고 끈기 있게 버텨 최고의 자리에 오른다. 그리고 존경과 힘을 성취한 사람들을 찾아낸다. 이 여성은 그런 사람들에게 조언을 구하고 이야기를 나누며 제 인생의 로드맵을 완성한다. 그리하여 궁극적으로 어디서나 가장 강한 여성은 자신에게 조언을 구하고, 이야기를 나누려 하는 사람들을 만날 것이다.

3명의 여성 리더가 말하는 자신감으로 '나'를 지키는 법

알렉산드라
버클리 보리스
Alexandra Buckley Voris

빗시스 브레인푸드Bitsy's Brainfood 공동 설립자

강한 여성은 자신이 아닌 다른 사람으로 변모하기 위해 에너지를 낭비하지 않는다. 자신이 부족하다고 생각하는 것에 사과하거나 다른 모습이 되는 것에 불안해하지 않는다. 강한 여성은 진실된 자아, 올곧은 자아를 움켜잡아야 할 때를 안다. 그녀는 단지 자기 자신을 받아들이는 게 아니라, 이게 바로 '진짜 나'라는 것을 당당하게 말한다. 그게 진정으로 권력을 장악하는 순간이다. 나의 감수성은 약점이 아니라, 오히려 나를 강하게 만들어 주는 키포인트라는 것을 깨달은 순간 모든 것이 바뀌었다.

메리 줄리아니
Mary Giuliani

작가 겸 유명 케이터링 업체 운영자

내가 케이터링 업무를 담당한 지 두 달밖에 안 됐을 때, 콜린 코위의 사무실에서 연락이 왔다. 크리스티에서 열리는 엘리자베스 테일러와 『인스타일』지가 공동 주최한 행사의 케이터링 담당자로 콜린 코위가 나를 지목했다는 것이다. 나는 샐러드용 포크와 앙트레용 포크의 차이도 몰랐지만, 이 기회를 놓치면 안 된다는 생각이 들었다. 크리스티 이사회실에서 행사 제반 사항 검토가 끝난 뒤, 드디어 내가 메뉴에 대해 발표할 차례가 왔다. 어떻게 발음하는지도 모르는 고급스러운 요리를 줄줄 늘어놓는데, 엘리자베스 테일러의 참모진이 내 말을 재빨리 가로막았다. 엘리자베스 테일러는 소시지 크루아상과 미니 치즈버거만 있으면 충분히 행복해할 거라고 했다.

그 순간 나는 최고의 사업가들을 대상으로 케이터링 사업을 계속 하려면, 내가 만들고 차리려는 음식에 있어 정직하고 진실한 마음가짐을 가져야 한다는 것을 깨달았다. 화려하거나 가식적인 기질이 없는 내가 성대하고 고급스러운 요리를 차릴 이유가 뭐가 있겠는가. 2년 뒤 나는 내 사업을 시작했다. 그리고 지난 13년간 파티 요리 중에서 가장 인기 있었던 메뉴가 무엇인지 아는가? 바로 미니 핫도그다.

베티나 프렌티스
Bettina Prentice

프렌티스 컬처럴 커뮤니케이션스Prentice Cultural Communications 창립자

18년 전, 나는 소더비의 안내 데스크에서 사회생활을 시작했다. 문을 열고 들어오는 사람들 대부분이 나를 투명인간 취급했고, 몇몇은 공손했다. 최악인 날에는 거물급 인사들이 내게 소리를 지르거나, 그들이 만나고 싶어 하는 사람이 외국에 나가 있거나 연락되지 않는다는 이유로 내 얼굴에 손가락질을 했다. 그럼에도 나는 침착하고 태연한 자세로 앉아 있어야 했다.

사회생활을 시작한 모든 이들에게 경험이란 어려운 상황을 헤쳐 나가는 데 필요한 좋은 뒷받침이 될 거라는 점을 말하고 싶다. 경력을 쌓아 가는 동안 반드시 주변 사람들을 존중하는 마음으로 대해야 한다는 점도 강조하고 싶다. 지금 나는 문화 커뮤니케이션 관련 에이전시를 운영한다. 고객 명단은 모두의 선망을 사는 인물들로 가득하다. 우리 회사가 열심히 일하는 직원의 성과를 축하하고 인재 양성에 적합한 지원 체계와 품위 있는 환경을 갖추고 있기에, 나는 자랑스럽다. 신입 사원을 뽑을 때마다 최종 단계까지 온 지원자들에게 내가 안내 데스크에서 겪은 경험을 공유한다. 나는 인생이 성과주의라 믿는다. 오늘 보조 편집자였던 사람이 내일은 편집장이 될 수도 있다는 것을 기억하라.

13

당신은
언제 조찬 모임을
열 것인가?

어디서나 가장 강한 여성은 바로 당신이다

66

다른 사람으로부터 배움을 얻을
포럼이 간절해지는 순간이 온다.
그러니 한 걸음 더 나아가
모든 이를 초대하는 사람이 되어라.

99

"너나 잘하세요."

　회사 생활을 하는 내내 들은 말이다. 사무실을 지나다니다 보면 남녀노소 가릴 것 없이 습관처럼 말한다. 전화로 진행되는 회의에서, 텔레비전 인터뷰에서, 미팅에서, 친구들과 저녁 식사를 하는 자리에서도 사람들은 자주 말한다. 직장인의 흔한 말버릇이 그렇듯, 이 말도 이해하기 쉽고 상상하기 편한 데다 입에 착 감기며 효과적이다.

　뉴스 속보 : 어디서나 가장 강한 여성은 나만 잘하지 않는다!

당연하게도 "너나 잘하세요"라는 말이 타당할 때가 있다. 일을 제대로 끝내야 할 경우 대부분이 그렇다. 하지만 저 바깥에는 가능성으로 가득한 세계가 펼쳐져 있다. 그렇기에 만약 당신이 제 일에만 신경 쓴다면, 경력에 큰 변화를 주고 도움을 줄, 엄청난 일에 착수할 기회를 놓치게 되리라.

나는 한 여성과 함께 분기별로 인적 네트워크 조찬 모임을 주관한다. 이 여성을 소개하자면, 한때 경매업계에서 나와 대적하는 라이벌이었다. 사실 '라이벌'이라는 말은 지나치게 센 느낌이다. 특히 이제껏 만난 적 없는 사람을 지칭할 때는 더욱 그렇다. 하지만 20대 시절의 나는 소더비에서 나와 똑같은 직위에 있으면서, 경매업계의 강력한 경쟁자였던 커트니 스미스가 나처럼 제 일을 상당히 즐거워하리라 믿었다. 나는 내 일이 재미있으니까. 당연히 그녀도 그러리라 생각했다. 그 시절엔 (어디에도 존재하지 않는) 극적인 이야기를 고민하고, 생각하고, 만들어 낼 시간이 지금보다 훨씬 많았다. 하지만 그로부터 10년이 지난 후, 나는 사방팔방 뛰어다니는 어린애 셋을 키우며 낮에는 담당 부서를 운영하고 밤에는 경매를 진행하느라 소더비의 '그녀'에 대해 아무것도 모를 뿐만 아니라 신경 쓸 겨를도 없었다. 집에 귀가하자마자 5시간 이상의 수면 시간을 채우는 것 외에 다른 생각을 할 여유는 없었다.

직장 생활 초기에 내가 아는 것이라고는 커트니 스미스가 소더비의 행사부서를 운영한다는 것이 전부였고, 이 사실이 우리를 라이벌 관계로 만들었다. 나의 고객이 소더비가 개최한 멋진 행사에 참석했다고 말할 때마다—지나가는 말일지라도, 내 소인배 기질이 발동해 '소더비 직원들이 나보다 일을 더 잘하나?'라는 생각에 사로잡혀 엄청난 질투를 느꼈다. 소더비가 호화로운 행사를 개최했다는 기사라도 나오면 '소더비 직원들은 내가 생각하지 못한 아이디어를 생각했나?'라고 생각하며 기사를 한 줄 한 줄 읽었다. 커트니 스미스가 펩시라면, 나는 코카콜라였다. 그녀가 애플이라면, 나는 삼성이었다. 우리 두 사람은 10년 동안 세계 최고의 양대 경매회사에서 정확히, 똑같은 업무를 했다. 그러다가 우리 둘은 하필이면 캘리포니아에서 열린 자선경매 행사장에서 마주쳤다.

나는 타호호수 기슭의 굉장히 아름다운 사유지에 도착했다. 이곳에서 세이브 레이크 타호the Save Lake Tahoe가 주관하는 경매의 사전 행사인 칵테일 환영회가 열렸다. 도미니카 공화국 출신의 유명 디자이너 자이너 오스카 드 라 렌타의 패션쇼도 열렸다. 난생처음 방문하는 곳이었지만, 나는 흠잡을 데 없이 완벽한 북부 캘리포니아의 드넓고 푸른 밤하늘을 음미했다. 해가 저물며 조금씩 쌀쌀해지는 느낌도 좋았다. 낯선 도시에서 칵테일 환영회가 열리면 언제나 그곳에는 내가 아는 사람이 거의 없었다. 그러나 지금 당신도 예상하듯이, 나는 이런 상황을 '무'에서 '유'를 창조할 기회로 여긴다. "인맥, 아니면 죽음." 이 말을 기억하는가? 낯선 곳에서의 파티는 많은 사람을 만날 기회나 다름없다. 잠깐이라도 여러 사람과 우정을 다져 놓으면, 다음 날 무대에서 경매를 시작하거나 들뜬 청중들을 가라앉혀야 할 때 그들의 이름을 호명할 수 있다(불편해하지 않으니까). 사람들에게 당신도 그들의 공동체에 속해 있다고 느끼게 만들면, 효율적인 경매사로 거듭나는 건 물론 비즈니스에서 성공을 거두는 데도 도움 된다. 경매 전 많은 시간을 들여 경매품이 적힌 노트를 검토하고, 주최 측을 소개할 때 그들의 약어를 올바르게 적었는지 확인한다. 또한, 경매 의장들과 친해지려 공을 들인다. 유대감을 형성하면 경매가 지지부진한 상태에 빠져도, 그들이 손을 들어 나를 구제할 수 있다. 경매 전날 친구가 된 사람이 다음 날 경매에서 최고가를 부르는 경우가 다반사다. 그러면 그 사람은 500명 청중에게서 몇 분간 각별한 주목을 받는 특혜를 누린다.

대개 행사장에 도착하고 얼마간은 내가 친해질 만한 고객이 있는지 파악하려 장내를 유심히 살핀다. 낯익은 얼굴이 한두 명 있기를 기도하면서. 하지만 이곳의 환영회 참석자를 훑어보니 아는 사람은 없었다. 어쩔 수 없이 바깥으로 나가 탁 트인 잔디밭이나 둘러보기로 했다. 출입구로 향하는데 어떤 여성이 내게로 곧장 걸어오는 게 보였다. 어쩌면 나는 실내보다 실외에서 운이 더 좋은 편일까? 가끔 궁금하다. 아, 매년 수도 없이 많은 청중이 지켜보는 무대에 오르다 보면, 기묘한 부작용이 생기기 마련이다. 만난 적도 없는데 마치 아는 사이인 듯 내게 말을 거는 사람들이 있다. 공원에서, 거리에서, 저녁 식사 자리에서, 해변에서 등. 나와 친구라고 생각하는 사람들이 나를 멈춰 세운다. 누군가 다가와 "낯이 참 익네요"라고 말할 때마다, 나는 그녀가 전혀 낯익지 않은 듯한 아이러니에 이렇게 되묻는다. "혹시 최근에 경매에 참석하셨나요?" 상대방이 함박웃음을 지으면, 상대가 나를 무대에서 잠깐 본 기억으로 현재 나를 자신의 여동생 절친이거나, 요가 선생님(아, 이건 내가 바라는 바다)으로 여긴다는 걸 안다. 하지만, 지금 타호호수에서 이 여성과 가까워질수록, 기묘하게도 이 사람은 나 역시 익숙하다는 느낌이 강하게 들었다. 그녀가 내게 다가와 활짝 미소 지었다.

"리디아 씨, 저는 커트니 스미스예요."

뉴욕에서 아주 멀리 떨어진 캘리포니아의 외딴 곳에서, 그녀의 이름은 너무나 큰 의미를 안고 내게 찾아왔다. 우리는 오랜 친구처럼 서로를 끌어안았다. 우리는 곧장 칵테일 환영회장으로 가서 다른 사람은 신경 쓰지도 않고 대화를 나눴다. 경매업계에 들어선 사회 초년생 시절 동안 이야기하며 2시간이나 보냈다. 그러다가 장소를 옮겨 근처 레스토랑에서 4시간 동안 저녁 식사를 함께 했다. 대화의 흐름은 도무지 종잡을 수 없었다. 우리는 사적인 부분부터 직장 생활에 이르기까지 모든 이야기를 두서없이 말했다. 행사부서에서 일하던 당시 경매업계를 강타한 전쟁 같은 사건을 회상하면서. 한 시절 동안 같은 경험을 하며 지내 온 여성과 시간을 보낸다는 건 굉장히 놀라운 일이었다. 경매업계에서 쭉 일해 온 나와는 다르게, 커트니는 세계 최고의 보석상 중 하나인 그라프 다이아몬드Graff Diamonds로 이직했다고 했다. 그래서 우리가 겪은 경험을 보다 생생하고 진솔하게 대화할 수 있었다. 그녀는 마케팅 및 행사 책임자였고, 그라프 다이아몬드는 세이브 레이크 타호가 주최한 경매를 후원하고 있었다. 그리고 나는 다음 날 이 경매를 진행할 예정이었다. 그녀는 성공적인 경력을 쌓아 가고 있었다. 열심히 일할 뿐만 아니라, 독창적인 재능을 발휘하기로 정평이 자자했다. 우리가 만난 직후, 커트니는 다음 행보를 이어 나갈 예정이었는데, 바로 펜디에서 프라이빗 클라이언트 서비스라 불리는 신규 부문을 출범시키는 일이었다. 나는 전략적 제휴를 어떻게 창안했는지 들려주고, 지금은 전 세계를 돌며 크리스티의 대규모 파트너십에 집중하고 있다고 말했다. 긴 시간 동안 머릿속에만 머물러 있던 내용을 모두 입 밖으로 꺼내 대화한 뒤, 그날은 일단 헤어졌다. 다음 날 우리는 경매가 개최되기 전에 잠깐 만나 재빠르게 인사를 나누었고, 경매가 끝나자 다시 만나 전날 밤 대화에서 빠뜨렸던 모든 이야깃거리를 또 끄집어냈다. 뉴욕에 돌아온 뒤로도 우리는 계속 연락하며 디너 모임을 갖기 시작했다.

어느 날 밤, 우리는 허드슨 클리어워터라는 아늑한 레스토랑에서 저녁 식사를 했다. 뉴욕 웨스트 빌리지에 위치한 이 레스토랑은 뒤쪽에 테라스가 있어서, 뉴욕시 한복판에서 아담한 뒷마당에 앉아 있는 느낌을 준다. 우리는 한창 대화를 나누다가, 대화가 이런 식으로 반복된다는 점을 깨달았다.

> 나: …… 그런 다음에 매리랑 만났어. 매리는 정말 대단한 친구야. 너도 매리 알지?"
>
> 커트니: 아니, 그런데 네 말 들으니까 생각난다. 애슐리랑

만난 이야기를 들려주고 싶네. 너도 애슐리 만난 적
있지?

나: 아니.

'저녁 식사 중에 이런 대화가 세 번째로 반복되자, 우리 둘은
잠깐 하던 말을 멈추었다. 그러고는 거의 동시에, 우리의 여성 인
맥과 관련된 무언가를 시작해야 한다는 생각에 동의했다. 칵테일
모임을 만들까 생각도 했지만 그건 너무 진지한 모임이 되어 버릴
것 같았다. 오찬 모임으로 하면 회의가 제때 끝나지 않거나 아이
들을 학교에 데려다주거나 집으로 데리고 오는 일이 쉽지 않을 것
이므로 약속을 어기기 쉬울 것 같았다. 그래서 우리는 조찬을 함
께하기로 했다. 방해가 될 만한 일이 생기기 전에 모임을 가지는
것이다. 커다란 컵에 가득 든 커피와 영감이 어우러진 아침을 싫
어할 사람이 누가 있을까? 우리는 서로가 만난 적 없는 친구들을
초대하기로 했다. 그러면 그 친구들은 우리가 엄청나고 능력 있고
놀랍다고 여기는 다른 친구들을 만나는 혜택을 누릴 수 있을 테니
까. 이렇게 여성 인맥 조찬 모임이 시작됐다.

커트니와 함께하는 동안, 나는 운 좋게도 매년 크리스마스
직전에 투웬티퍼스트 클럽21 Club의 개인 와인 저장고에서 열리는
'점심을 먹지 않는 여성들Ladies Who Don't Lunch' 모임에 초대를 받고
있다. 모임을 주재하는 여성은 바로 어마어마한 인물인 알렉산드
라 레벤살이다. 『포천』지는 그녀에게 '월스트리트의 여왕'이라는

별명을 붙이기도 했다. 나는 대단히 성공한, 힘 있는 여성들의 세계에 처음으로 초대받았다. 투웬티퍼스트 클럽의 와인 저장고는 고풍스러운 옛 뉴욕의 전형을 보여 준다. 기둥마다 기수가 그려진 철문을 지나 계단을 내려가면, 마치 다른 시대로 휩쓸려 들어간 듯하다. 코트를 맡긴 뒤 웨이터를 따라 손님으로 북적거리는 레스토랑에 들어선다. 크리스마스 장식과 웅성거리는 사람들 사이를 헤치고 키친에 들어서면, 검은색 나비넥타이를 맨 웨이터 한 명이 벨을 울려 나의 입장을 모두에게 알린다. 미끄러운 바닥 위를 이리저리 헤매고 요리 쟁반을 든 웨이터들을 재빨리 피한 뒤에, 지하로 뻗은 계단을 내려간다. 계단의 끝에는 두께가 적어도 120센티미터는 되어 보이는 문이 있다. 몸을 숙인 채 와인 받침대가 쌓인 선반을 붙잡고 파이프 아래를 몇 번 지나면, 마치 『이상한 나라의 앨리스』에 나오는 것처럼 구멍 난 벽을 통과하는, 등반에 가까운 체험을 하게 된다. 이 구멍을 지나면 드디어 와인 저장고가 모습을 드러낸다. 이곳은 금주법 시대에 식당으로 쓰이기도 했다.

와인 저장고에는 테이블이 스물두 개밖에 없다. 가끔씩 알렉산드라가 마력을 발휘해 스물네 개로 늘릴 때도 있지만, 와인 병이 빽빽하게 둘러싸인 비좁은 공간에서 편안한 클럽 의자에 몸을 파묻고 점심 식사를 하노라면, 지나가 버린 옛 시대의 추억이 고스란히 느껴질 정도다. 카지노에 있으면 시간이 날아가 버린다고 하지 않는가. 투웬티퍼스트 클럽의 와인 저장고에도 한번 와보길 바란다. 심지어 점심 식사를 마친 뒤 직장으로 복귀하기 위해 이

곳에서 나올 때면 처음 들어갔을 때와 완전히 다른 날이 되어 버린 건 아닐까, 하는 생각이 들기도 한다. 이곳은 뉴욕의 힘 있는 사람들이 모이는, 전형적인 모습을 나타낸다. 알렉산드라는 매년 12월에 뉴욕에서 인상적인 활동을 한 여성들을 점심 식사에 초대한다. 점심 식사 중에 알렉산드라가 사람들에게 던지는 질문이 늘 인상 깊었다. 테이블에 앉은 사람이라면 누구나 대답할 수 있는, 개인적이면서도 전혀 예상치 못한 질문이었기 때문이다. 예를 들면 "당신이 처음 가본 공연은 무엇인가요?" 같은 것이다. 이야기 방식에 따라 상대에 관한 많은 것을 알 수 있다. 그래서 이 점심 모임은 금융, 패션, 미디어, 뷰티 분야에서 최고 경지에 오른 여성들이 '오늘날 그 위치에 어떻게 도달했는지' 제 경험을 공유하는 믿기 힘들 정도로 경이로운 순간에 이르렀다. 1년에 한 번 뉴욕의 이 상징적인 랜드마크에 위치한 특별 장소로 돌아와서, 내가 존경하고 우상이라 여기는 여성들이 제 삶과 경력에 대해 술회하는 것을 듣는 경험은 분명 놀라운 일이다.

알렉산드라의 점심 모임을 염두에 둔 상태에서, 우리도 이와 유사한 조찬 모임을 만들어 보자고 커트니에게 제안했다. 처음으로 조찬 모임을 가진 날 아침, 커트니와 나는 웨스트 빌리지에 있는 작은 레스토랑에 일찌감치 도착해 초조한 마음으로 첫 번째 손님을 기다렸다. 이 모임에는 커트니와 나까지 모두 12명이 참석할 예정이었다. 우리는 각각 5명씩 초대했는데, 그들은 서로 모르는 사이였기에 모두가 도착하면 한 명씩 소개할 생각이었다. 모든 참석자가 모임 멤버들과 인사를 나누고 편한 분위기가 되자 나는 모두들 조용히 해주십사 부탁한 후, 먼저 이 자리에 와주셔서 고맙다고 인사했다. 커트니와 나는 참석자들에게 각자의 인생에서 일어나는 일들을 말해 달라고 요청했다. 앞서 내가 '스피치'에 관한 부분에서도 언급했다시피, 아무리 자신감 넘치는 여성일지라도 일면식 없는 사람들 앞에서 갑자기 제 삶에 대해 말해 달라는 요청을 받으면 다소 불편해하는 기색을 보이기도 한다. 개인적인 질문에 대답해 달라는 부탁은 더욱 그렇다. 자리에 앉아 있던 모든 참석자들이 당황한 듯 자세를 이리저리 바꾸며 잠시간 우리를 응시했다. 그러다가 한 여성이 먼저 자청했다. 이렇게 누군가가 첫 번째로 자신 있게 나서는 상황이야말로, 조찬 모임이 정상궤도에 오르려면 진정으로 필요한 것이었다. 곧이어 참석자들이 한 명씩 질문에 답하면서 모임의 분위기가 무르익었다.

여성들의 모임에서 흔히 일어나는 것처럼, 몇 분도 되지 않아 대화는 스스로 생명력을 발휘했다. 우리는 조찬 모임의 대화가 전반적으로 직업상의 경력과 활동이 주를 이룰 것이라 예상했다. 하지만 얼마 지나지 않아 모두 직업상의 진로뿐만 아니라 사적인 부분도 언급하는 데 거리낌이 없다는 게 분명해졌다. 직업을 가지지 않은 사람도 일부 있었다. 그들은 그저 새로운 사람을 만나 대화를 나누기 위해 모임에 참석했다.

그리고 그들은 정말로 많은 이야기를 공유했다. 서로 나누는 것이 많아질수록 서로에게 받는 것도 늘어났다. 나는 이 조찬 모임이 한 시간쯤 진행되리라 예상하고 스케줄을 한 시간 정도만 비워 두었다. 2시간이 지났는데도 이야기가 계속 이어지자 결국 거기서 모임을 마무리해야 했다. 하지만 아무도 자리에서 일어나려 하지 않았다. 택시를 타고 맨해튼 업타운의 사무실로 향하는 내내 커트니와 나는 방금 일어난 일을 계속 되뇌었다. 여성들은 서로를 북돋아 주고 끌어 주기는커녕 서로 무너뜨리고 싶어 안달 나 있다고? 그러나 우리의 경험에 비추어 보건대 그런 일은 절대 일어날 수 없다. 우리 12명은 각자 다른 관점과 시각을 가지고 테이블에 앉았다. 우리는 자신의 견해를 다른 이와 주고받으며 서로에게 좋은 영향을 주었다. 이는 마치 여학생 클럽에 속해 있던 이들이 학교를 졸업한 뒤 직장 여성으로, 엄마로, 자신만의 일을 하는 여성으로 각자의 길을 걷지만, 서로가 하는 일을 존중하고 누군가 사업을 시작하면 축하하며 성공을 기원하는 것과 같다. 조찬에 참석한 여성들은 커트니와 나, 두 사람을 안다는 공통점밖에 없었지만, 우리는 모두 서로를 도와야 한다는 생각에 끌렸다. 낯선 사람 10명과 접점 역할을 하는 두 사람으로 시작된 조찬 모임은 곧 우리 모두를 위한 새로운 인적 네트워크가 됐다.

몇 주 후, 다음 조찬 모임은 언제인지 묻는 친구들의 이메일이 도착하기 시작했고, 커트니와 나는 우리가 뭔가를 이룰 수 있을 거라는 가능성을 재빨리 깨달았다. 우리의 다음 과제는 '친구, 동료, 만난 적 있는 사람 중 사고방식이 고지식한 사람을 초대해도 괜찮을까?'였다. 조찬 모임은 곧 마약처럼 중독성이 강한 모임이 되었다. 한 번도 만난 적 없는 여성들이 각자의 사생활과 직장에서 벌어지는 일들을 돕고, 모두를 고양시키기 위해 자신의 인적 네트워크를 개방했다. 우리가 조찬 모임을 가진 지도 벌써 4년이 되었다. 처음에는 12명의 여성이 참석한 모임이었지만, 4년 사이 100명이 넘는 여성이 조찬 모임을 거쳐 갔다. 지금은 한번에 25명이 모인다. 이 모임은 도움을 필요로 하는 여성이라면 누구나 초대받을 수 있다. 이 모임은 인생 지침과 직업에 대한 조언, 새로운 사업에 필요한 신선한 시각을 제공한다. 또한 이별, 자녀, 이혼, 모성, 결혼이라는 중대사, 임신 및 출산의 문제, 이직, 성공적인 직업에 대해 말한다. 당신은 말만 꺼내면 된다. 우리가 당신의 이야기를 듣고 해결 방안을 함께 모색하고 제시할 것이다. 우리는 테이블에 앉은 사람 모두에게 똑같은 질문을 한다. "지금 무슨 일을 하세요?" 왜냐하면 알다시피, 강한 여성은 항상 무언가를 목표로 두고 있기 때문이다. 그것이 자신의 사업을 시작하는 것이든, 가정을 꾸려 나가는 것이든, 학부모회를 운영하는 것이든, 비영리단체를 대신해 모금 전략을 짜는 것이든 상관없다.

커트니와 나는 각자의 인생을 살다가 사생활이나 직업과 관련해 색다른 관점이나 새로운 시각이 필요한 사람들을 만나면 조찬 모임에 초대한다. 참석자들이 테이블에 앉은 멤버들의 조언이 필요한 다른 사람을 추천하는 것도 얼마든지 환영이다. 심지어 모임에 참석하는 여성의 연령 분포도 바뀌었다. 이전에는 주로 30대 중반의 여성이 참여했던 반면, 지금은 20대 중반부터 40대 후반의 여성들도 참석한다. 이들은 모두 인생에 관한 조언은 물론, 항상 변화하고 도전 의식을 불러일으키는 '우리가 사는 세상'에 관한 다양한 시선을 공유한다. 이 모임은 사생활과 직업적인 부분에서 새로운 도전을 하거나 변화의 필요성을 느끼는 여성이라면 누구에게나 열려 있다. 어떤 사람은 조찬 모임에 한 번도 빠지지 않고 참석하지만, 어떤 사람은 두 번은 불참했다가 다시 참석하기도 한다. 또 어떤 사람은 시간이나 컨디션 문제로 다시 돌아오지 못하기도 한다. 이 모임의 묘미는 신입 참석자와 한동안 불참하다 다시 돌아온 사람들이 조화를 이루는 데 있다. 새로 참석하는 사람은 다양한 대화 주제와 새로운 생명력과 에너지를 모임에 더해 준다. 참석과 불참을 반복하는 사람들은 그동안 제 삶에서 무슨 일이 일어났는지를 얘기하며 최신 근황을 알려 준다. 조찬 모임은 사람들이 흥미진진한 소식을 공유하는 역할을 한다. 이 책을 계약했을 때 당장 모두에게 알리고 싶어 견딜 수가 없었다. 수년간 이 책에 대해 말해 왔다. 마침내 기획서 작성을 끝내고 몇 주 후 출판 계약에 성공했을 때, 조찬 모임 멤버들이 보인 반응은 압도적으로 열렬했다. 사인회를 주최하겠다거나 저자 강연회를 열자는 제안이 이어졌다. 멤버 중 한 명은 임신을 하기 위해 필사의 노력을 했다는 경험을 공유했는데, 그녀는 1년 뒤 정말 아기를 데려왔다. 다른 멤버는 결혼 생활의 문제를 공유한 적 있는데, 약 1년이 지난 후 조찬 모임에 다시 참석해 남편과의 문제를 해결했다고 알렸다. 사업을 시작하는 여성은 이미 창업한 다른 여성들에게 조언을 구하고자 모임에 참석하고, 복귀하고자 직장을 알아보는 전업주부는 새로운 기회와 가능성을 위한 인적 네트워크를 형성하려고 모임에 참석한다. 그들 모두 무언가 새로운 것을 원한다. 새로운 방식으로 무언가를 바라보고 싶어 한다. 자신보다 앞서 길을 걸은 여성이나 동년배로부터 조언을 듣고 싶어 하고, 고생하며 배운 것을 공유하고 싶어 한다.

　조찬 모임에 오는 20대 여성들은 내게 영감을 준다. 그들은 직업을 인생의 여러 수많은 가능성 중 하나로 여긴다. 그들은 직업에 사로잡히기보다, 스스로에게 성취감을 주는 대상이며 그것에서 창의성을 발휘해야 한다고 여긴다. 또한, 20대 여성들은 자신의 시각을 문화적 규범이라 생각하는 3,40대 여성에게 참신한 관점을 제시해 심기를 불편하게 만드는 것도 별로 두려워하지 않는다. 유명 명품 브랜드에서 근무하는 어느 여성이 밝히기를, 자신은 아파트를 포기하고 1년 동안 에어비앤비를 이용했다고 했다. 돈도 절약하고, 무엇보다 뉴욕의 여러 지역에서 살아 보기 위해서였단다. 제대로 된 지역에 살면서 아이들을 제대로 된 학교에 보내는 것이 뉴욕에 사는 내 또래 여성들의 최대 화두이기에 이 여성의 말은 상당히 흥미로웠다. 더욱이 이 여성은 아주 자연스럽게, 비판받을지도 모른다는 두려움도 없이 제 이야기를 당당하게 밝혔다. 그런데 내가 크리스티에서 20년째 근속 중이라고 말하자, 다른 20대 여성들은 내가 에어비앤비에서 사는 여성의 인생사를 알게 됐을 때와 같은 반응을 보였다. 그날 조찬 모임에 참석한 사람들 중 처음 입사한 회사를 지금까지 계속 다니는 사람은 나 말고 아무도 없었다. 게다가 그들은 이 회사 저 회사를 옮겨 다니다가 이력서에 공백이 생겨도 별로 개의치 않아 했다.

나는 내 또래인 3,40대에게 다음 세대에 관심을 기울여서, 그들의 생각이 우리에게 얼마나 도움이 될지 이해해 보라고 끊임없이 독려하고 있다. 20대는 장애물이 있어도 눈길을 주지 않고 무한한 가능성만을 바라본다. 그들을 격려하고 그들을 이해해야 한다. 그들이 경험과 삶에 대해 가지는 열린 태도는 대단히 환상적이다. 이는 당신이 인생을 바라보는 방식에 변화를 줄 수 있고, 부업을 가지도록 부추길지도 모른다. 당신이 대학을 졸업한 지 10년에서 20년 정도가 지났다는 것은 그동안 자신의 기량을 연마하느라 많은 시간을 쏟았다는 뜻이다. 그러니 이제는 그 기량을 다양화해야 한다. 또 우리가 20대 여성들에게 배울 점이 있는 것처럼, 그들도 우리에게 배울 수 있다. 조찬 모임에 참석하는 내 또래 여성 중 상당수는 자기 사업에서든, 수년간 일한 회사에서든 일정 수준의 성공을 거두었거나, 몇 년간 전업주부로서 아이들의 복잡한 일정을 곡예 부리듯 능숙하게 처리하는 완전히 새로운 기술을 만들어 냈다. 그들은 새로운 일을 시작하고 다음 단계에 돌입할 준비가 되어 있지만, 아이들과 등록금, 연로한 부모님 등 결코 무시할 수 없는 책임 역시 지고 있다. 그들은 한 회사에서 오래 근무하면서 변화를 모색하고 있거나, 많은 경험을 가진 기업가로서 대박을 터뜨리거나, 아이를 낳고 육아와 일을 병행하기 위한 방법을 궁리하기도 한다. 그렇게 연령대마다 다른 여러 관점이 조찬 모임 테이블을 누빈다.

내게 있어 조찬 모임은 엄청나게 신나고 즐거운 경험이다. 동년배 여성들과 보내는 시간도 아주 즐겁고 20대 여성들과 시간을 보내는 것도 매우 좋다. 왜냐하면 '나'라는 사람은 근본적으로 사업가이기 때문이다. 한 회사에서 20년간 근무하고 있기는 하지만, 내 자리를 지키기 위해 새로운 업무를 창출해 내야 했다. 가뜩이나 정신없이 바쁜 나날을 보내고 있는 요즘에도 늘 새로운 정보를 찾거나 새로운 일을 도전할 수 있는 또 다른 기회를 찾고 있다. 사람들이 부업이라는 관념에 흥미를 갖기 전부터 그 아이디어에 반해 버렸다. 어떤 주제에 대한 내 생각을 공유하고 비혼 여성, 약혼한 여성, 기혼 여성, 전업주부, 워킹 맘 등 다른 여성들의 생각을 듣는 것은 매우 가치 있다. 우리 모두는 주변 사람과 공유할 수 있는 조언을 가지고 있다. 내 경험에서 얻은 것들을 통해, 직장 생활을 하며 조언이 필요해진 다른 사람을 도와줄 수 있다고 생각했다.

당신이 인생의 어떤 단계에 있든, 이런 종류의 인적 네트워크를 형성하도록 노력하길 바란다. 비록 테이블에 앉은 사람들의 유일한 연결점이 당신 하나뿐이라는 상황이라도, 주변 사람들을 위해 인적 네트워크를 만들어 낼 수 있다. 이것은 여러 가지 면에서 당신의 마음가짐과 사고방식을 확 뒤집는 일이 될 것이다. 다른 여성을 인적 네트워크라는 퍼즐에 딱 맞는 조각으로 생각하면,

당신의 조언이 주변 사람들을 얼마나 빨리, 깜짝 놀랄 만큼 도와줄지 보일 것이다. 취업에 성공하기 위해 조언을 구하는 대학교 졸업반 학생들과 대화를 나눌 때면, 나는 항상 대학을 졸업한 지 2, 3년이 지난 여성들에게 연락을 해보라고 권한다. 물론 나도 그 찰나의 시기가 기억나긴 하지만, 아무래도 최근에 그 단계를 거친 사람만큼 효과적인 지침을 줄 수 있는 사람은 없을 것이다. 이직을 알아보거나 첫 아이를 가졌거나, 첫 아이를 출산한 후 복직하려는 여성도 마찬가지다. 이미 인생 경험이라는 참호 속에 들어가 다른 쪽으로 가는 길을 찾아낸 사람과 이야기를 나누면, 이제 막 경험을 시작하는 상황에서 엄청난 도움을 받을 것이다.

조찬 모임에서 나눈 대화의 여파가 며칠간 지속된다는 걸 깨달았다. 지지를 아끼지 않는 충성스러운 여성 집단만큼 당신을 끌어 주고 발전시켜 주는 존재는 인생에서 몇 안 된다. 여성들은 대화한다. 부정적인 메시지를 옮기여 남을 깎아내리는 대화는 이제 잊어라. 대신 대화를 통해 상대방을 고양시켜라. 당신은 스스로를 알리는 메시지를 내놓아야 한다. 당신은 포용력 있고 긍정적이며 다른 사람이 인생에서 성공할 수 있도록 도울 준비가 되어 있다는 메시지를 전달해야 한다. 타인을 향해 긍정적이고 도움이 되는 말을 많이 할수록, 당신 역시 그런 인생을 살 가능성이 높아진다.

조찬 모임에서 얻는 가장 큰 소득이 무엇이냐고? 남의 일에 참견하고 돕는 것이 불가능하다고 생각하고, 시키는 대로만 하면 성공할 것이라 생각하는 사람들을 위해, 그런 생각을 떨쳐 버리도록 해주겠다. 지난 4년간 조찬 모임을 진행하면서, 다른 사람을 돕는 데 몸과 마음을 아끼지 않으면서도 훌륭한 삶을 이어 가고 있는 여성들과 한 테이블에 앉았다. 우리는 더 이상 국경의 제약을 받지 않는 세상을 살고 있다. 누구든지 언제 어디서나 정보를 찾을 수 있다. 당신은 평생 돈을 벌기 위해 직장을 구해야 할 것이다. 안타깝게도 그게 현실이다. 하지만 동시에 당신의 열정을 탐구하고 부가 수입을 창출하는 부업을 찾아낼 수도 있다. 이런 열정은 창문 없는 사무실의 컴퓨터 모니터 앞에 앉아 있어서는 절대 성취할 수 없다. '일'이란 사무실에 출근해 허구한 날 똑같은 업무만 열심히 하는 것이 아니다. '일'이란 관심 있는 다른 분야에 적용할 수 있는 기술을 배우는 터전이다. 낮에는 집세를 내기 위해 업무를 하며 보내더라도, 업무 시간 이후에는 진정으로 열정을 쏟고 싶은 일에 집중할 수 있지 않은가. 완벽한 세상에서는, 그 기술로 충분히 돈을 벌어 집세를 감당할 수 있으며 당신이 꿈꾸는 모든 것을 실현하는 과정에 필요한 자금을 만들 수 있다. 비록 그 기술이 돈을 벌어다 주는 경지에 이르지는 못하더라도, 인생에 또 다른 차원을 추가하면 일상적이고 반복적인 일을 새롭고 다른 방식으로 바라보는 데 도움이 된다.

우리는 각자의 선택에 계속 머무르기만 하는 과거를 고집하지 않는다. 우리는 이기심 없이 우리만의 공동체를 구축하는 미래를, 인적 네트워크의 가치를 과소평가하지 않는 미래를 살고 있다.

인생에서든 직장에서든 고개를 푹 숙이고 하던 일만 계속 열심히 하는 것은 쉽다. 그러나 주위를 둘러보는 일을 멈추지 않고, 나아가는 길을 바꿀 수 있는 사람은 오직 당신뿐이라는 사실을 깨닫는 것도 어렵지 않다.

숙이고 있던 고개를 들고 주변으로 손을 뻗어라. 뜻이 맞는 사람들을 찾아 연결고리를 만들어라. 당신만의 인적 네트워크 조찬 모임, 휴식 시간 모임, 칵테일 모임을 시작하고, 고정관념에서 벗어나 생각해 보라. 열린 마음으로 새로운 일을 시도하라. 만약 일이 잘 안 된다면? 다른 일을 시도하라.

어디서나 가장 강한 여성은 정보를 구하고 사람들을 연결한다. 그리고 끊임없이 다른 여성의 조언을 듣는다. 때로는 당신의 아이디어를 공유하고 다른 사람으로부터 배움을 얻을 포럼이 간절해지는 순간이 온다. 그러니 한 걸음 더 나아가 모든 이를 초대하는 사람이 되어라. 지지와 격려를 가장 중요한 덕목으로 여기는 장소로, 그들을 초대하라.

어디서나 가장 강한 여성인 당신에게 한 가지 질문을 하겠다.

"당신은 언제 조찬 모임을 열 것인가?"

사라 케이트 엘리스
Sarah Kate Ellis

성소수자 연맹GLAAD CEO

나는 항상 이야기가 지닌 힘과 세상을 바꾸는 이야기의 특별한 능력을 깊이 이해해 왔다. 이야기는 우리가 사회를 이해하고, 배우고, 사람과 생각을 받아들이면서 성장하는 하나의 방식이다. 나는 아내와 동시 임신을 통해 모성의 길을 함께 찾아 나서게 된 사연을 공유하면서, 이야기가 지닌 힘을 직접 목격했다. 이를 계기로 나는 가장 존경받고 성공적이었던 여러 잡지를 진두지휘하던 과거에서 벗어나, 세계 최대 성소수자 미디어 옹호 단체인 '성소수자 연맹'의 운영자가 되었다. 나는 날마다, 내 가족들의 이야기를 세상에 확실히 들려줄 수 있도록 노력한다. 솔선수범해서 사회를 변화시키는, 다양하고 영감을 주는 이야기를 구체화하고 기대한다. 당신이 영향을 끼치는 사회는 곧 당신이 물려받게 될 사회다. 그러니 그 사회를 자랑스러운 모습으로 만드는 데 기여하길 바란다.

커트니 스미스
Coutney Smith

펜디 프라이빗 클라이언트 릴레이션스와 이벤트 부문 부사장

공동체는 딸과 함께 구축해 온 내 인생의 초석과도 같다. 이것이 바로 내가 매일 강조하고자 하는 핵심 가치다. 나는 딸이 우리가 곁에 두기로 선택한 사람들과 함께 가족 및 공동체 감각(우리가 사랑하는 이들은 멀리 떨어져 있는 경우가 많다)을 확실히 느끼도록 심혈을 기울인다.

　　매일 내게 영감을 주는 놀라운 여성들이 내 인생에 있어 주는 것만 봐도 나는 아주 운이 좋은 사람이다. 항상 그들을 서로 연결시켜 주는 것보다 더 큰 선물은 없다고 믿어 왔다. 이 놀라운 여성들에게 감사의 뜻을 전하고자 진정성 있는 후원을 아끼지 않으며, 힘을 북돋아 주는 공동체를 만들었다. 그들이 공동체를 통해 발견한 놀라운 아이디어가 시너지 효과를 내는 과정을 보면서, 이것이야말로 내가 누릴 수 있는 진정한 특권임을 깨달았다. 그리고 공동체가 가진 힘은 가치를 환산할 수 없을 만큼 소중하다.

어디서나
가장 강한 여성은
바로 당신이다

가장 강한 여성의 이름은 바로 '우리'다

이 책을 쓰기로 계약했을 때, 편집자는 물었다.

"얼마나 빨리 쓰실 수 있나요?"

잠깐 생각에 잠겼다. 첫 책을 쓰는 작가, 세 아이—당시 막내는 태어난 지 8개월밖에 되지 않았다—의 엄마, 정규직 회사원, 밤에는 부업으로 경매를 하는…….

"얼마나 빨리 썼으면 하세요?"

이 마지막 장 부분을 샌디에이고에서 열리는 경매에 참석하러 가는 길에, 비행기 안에서 쓰고 있다. 샌디에이고에는 정확히 20시간만 머무를 것이다. 그래야 다음 날 일찍 비행기를 타고 돌아와 아이들을 재울 수 있다.

오늘은 새벽 4시에 일어났다. 5시에 딸아이에게 젖을 먹이고 택시를 불렀다. 택시를 기다리는 동안 나날이 늘어 가는 '해야 할 일 목록'을 마음속으로 확인했다. 그리고 아침 7시. JFK공항에 도착해 크림이 잔뜩 올라간 대용량 라테를 사려고 줄을 섰다.

이쯤 되면 기진맥진해야 정상이리라.

그러나 나는 아주 쌩쌩하다.

나는 책을 쓴다는, 극복할 수 없을 것 같던 장애물을 뛰어넘었다.

로드맵에 적은 주요 인생 목표 앞에 그려진 네모 칸에 브이를 그려 넣었다.

이 책의 모든 글은 내가 직접 썼지만, 제대로 끝을 내기 위해 필요한 에너지와 격려는 공동체에서 얻었다. 모든 아침 식사, 점심 식사, 저녁 식사, 칵테일 타임, 걷기, 뛰기, 가족, 친구들, 엄청나게 뛰어난 여성들과 인생을 함께 보낸 순간. 이 모든 것이 내게 자양분과 영감을 주었다. 몇 년 동안 대화를 나눌 기회가 없었던 친구들, 몇 년 전 함께 일했던 동료들, 그리고 가까운 사이가 아닐지라도 많은 사람들이 집필이 한 걸음 한 걸음 진전을 이룰 때마다 내게 연락해 격려와 응원의 말을 아끼지 않았다. 책을 계약했다는 소식을 SNS에 올린 순간, 이미 내가 해낼 수 있으리라는 것을 알고 있었다. 해내야 했다. 다른 선택은 없었다. 공동체는 내가 실패하는 걸 가만히 지켜보고 있지 않을 것이었다.

뉴욕에서 인생 여정을 시작하던 때를 돌이켜 본다. 여행 가방을 든 21살의 여성이 새로운 인생과 새로운 미래로 향하는 계단을 낑낑대며 올라갔다. 여기 이 자리에 오게 만든 시행착오와 시련에 무한한 감사를 드린다. 이 책을 쓰는 과정에서 내 인생의 모든 순간을 되짚어 봤고, 이를 통해 내가 이미 알고 있는 것을 다시 확인하게 되었다. 어디서나 가장 강한 여성이 되려면 일을 거머쥐고, 헌신하고, 목표를 점점 더 높이 세우려는 욕망을 멈춰서는 안 된다는 것을. 이것은 혼자 할 수 없다. 혼자 해내기를 바라서도 안 된다. 이 세상에는 인생을 그냥 흘려보내는 사람이 너무 많다. 그저 틀에 박힌 일만 열심히 하거나 삶의 다음 단계에 대한 확신이 없기 때문이다. 비전과 리더십을 활용해, 그 사람들을 당신에게로 불러들여라. 가장 강한 여성은 청중을 지휘하고 성공으로 가는 길을 판매할 줄 안다. 이 여성이 보고자 하는 것은 자신의 인생에 자리 잡은 성공과 주변 사람들의 삶이다.

이 책의 마지막 페이지까지 읽은 뒤, 당신이 새로운 인생 여정을 출발하길 바란다. 그 여정을 가다 보면, 당신이 인생에서 마음먹은 것은 무엇이든 이룰 수 있으리란 걸 알게 될 것이다.

기억하라.

어디서나 가장 강한 여성은 바로 우리다.

옮긴이의 말

세계적인 미술품·골동품 경매 회사인 크리스티는 상당히 친숙하면서도 낯선 존재다. 우리는 크리스티와 관련된 이야기를 주로 언론매체를 통해 접한다. 대개 빈센트 반 고흐나 앤디 워홀처럼 전설적인 예술가가 남긴 작품이 크리스티의 경매에 올라와 천문학적인 액수—보통 몇백억 원 대다—에 낙찰됐다는 소식이다. 또 소더비와 강력한 라이벌 관계라는 이야기쯤도 알고 있다. 이렇게 비교적 소식을 자주 접해 낯익기는 하지만, 동시에 우리와는 너무 동떨어진 세계라 쉽게 정이 가지 않는다.

그래서 이 책 『어디서나 가장 강한 여성은 바로 당신이다』의 첫 장을 펼치며, 크리스티 경매를 빛낸 세계적인 유명 인사들의 비하인드 스토리가 종횡무진 펼쳐지지 않을까 내심 기대했다. 그러나 이러한 예상은 머지않아 빗나갔다.

이 책은 세계 최고의 경매 회사인 크리스티에서 확고한 위치에 오른 고위 여성 임원의 이야기와 그녀가 성공을 거둘 수 있었던 비결을 구체적으로 다룬다. 이 책의 저자인 리디아 페네트는 1998년 크리스티 옥션 하우스에 인턴으로 입사한 뒤, 20년이 넘는 세월 동안 오직 경매 인생만을 걸고 있다.

이런 간략한 소개만 봐도 놀라지 않을 수 없다. 한 회사에 20년 넘게 재직한다는 것이 얼마나 어려운 일인지는 사회생활을 해본 사람이라면 누구나 잘 안다. 놀라운 점은 이뿐만이 아니다. 리디아 페네트는 이른 바 '투잡'을 뛴다. 낮에는 글로벌 전략적 제휴를 담당하는 부서의 팀장으로 눈코 뜰 새 없이 일한다. 밤에는 주로 비영리단체가 주관하는 자선경매 행사를 진행하면서 주최 측이 막대한 기금을 얻을 수 있도록 혼신의 힘을 다한다.

이것만 해도 어안이 벙벙한데, 리디아 페네트는 세 자녀의 어머니로 육아도 완벽히 수행하는 엄청난 모습을 보여 준다. 또한, 수많은 여성과 교류하고 인맥을 형성해 인적 네트워크 모임을 만들어 주도하는 면모를 과시한다.

한 가지 일만 해도 쉽게 지치고 스트레스 등 온갖 정신적 타격에 시달리기 쉬운 우리에게, 리디아 페네트의 활약상은 너무나 대단하고 심지어 불가사의에 가깝게 다가온다. 진정 '슈퍼우먼'의 표상이 아닐 수 없다.

하지만 책을 계속 읽어 나가다 보면, 이 초인적인 여성도 우리와 크게 다르지 않는 평범한 인물이라는 느낌이 든다. 그래서 더욱 실감나고 공감하게 된다. 우리도 자신이 지닌 잠재력을 제대로 발휘하면 얼마든지 놀라운 기량을 발휘할 수 있다. 이 책이 가장 강조하는 주제 중 하나다.

물론 리디아 페네트에겐 남들과 다른 특출한 장점이 있다.

바로 인내와 끈기, 그리고 열정이다. 어떠한 어려운 상황에 직면해도 사안을 집요하게 물고 늘어지는 동시에, 낮과 밤을 가리지 않는 열의를 발휘하여 결국 돌파구를 찾아낸다.

이러한 뜨거운 면모는 쉽게 지치고 포기하려 들고 '욜로'의 삶에 마음이 기우는 오늘날의 젊은 사회인에겐 다소 낯설게 다가올 수 있다. 기성세대의 '나 때는 말이야'라는 빛바랜 무용담으로 들릴 수도 있다. 그렇지만 예나 지금이나 개인과 사회를 제대로 기능케 만드는 원동력은 바로 열정과 끈기다. 아무리 시대와 세태가 바뀌어도, 이 기본 사항은 절대 변하지 않는다. 영원불변의 진리에 가깝다. 이런 면에서 볼 때 리디아 페네트의 이야기는 시대와 연령을 초월한 공감을 충분히 불러일으킨다.

물론 리디아 페네트가 누구나 인정하는 성공을 거두기까지의 과정은 절대 만만치 않았다. 직장인이라면 피해 가기 힘든 온갖 애환을 온몸으로 겪었다. 특히 연봉 협상의 일화를 읽으며 가슴이 미어지는 듯했다. 이렇게 이 책에는 사회생활을 하는 사람이라면 누구나 공감할 사연이 가득하다. 각 장 끝에 수록된 거물급 여성 기업인들의 기고문에도 사회생활의 애환이 생생하게 펼쳐진다.

『어디서나 가장 강한 여성은 바로 당신이다』는 기본적으로 여성을 위한 책이다. 사회에서 여러 차별에 시달리고 불합리한 대우를 받는 여성들에게, 이 책은 대단히 효과적이면서도 실용적인 방안을 제시한다. 예의, 열정, 끈기는 물론, 여성들과의 연대(네트워크)를 통해 사회생활을 정면 돌파하라는 저자의 메시지는 빛을 발한다.

『어디서나 가장 강한 여성은 바로 당신이다』은 근본적으로 직장이라는 전쟁터에서 살아남기 위한 구체적인 요령을 알려 주는 책이다. 하지만 세계적인 경매 회사 크리스티에 재직 중인 저자의 화려한 이력도 충실히 반영되었다. 누구나 알만한 유명 인사들과 얽힌 여러 에피소드는 독자의 눈길을 사로잡는다.

맷 데이먼, 우마 서먼, 엘리자베스 테일러, 브루스 스프링스틴, 세스 마이어스 등 세계 최고의 스타들과의 사연은 흥미진진하다. 눈부신 세계에 몸담고 있지만 근본은 소탈한 저자답게, 이들 스타들의 인간적인 모습도 두드러진다. '알고 보면 우리와 다를 것이 없는 사람들'이라는 저자의 생각이 돋보인다.

그런데 이러한 생각에는, 아무리 평범한 사람이라도 얼마든지 성공과 명예를 이룰 수 있다는 긍정적인 뜻이 포함되어 있다. 물론 여기에는 끈기와 열정이 필수다. 무척 간단한 결론이지만, 저자 자신이 오랜 세월에 걸쳐 몸소 도달한 것이니 강한 설득력도 포함된다.『어디서나 가장 강한 여성은 바로 당신이다』은 재미와 감동, 그리고 인생을 살아가는 데 꼭 필요한 조언을 한꺼번에 선사한다.

어디서나 가장 강한 여성은
바로 당신이다

| 1판 1쇄 인쇄 | 2022년 8월 9일 |
| 1판 1쇄 발행 | 2022년 8월 18일 |

지은이 리디아 페네트
옮긴이 오공훈

펴낸이 임지현
펴낸곳 (주)문학사상
주소   경기도 파주시 회동길 363-8, 201호(10881)
등록   1973년 3월 21일 제1-137호

전화   031) 946-8503
팩스   031) 955-9912
홈페이지 www.munsa.co.kr
이메일 munsa@munsa.co.kr

ISBN 978-89-7012-532-9 (03320)